高等职业教育法律类专业新形态系列教材

犯罪心理与行为分析

朱华军◎著

中国政法大学出版社

2023·北京

图书在版编目（ＣＩＰ）数据

犯罪心理与行为分析/朱华军著. —北京：中国政法大学出版社, 2023.12
ISBN 978-7-5764-1257-4

Ⅰ.①犯… Ⅱ.①朱… Ⅲ. ①犯罪心理学—研究 Ⅳ.①D917.2

中国版本图书馆CIP数据核字(2023)第231248号

出 版 者	中国政法大学出版社
地　　址	北京市海淀区西土城路 25 号
邮　　箱	fadapress@163.com
网　　址	http://www.cuplpress.com (网络实名：中国政法大学出版社)
电　　话	010-58908435(第一编辑部) 58908334(邮购部)
承　　印	北京中科印刷有限公司
开　　本	185mm×260mm　1/16
印　　张	17
字　　数	333 千字
版　　次	2023 年 12 月第 1 版
印　　次	2023 年 12 月第 1 次印刷
印　　数	1~4000 册
定　　价	59.00 元

前　言

这是一本自下而上的书！

访谈的个案，是该书的核心和起点，通过详实的个案，让我们走进一个个犯罪者的内心世界，能感觉到他们的存在，使他们能够作为一个个鲜活的人与我们建立各种不同的关系。

访谈的个案并不尽如人意，一是仅有男性服刑人员的访谈，二是每个访谈在深度和广度上都留有不同程度的遗憾和缺陷。之所以开门见山地提出该书的先天不足，一是确实发自内心地感觉对本书仍不满意，以至于 18 年来，我的写作一直时断时续地进行着，没有将文字完全整理出来的冲动。二是出于自我保护和防御，省却来自外界的批评，以掩盖自身有限的水平。将犯罪人的一生，仅用成千上万的文字"翻译"出来，是一件很困难的事。党的二十大报告指出："实践没有止境，理论创新也没有止境。"弗洛伊德的《少女杜拉的故事》是我努力的方向。

继续推进实践基础上的理论创新，首先要把握好新时代中国特色社会主义思想的世界观和方法论，坚持好、运用好贯穿其中的立场、观点、方法。该书的撰写，是以警官院校的学生为对象。所以，要在党的二十大精神指引下，一是必须坚持守正创新，二是必须坚持问题导向，激发学生的学习兴趣，并做一定的自我反思，最终能将自我意识延伸至犯罪人。

围绕详实、生动的个案，辅之以各种理论，从理论的角度，让学生对个案有更深、更广的理解。由于材料是访谈式的，学生在学习后，可以进行互换式的角色扮演，将自己代入犯罪人的身份，会有不一样的体验，并要引导学生做自我反思。这样的体验和反思，对于犯罪心理和行为的分析至关重要。对犯罪心理和行为分析的重要性并不亚于对犯罪人的分析。有时候我们难以理解他人的心理与行为，一个重要的原因是对自身的了解存有盲区。养成一定自我反思的习惯，还有利于我们处理自身日常生活中的问题，有利于更好地养育子女。

书中的问题与思考，也是我在整理访谈时，个人思考的结果。有些问题甚至可以形成一篇论文或是课题。其目的仍是加深对个案的理解甚至是补充。

最终，通过访谈个案的研读、理论解读、角色扮演、问题与思考，对个案做出200字~300字的摘要，并罗列出若干个关键词，将个案浓缩、概念化。最后的延伸阅读，也服务于对个案的理解。

由于犯罪心理与行为分析的知识体系过于庞杂，从理论到实践难免无法一一掌控。因此，我只能从所得的有限的个案中，提炼出几个关键词，形成每个人关于犯罪心理和行为分析的独特见解和理论。尽管这样的提炼、见解有局限性，但只要我们保持这样的自我觉察力，就会给其他的分析解释留有空间和余地。

最后，感谢父母朱福湖、楼菊仙对我身心的养育和支持，感谢妹妹朱华燕对我学业上的支持，感谢妻子杜蕴苑的陪伴，她为我养育了朱倾拾，还有外甥女鲍海宁，他们让我更有动力留下这些文字。

朱华军

2023 年 9 月

目　录

专题一 | 故意杀人

学习情境一　刘某的故意杀人案

一、学习目标

1. 掌握科尔伯格道德发展理论。

2. 掌握关键词：道德发展、人际成熟水平、应对方式、回旋空间。

二、案例导入

（一）基本信息

刘某，男，35岁，汉族，高中肄业，已婚，儿子5岁。与H（女，被害人）因婚外情产生情感纠纷，将H杀死，被判死缓。

（二）访谈整理

问：当时你用榔头把她的头打出了血，为什么没有去救她？还去掐她，把她弄死？

刘：那个时候叫她，已经叫不应了，我当时就吓死了，没有想到要送去医院抢救。当时是怕的感觉，就是怀疑她已经死了。开始的时候没有想杀她，那时她还走得动，我扶着她走，后来她就慢慢软下去，叫也叫不应，我心里很害怕，认为她已经这样子了，应该是快死掉了，干脆就把她弄死。

问：说明你很恨她？

刘：肯定的，那是肯定的。当时就是崩溃了，很本能的，控制不了自己了。

问：你对她有很多情绪的积累？

刘：对对对，已经控制不了自己了。前3天，我们一直是吵吵闹闹。我老婆和H吵，H叫我去杀老婆。我一直没有说什么，只是拖了2天，H就认为我没有对老婆采取措施。

问：听见H叫你去杀老婆，你的感觉是什么？

刘：我没有去理她，也没有什么感觉。只是拖了2天，没有在意，我一直在打马虎眼。以前H一直逼我离婚，不然就同她回老家。案发那天，H说要回老家，我同意了。她其实就是在逼我去搞我老婆，H知道我舍不得她（H），不愿意和她分手，就用回家来要挟我。

最让我恼火的是H让我去买票的事情，我的摩托车牌照有问题，但她一定要我骑摩托车去买，而且是下午5点去，正是上下班的高峰期，她非要让我去。我不想骑摩托车去，明明可以用其他方法。所以我怨气很大，又怕被抓牢，就被迫做了。去了以后没有买到票，H说是没有票了，我就更恼火了，觉得她是在要我。我知道她在故意骗我，她的用意是逼我离婚所以惹出事端。回去的路上，H也很懊恼，就掐我的背，我骑车时东倒西歪，差点撞到一个人，我下来就打了她两巴掌（大庭广众之下），她没有发作。她的性格比较外向，个性很强硬，我比较内向。她经常是掐、咬、扭、踢我，平时一般都是我忍让她，让她打（法庭有证人证实），她知道我不会反抗。我呢，偶尔会爆发，有两三次，打她打得很厉害，她也不会反抗。

回去后，矛盾就激化了，又说起了回家路上的事，她说受到了我的委屈，说我不好。那天我就不想理她，怎么都没有理她。她更火了，就用脚踢我的下身，用手掐我的手臂、脖子，说要废掉我，谁也别想好过。我也火起来，警告她，你不要踢了，再踢我就打死你！H继续手掐脚踢，并说要死就死在你手里。刚好我手边有装修用的榔头，在忍无可忍的情况下我朝她的头部打去。H当时就倒在床上，血如泉涌般流出来。我一看吓坏了，马上用床单包她的头，并呼叫她，这时的H已经叫不应了。

我刚打下去时，她人还会走的，是我扶着她的，后来她身体就软了，倒下去了。开始以为没有什么事，但是叫她也叫不应。我坐了几分钟，当时的感觉是害怕，想逃避。那个时候就没想过送她去医院。

问：你坐在那里时，是不是像一个小孩子做错了一件事情那样，想逃避父母的惩罚？

刘：就是那样嘛。

问：事情闹大了，你一下子慌了，所以就想去说谎、作弊吗？

刘：对对对，就是那种心理。当时我就没有想到去救她。掐了她以后才慢慢平静下来，就很害怕很害怕了，感觉就是难以形容……她不动了，我才慢慢平静下来。被打的时候一般人会躲闪，她没有躲闪，她认为我不会打，我打得其实也不是很用力。

问：为什么你用榔头打了她，她出血后不送她去医院呢？

刘：人已经到了这个地步了，已经要死了，事情也已经闹大了，我就开始害怕了，想要掩饰这个事情。我想干脆弄死她算了，就用手掐她脖子，直到她彻底死亡。

问：你当时有没有想过，这个事情很难掩饰？

刘：（带有一点情绪地说）当时哪有想那么多！就想着怎么样去掩饰，不让别人知道。我对于我的判决结果没有抱什么希望，我以为是死刑，后来是死缓，感觉还是挺高兴的。毕竟还是怕死的，我非常接受这个结果。毕竟是一条人命，而且我们感情还是非常好的。

问：你有哪些问题没有处理好？使得你要用杀人的办法解决。

刘：我和老婆的离婚没有解决好，这个事情就无解。我和老婆准备离婚，老婆快要同意的时候，H却发短信去刺激我老婆，两个人发展到吵架和打架，在电话里对骂，在短信里对骂。我老婆以儿子和财产为要挟，不同意离婚。实际上她这么做的目的是为了让H得不到我，不想让H得逞。而H也为了面子，争一口气，要我和老婆离婚。得到我，是伤害我老婆最直接的办法。

　　我是两头不讨好。我是喜欢 H 的，希望和她一起生活，但是老婆不愿意离婚，而且以儿子和财产为要挟。我老婆对我和我的父母也很好，出于责任，我也难以狠心抛弃她。我还背负着负心之名，做了对不起老婆的事，我很有压力。我和喜欢的 H 却注定无法结合，我在两个女人中间会选择 H，因为我对妻子是责任，对 H 是喜欢。但我实际却没法选择，因为两个人都在骂我，我压力很大。H 死了我的心里反而平静下来，为什么呢？我说不好，反正是解脱了。H 是矛盾的根源，我对 H 是爱恨交加。H 虽然性格不太好，但因为我喜欢她也没有办法，我觉得她还是比较漂亮的。我对老婆没有什么感情，不恨她，也不爱她。我现在想得最多的还是 H。我掐死她以后逃走了，看见穿警服的就慌，特别是警车，一拉警笛我就慌，晚上还做噩梦。

　　我感觉我做错了，方式不对。我的计划是老婆不愿意离婚我就拖着，用拖的办法既让老婆离婚，又让孩子跟我。我也和 H 说了我的计划，H 有时候能够接受，但当她看见别人带着孩子的时候又接受不了。

　　问：你要杀 H 的念头是在 H 倒下去的时候跳出来的吗？是自动跳出来的吗？

　　刘：（马上接了）嗯，对！自然就出来了。为什么会自然？因为当时叫不应，觉得自己闯的祸很大，就想掩盖，考虑的是怎么样掩饰而没有考虑 H 了，只考虑自己了。我试图掩饰和逃避，就好像小孩子面对错事的时候想逃避、说谎那样。但是如果我知道是判决书上的结果的话，我当时会把她送去医院，判决书上写的她被砸的伤不是很严重，伤口并不大。但是我当时感觉自己闯的祸很大了，H 已经不行了，所以就想逃避。恐惧占据了我的思想，我就没有了理性的行为，想到的都是自保的行为。

　　我当时感觉她伤得很重，就想要直接掐死她，当时确实也是很恨她，所以没有逃走，而是掐死她，反正她很可能不行了。我在打 H 的时候，心里是恨的，其实我对 H 还是很恨的。以前积累了很多情绪，积累了好几年。而且我和她说的东西她不听，有些事情还背着我去做，比如她越过了我，和我老婆直接联系，导致她和我老婆直接发生了冲突。我老婆骂我，要跟我离婚就算了，还向我指责 H 去骂她，其实这些事情我是不知道的。

　　对 H 的情绪积累到一定程度，受不了的时候我就打 H，有两三次，她也理解，因为平时我对她还是忍让的。我和她也说过分手，但是分不开，讲过很多次了。她说她走到这个地步已经没有回头路了，她也付出了很多，回不了头了，她的父母也默认我们的关系了。而且为了在别人面前争一口气，更没有回头路。我觉得这个问题是无解的。H 很要面子，这个事情失败了她是不甘心的，她接触过我的朋友，失败了就没有面子了。有一次我什么都没拿就离家出走了，H 就跪下求我的一个朋友要我的联系方式，H 就又找到了我。其实我和老婆离婚，和 H 结婚是最好的结局。

　　这几年我过得很累，受到很多谴责。她死了，我的感觉反而是解脱了，平静了很多。杀了 H 以后，杀人的场景经常会闯入我的脑海。有事情做时还好，一静下来就不行。我在看守所里感觉解脱了，现在心情还好一点，没有那么激烈了，现在这样真的对我是一种解脱，我平静了许多。

我感觉 H 很可怜，跟着我什么都没有得到。H 比较优秀，各方面都要比我老婆优秀，长得也漂亮，文化素质也比我老婆高，就是性格不太好……我也要面子，但在朋友面前的时候老是让朋友觉得是她在控制着我。回想以前的情感我就感觉很累，我不愿意回到老婆那里，也不愿意回到 H 那里。一回去就又是这些事情，我想脱离出来，就每天上网逃避。这事情总共持续了 5 年多，太长了……而且永远解决不了了。

问：你觉得自己杀了人以后和家人朋友的关系，和这个世界的关系变化了吗？

刘：我做了这个事情以后，感觉自己都变得不自然了，害怕被抓，所以就不自然了。我和别人有一种距离感，因为做过的事情我没法说。我这个人又内向，不爱和别人交谈，就封闭自己了。

问：我看过一本小说，里面的主人公杀了人以后，看他以前喜欢的风景都没有兴趣了。

刘：对对对，就这样，没错。做了这个事情，心里特别不踏实，对什么都不感兴趣，什么都无法激发我的兴趣，我心里有事情没有解决掉。当我面对父母的时候，对他们有内疚又不能说，我感觉和他们的距离很远。其实罪犯很多时候都有一种倾诉的需要。

问：案子发生了，你感觉对不起的有哪些人？

刘：我最对不起的是 H 和她家人。我们的事情她妈妈其实知道，后来就默认了我们的关系。我们这么多年都在一起，她还是一个没有结婚的人，她才 26 岁。

我父母对我老婆还是很在意的，因为我老婆对我父母很不错。我当时出于责任，并没有选择谁。在她们打架以后，我们三个人面对面对峙过，当时 H 自动退出了。但半年后 H 又过来找我，我们就又继续在一起了。我老婆那个时候正生小孩，和老婆分手是不可能的。所以后来我又跑掉了，我离开 H 回到老家，一直在逃避 H。但是 H 很有心计，她把我朋友的联系方式早都记了下来，后来又找到我，我们就又同居了，我们都忘不了对方。H 一来找我，我就无法拒绝，我去找她，她也无法拒绝我。

我没有什么对不起老婆的，虽然老婆和我在一起的时间也很久，她不仅对我好，对我的父母也很好。我收到父母的信很高兴，但我老婆来看我，给我写信，我并没有什么感觉。我也想不明白，我本应该是感谢老婆的，我却没有这个感觉，没有感谢她的意思。其实我觉得 H 的死，和我老婆有很大的关系，所以现在我并不想和老婆有什么联系。H 死了，我和老婆就更没有联系的必要了。老婆每个月来看我，我从内心都对她没有感激，我真的不想欠她什么。感觉老婆做的很多事情是出于内疚才做的，不是出于真心地爱我。我一直到现在，还是不想原谅她，无法释怀。人虽然是我杀的，但责任并不在我一个人。我其实想让我老婆在这里，让她听听，让她感受一下，知道我为什么会走到今天，走上这条路，让她明白她究竟做了什么，她应该感觉内疚。我老婆不离婚，其实我也无所谓，我的要求就是让我父母带我儿子。

我对父母的内疚少，是因为在没有犯这个事情之前我对我妈妈非常好，已经尽了自己的职责，我妈妈也原谅了我做的事情。我觉得我妈妈很可怜。

问：在监狱里，高中学历的罪犯较少，你以前学习怎么样？

刘：小学、初中的时候学习成绩好。进入了城市才知道，山外有山，天外有天，家乡的贫困和城里的富裕形成强烈反差。我希望自己努力努力再努力，争取在城里立足，这个梦想也越来越强烈。但一次期末考试，公布成绩时，我傻眼了。我的成绩居然在全年级才勉强够中流。我的自尊心受到了重创，仅有的一点自信心也没了。我怀疑自己的能力，自暴自弃，中考成绩也一落千丈。

在父亲朋友的帮助下，我花钱读了一个好的高中，但因为自身基础差，成绩和其他同学相差远，就和外面的混混玩起来了，染上了抽烟、喝酒和打架等恶习，高三就退学了。父母对我很失望，父亲经常责骂我。我受不了父母的冷淡，就和以前的混混玩，打架、赌博……无恶不作。父亲又通过亲戚的关系给我找了一个正式单位上班，是铁饭碗。这个时候，我重新找回了从前读小学的自信。后来我又因为和人打架，丢了工作。

问：你和 H 是怎么样认识的？

刘：我先认识了我老婆，开始还是蛮喜欢她的，很快就结婚生孩子了。为了生活，我到广东打工，和老婆分居两地。下班后的无聊和空虚，让我又去赌博，输掉了所有的钱，后来又染上了拈花惹草的毛病，为以后的牢狱之灾埋下伏笔。也就是在空虚无聊的时候，认识了 H，感觉她挺漂亮的。我们有了第一次的拥抱，我们有了第一次的偷情，后来我就瞒着我老婆，和 H 开始同居……

三、理论分析

（一）科尔伯格道德发展理论[1]

水平Ⅰ：前道德水平（0 岁~9 岁）

  阶段 1——惩罚和服从的定向阶段

  阶段 2——朴素的工具相对主义定向阶段

水平Ⅱ：服从习俗角色的道德水平（10 岁~15 岁）

  阶段 3——个人关系协调定向阶段/好孩子的道德定向阶段

  阶段 4——维护权威和社会秩序的道德定向阶段

水平Ⅲ：自我的道德原则的道德水平（16 岁以上）

  阶段 5——社会契约和个人权利的道德定向阶段

  阶段 6——普遍的道德原则定向阶段

阶段 1：惩罚和服从的定向阶段（punishment-obedience orientation stage）。这个阶段的道德，又称他律的道德，而且是自我为中心的。个体的道德价值来自外界权威的强力，遵从是为了自己的利益，以及避免破坏规则而受惩罚。外界权威、权力或道德价值的特征，

---

〔1〕〔美〕科尔伯格：《道德发展心理学：道德阶段的本质与确证》，郭本禹等译，华东师范大学出版社 2004 年版，第 165~167 页。

往往是身体特征或绝对特征。例如，父亲说了算，因为他更年长。个体所信奉的行为的道德意义，即行为的好坏，被看作是行为具有的真实、固有不变的性质，就像颜色被看作是物体的固有属性一样（道德实在论）。道德意义是不证自明的，即除了贴标签或引用规则之外，很少或者根本不需要证明。例如，闯入药店是错误的，因为你不应该偷东西；惩罚被认为是非常重要的，因为它与坏的行为有关。这个阶段的儿童没有动机、目的性这样的中介概念，因为通过这些中介概念，行为的道德意义就会因特殊情况而改变。外界权威的强力（规则、标签）被如实、绝对的方式运用。规则，是知觉到的对与错行为的种类。这些种类界定了人、行为的类别（如小偷、好儿子、重要人物等），所以这个阶段的儿童没有公道和丰富角色承担。规则是概括的，不容许有例外。

阶段 2：朴素的工具相对主义定向阶段（instrumental-relativist orientation stage）。在这个阶段，个体的道德价值来自朴素的利己主义，个人主义，工具性的目的和交易。个体的规范是指他们自己的心理预期，它们是调整行为的标准。个体为追求他们自身的利益而遵守规则，最大限度地满足个体的需要和愿望，而将对自己的消极后果最小化。

道德相对主义即不同的个体对他们的公正主张可以有不同的、然而同样有效的理由。个体意识到，每个人都会追求他们自己的利益，而且这些利益可能会相互冲突。承认关于某种现象存有多种观点，而且尊重个体追求自己利益的道德合法性。在满足自己需要或利益的情况下，也承认他人的利益。相互之间会有不涉及情感（如感激、报答）的精确互惠。道德的正确，与特定的情境以及行动者对情境的看法有关，因而是相对的。这个阶段的个体无法提供在需要和利益发生冲突时的解决方案、决策选择。

阶段 3：个人关系协调定向阶段/好孩子的道德定向阶段（interpersonal-concordance orientation stage or "good boy" morality orientation stage）。这个阶段的道德，是人际规范的道德，即相互性的人际期望、人际关系和人际协调。个体遵从（不辜负）亲人的期望或一般人对夫妻、儿子、女儿、朋友等角色的期望。"为善"是至关重要的，意指有良好的动机，关心别人，重视维持相互信任、忠诚、尊重、认可和感恩等关系。相信人际关系的黄金定律，你希望他人怎么样对待你，你就怎么样对待他人。愿意维护"为善"的规则和权威。意识到共享的情感、协议和期望高于其个人利益，但仍不能考虑普遍化的制度观点。这个阶段的规范是人际关系中的个体共同持有的预期，规范的目的是保持人际关系，以及在人际关系或团体中的人与人之间的忠诚、信任和关心。这种关系规范是强制性的。共同规范的强制性和至高无上性，使得它强调每个个体成为一个好的、利他的或亲近社会的社会角色，强调个体道德行为有好的或坏的动机。对动机重要性的认识，使得阶段 3 的规范区别于阶段 1 的规范。

阶段 4：维护权威和社会秩序的道德定向阶段（authority and social order-maintaining orientation stage）。个体采取普遍的社会成员的观点。这种观点是基于这样的思想——社会系统是一套公平运用于所有成员的一致的准则和程序。只有当个体的利益与维持整体的社会道德系统相一致时，个体的利益才被认为是合理的。为了保持公平性和一致性，阶段 3

非正式地共同持有的规范（共同持有的预期）在阶段 4 被系统化。包含了正式制度和社会角色的社会结构，有助于调节冲突的主张并促进共同的利益。被采取的观点或者道德判断，是根据制度或系统做出的，是法律与社会制度。这种观点，也可以是更高的道德，也就是个体的良心，并且良心可能和制度化的法律相冲突。

阶段 5：社会契约和个人权利的道德定向阶段（social-contact and the individual rights orientation stage）。意识到人人都持有不同的价值和观点，而大多数的价值和规则都相对于所属的团体。只有这些相对的规则是公平的，才应该被遵守，因为它们是社会契约。有些非相对的价值和权利，如生命和财产，在任何社会中都应该被遵守，而不管大众的意见如何。个体有义务遵守法律，因为个人缔结的这种社会契约的目的在于用法律来发展所有人的福利和保护所有人的权利。关心法律和义务是基于整体的功利主义，即为了绝大多数人的最大利益。

阶段 6：普遍的道德原则定向阶段（universal ethical principles orientation stage）。遵守自己选择的伦理法则。特定的法律和社会协议之所以通常是有效的，因为它们是建立在这种法则之上的。当法律违背这些原则时，人们会按照这些原则行事，因为这些法则是普遍的公正原则——人权平等和尊重个人的尊严。作为一个理性的个体相信普遍的道德原则的有效性，并立志为之献身。

（二）科尔伯格道德发展理论的应用

刘某的道德发展处于阶段 2 和阶段 3 之间。由于妻子对刘某的父母、孩子很好，刘某出于对妻子和儿子的责任（社会角色），难以狠心拒绝妻子而离婚，带有一点阶段 3 的特征，其余均不符阶段 3 的特征。

刘某婚内出轨，甚至和 H 同居。在长达 5 年的情感纠葛中，每当 H 找到刘某或者刘某找到 H，双方都无法拒绝双方，这些都破坏了阶段 3 的人际道德规范，违反了一般人对丈夫、父亲角色的期待，也破坏了人与人之间维持关爱、信任和忠诚的期待。刘某在高中有了抽烟、喝酒、赌博和打架的习惯，也预示着刘某道德发展的停滞。

刘某入狱后，妻子表示愿意等待刘某、照顾其父母和儿子、写信给刘某和每个月探视，刘某却没有对妻子的感激，他不想欠妻子，就抱着无所谓甚至怨恨的态度，希望妻子内疚。刘某的态度，一方面是源于对妻子行为背后动机的估计，认为妻子是出于内疚而不是出于真心的爱，这是十分高而苛刻的标准。另一方面是说明刘某缺乏自我反思，缺乏责任感和担当。当刘某能意识到他在整个案件中的责任，对妻子的态度就会变化。一个人越是无法承受痛苦，无法承担他应该承担的责任，就会更加推卸自身的问题，就会更加指责他人。也就难以发展到以人际规范为核心的阶段 3，因为这个阶段的个体，非常重视保持人际信任和社会认可。

刘某难以发展到道德发展的阶段 3，导致其人际关系成熟水平低，更多的是停留在个体主义的工具性道德阶段，最大限度地满足个体的需要和愿望，并将对自己的消极后果最小化。刘某从高中开始染上抽烟、喝酒、赌博和打架的习惯，因打架而被开除工作，又因和妻子的分居感觉空虚无聊而婚内出轨并与他人同居（有儿子的背景下）。这一系列的失控，都是刘某追求个人需要和欲求的表现。

最终在故意杀人案中，他的自私得到淋漓尽致的体现。出于激情、冲动，刘某用榔头击打了 H 的头部。刘某的反应是什么呢？他第一感觉是 H 不行了，这种感觉是主观的，毕竟身处事件的过程，那一刻，难以判断 H 的生死。感觉 H 不行了，更多的是刘某内心需求的潜意识反应——希望 H 死，就像刘某说：

刘：这几年我过得很累，受到很多谴责。她死了，我的感觉反而是解脱了，平静了很多。

也就有了后续"不可思议"的一句话：

刘：我坐了几分钟，当时的感觉是害怕，想逃避。那个时候就没想过送她去医院。

对于普通人来说，看见伤者，我们都会有救助的念头和行为。更何况刘某对 H 还是有感情的，就像刘某在谈到判死缓时说：

刘：我对于我的判决结果没有抱什么希望，我以为是死刑，后来是死缓，感觉还是挺高兴的。毕竟还是怕死的，我非常接受这个结果，毕竟是一条人命，而且我们感情还是非常好的。

刘某居然没有想到救助 H，反而感觉她已经不行了，干脆弄死算了。说明了什么？在那一刻，在那一瞬间，刘某表现出了内心深处原始的真实的一面——对 H 极度的怨恨。5年的冲突和纠葛，使得较为内向的刘某对 H 积累和压抑了很多愤怒和怨恨，使得他在那一刻没有想到去救助 H。此时他被愤怒和怨恨所笼罩、占据。H 死了，愤怒和怨恨得以褪去，才浮现出对 H 的情感，此时 H 在刘某的眼里又是一个他曾经喜爱的"人"。所以，刘某被判死缓，他发自内心认罪，甚至是开心的，他愿意为 H 这个他喜爱的女人去背负惩罚，承担后果，他的道德水平在痛苦中得到了发展。

惨案突发，时间有限，难以掩饰和思考，个体又处于失控状态，此时的行动最能体现他最为原始的需求、品质和关系。短短的几分钟内，刘某从用榔头击打 H，到掐死她，再到掩饰犯罪行为，到最后的出逃，始终没有救助 H，这冷漠地刻画出了刘某的自我——一个仅仅满足于自身欲求的"孩子"。

刘某的道德发展水平无法发展到第三阶段，更多关注自身需求，就难以对人际关系的重要性有一定的认识，解决问题的方法也就围绕着自身需求，而不会维持人际关系。面对3 个人的情感纠葛，刘某更多的是采用拖延、逃避和打马虎眼的方式解决。加上受害人 H 的道德发展水平处于同一阶段，灾难性地加深了解决问题的难度。情感关系带着尊严、面子等附属物，加入到 3 人的纠葛中，更加大了解决的难度。使得没有发展到人际关系水平的刘某和 H 无力解决，最终陷入无法回旋的困境，死亡是必然的。

四、角色扮演与自我反思

五、问题与思考

1. 在监狱，90%左右的罪犯，文化程度都在初中及以下，罪犯很少戴眼镜。文化程度不高及其背后的原因，和犯罪有什么直接和间接的关系？

2. 刘某的案例，还可以用哪些理论解释？

3. 科尔伯格道德发展理论第三阶段的核心要义是什么？

4. H曾经叫刘某去杀其妻子，刘某对此的感受是无动于衷，为什么？我们为什么要问刘某的感受？

5. 类似争吵这样的小事，为什么能起到导火索的作用而引发极端的犯罪行为？

6. 刘某用榔头打了H的头，H晕了过去，为什么刘某放弃了救助反而掐死了她？

7. 为什么刘某被判死缓，内心是高兴的？

8. 刘某在三人的情感纠葛中，采取了怎么样的应对方式？产生了什么后果？

9. 被害人H在本案例中起着怎么样的作用？给我们怎么样的启示？

10. 榔头（攻击刺激）在本案例中有什么作用？什么是"扳机扣动了手指效应"？

11. 激情犯罪具有情绪性和随意性特征，这个随意性是指什么？

12. 龙勃罗梭在谈到因情感和冲动而犯罪的人时说："（凶手）对凶器的选择也很仓促，往往是他们首先摸到的东西。"[1] 如何在本案例中体现？

13. 刘某高中开始抽烟、喝酒和打架，高三退学。刘某在工作后，下班无聊赌博、拈花惹草，最后因为打架丢了工作。从这些行为中能提炼出哪些心理元素？与其犯罪有什么关联？

六、摘要与关键词

摘要：_____

_____

_____

关键词：_____

七、延伸阅读

1. ［俄］陀思妥耶夫斯基：《罪与罚》，朱海观、王汶译，人民文学出版社2016年版。

2. ［美］科尔伯格：《道德发展心理学：道德阶段的本质与确证》，郭本禹等译，华东师范大学出版社2004年版。

---

〔1〕［意］龙勃罗梭：《犯罪人论》，黄风译，中国法制出版社2000年版，第113页。

学习情境二　陈某的故意杀人案

一、学习目标

1. 掌握弗洛伊德死的本能理论、复习科尔伯格道德发展理论。

2. 掌握关键词：道德发展、应对方式、藐视、绝望、发泄。

二、案例导入

（一）基本信息

陈某，男，25岁，汉族，高中肄业，无业。某日晚，刚失恋的陈某和H（女，被害人）在酒吧认识，当晚陈某前往H的出租房。两人在房间亲热，H未表示反对，但陈某准备发生性关系时被拒绝。后聊到失恋的事，H就羞辱陈某非常在意的前女友Q。H的羞辱使得陈某情绪失控，猛掐H的颈部，后用电源线将H勒死。被判死缓。

（二）访谈整理

问：为什么把刚刚认识的H杀了？

陈：挺矛盾的，其实我有自杀的念头。因为我和前面的女朋友有矛盾，她提出来分手，我受不了，就想选择某种极端的手段离开她。可我没有勇气下手自杀，就想用某种手段强迫自己来坐牢。如果不这样，我有可能伤害的是前女友，其实我当时是想和她同归于尽的，因为我和她感情很深，我们交往3年了。分手后我感觉不甘心，后来就引发了这起案件。

我对前任女友的感觉挺矛盾的，我觉得失去她以后我什么都没有了。因为在我的眼里，我的父母比较忙，除了给我钱以外，基本上不管我。但是Q不仅仅给我爱，还给我母亲般的关怀。分手时，我就对Q说，随便你怎么样，只要让我留在你身边就可以，她不同意，我就觉得生活没有意思。我在药店买了很多安眠药，但不敢吃。

我不是说就是要把H掐死，就是……好像拿她当一种发泄物，想发泄一下，把所有的情绪都发泄到她身上一样。是她主动邀请我去她家里睡觉，后来我就想和她发生性关系……

问：当时发生了什么让你去掐她？

陈：当时我，嗯……（犹豫了10秒）当时我想跟她发生性关系的时候她拒绝了，她问我有没有女朋友，我说刚分手，她就开始骂我前女友，我叫她不要骂，她还是要骂。

问：为什么要骂你前女友？

陈：我说Q是非常好的，H就说，你觉得她那么好的话那你还来找我干什么。就开始骂我前女朋友了，就说她这种贱人，你和她在一起干什么，早点分手好了。我和她说，你不要骂了，H还是骂，还说，有本事你打我啊。H这么说的时候，我突然想到，当时脑子里好像夜空中闪过了一道闪电，我可以利用外界的强制的力量，结束自己的生命。我说，你再骂我就杀了你，她以为是开玩笑。

问：除了骂你的女朋友，还有什么原因导致你想杀她？

陈：性被拒绝……也是一个很重要的因素吧，这让我很恼火。当然，她骂我前女友，是我杀她的主要原因。我在潜意识里是想杀她的。

问：为什么走的时候，还要踩她肚子两三脚？

陈：因为还有愤怒的感觉，让你骂、让你骂！情绪还没有消失。

问：为什么会有那么多的愤怒呢？

陈：我好像把所有的愤怒都发到了她身上。

问：哪些愤怒？

陈：对父母的，还有和前女友感情方面的。对父母，就是因为父母没有关心我，从而导致很多事情发生。对前女友有愧疚，是因为有一次她打胎，我和父母亲说，他们不信，没有给我足够的钱，我就去朋友那里借。从医院回来后，我前女友又出了很多血，当时手上也没有什么钱，就叫我父母亲打钱，但他们还是没有给。我前女友就骗她父母，没有说是打胎，而是说要报培训班，要他们汇钱，才解决了。到现在我还是有很愧疚的感觉，也就更恨我父母了。父母来看我很多次了，我知道他们是为了我好，但是我还是无法接受他们，无法原谅他们，就是因为这件事情。

我前女友对我是倾其所有，但我给她的不是很多。有时候她让我送她回去上班，看似是小问题，我却不愿意，就没有满足她。这些都是我事后想的，觉得自己做得不好，不对。她来看我，让我去接她，我也不去。其实我每天都没有事情，她让我去接我就不想去。

问：你前女友为什么和你分手？

陈：她对我很失望，比如我不工作，她觉得我对她也不太在意。她还说我把她当成妈妈一样。以前在外面的时候感觉不是这样，进监狱后感觉有点这个味道。我有什么郁闷、烦心的事，都会跟她讲，让她来帮我解决，有什么拿不定主意的事也让她来解决。

（陈某去拿了女友给他的信，部分内容如下）"我为我们的情感付出了很多，我多关心你啊，对你多好啊，而你呢？你觉得我的要求过分吗？在感情中，只有我一个人任劳任怨地努力，而你呢？只是一味地享受。以前，你一有不如意就会找我，而我也尽心尽力帮助你，一直都是我帮助你，你索取惯了，很少顾及我的感受。我从来不想你又给了我什么，我们的爱就是建立在这种不平等的关系上。我坐两个多小时的火车去你那里，只为了跟你在一起，第二天我还要早起，为了赶回去上班。我多希望你能送我啊，你又不用上班，哪怕只送到车站我也会很开心，至少我会觉得这么来回奔波是值得的。而你呢？你是怎么做的？不要跟我说你忘了。而这只是众多痛苦事件中的一件小事，我已经不想再说了。只怪我不会处理情感，怪我太傻，太笨。其实当我知道你是这么一个人时，应该理智、果断地离开你，这样我想也不会造成现在这么大的伤害。你对我的爱，仅限于我可以为你解决问题和困惑。你对我在意，仅仅是因为我能帮助你而已。

问：你前女友是不是比你大？

陈：是的，我前女友比我大 4 岁。

问：为什么你要用电线去勒 H？

陈：一开始不是很想杀她，后来就想把她弄死，但当时是……不确定她是否已经死了。从内心的角度，我是想把她置于死地，但是不能确认她有没有真的死。掐 H 的时候，她好像还没有死，有那种大喘气的感觉。勒了她以后，当时我认为她可能已经死了。走的时候，怕她醒来叫人打我，就把她的手机拿走了。

问：走的时候，怕她叫人打你？可她都已经死了。

陈：是的。

问：你走的时候是什么感觉？

陈：我走的时候……当时的感觉是……后怕。走的时候好像没有什么感觉，后来才有。H 死亡时的面孔当时我没有看清楚。后来警察让我辨认时，看了很多 H 死亡的照片。看了以后我就很容易做噩梦，凌晨脸都是发紫的，而且照片很大很清楚。她死的时候是差不多凌晨 5 点多，我每天凌晨 5 点多的时候，就感觉有一双手掐住我的脖子，我大叫一声就醒过来了。我感觉是 H 的手，感觉是她在掐我，其他的梦几乎没有。H 出现在我梦里，我只能看见她的脸，看不见她的其他部分，就看见一张脸，死亡当时的脸，就是法庭上看见的脸。没有看见她脸部照片之前，我做的梦，就是一个影子在我的面前晃来晃去，不能确定这个影子是谁，好像有一双眼睛在盯着我。那个时候没做什么噩梦，噩梦是在看见照片以后才有的，进监狱以后就是重复这个梦，有时候一个晚上做两三次，梦见 H 掐我。

问：你在梦中有没有和她说对不起？

陈：有。我还给 H 写了信，本想寄给我妈，叫我妈烧给她，怕父母伤心就没有寄。写了一些我想和 H 说的东西。她的父母也很伤感，她妈妈好像因为这个事情有点疯疯癫癫。我心里就更难过，越来越沉重的感觉。如果有一天我活着出去的话，我会用金钱的方式来弥补，我不会选择明目张胆的方式，会用匿名的方式。我还叫我妈妈给那个女的多烧一点纸钱。

问：你刚才说把愤怒都发泄在她身上，为什么是她呢？

陈：感觉她是一个很随便的女的，搞得还很……而且是她提出要我去她家里的。

问：说白了，就是你看不起她，所以才把你的情绪发泄到了一个你看不起的人身上，一个弱者的身上。

陈：是的。

问：为什么杀了她以后，还会侮辱尸体呢？

陈：主要是性的需要没有得到满足，还有一种可能就是看不起她吧。H不动的时候，我也不知道我是怎么想的。我感觉很奇怪，很紧张，但我的欲求还在。你说，这算不算是一种变态行为？

问：能理解一些你的行为。开始你就是想和她发生关系才奔她家去的，而且快要和她发生关系时，被拒绝了，这个时候，性已经被最大限度地激发起来，却马上被压抑了下去，你当时就像一根被压紧的弹簧。她骂你女朋友，你的情绪瞬间被点燃，引爆。为什么能引爆你的情绪？不仅仅是那个时刻被拒绝的性，还有和你女朋友的情感。更深的原因是你想自杀、自我毁灭背后所隐含的诸多人生的痛苦和绝望被引爆了。这些痛苦和绝望让你无法承受，也不想再承受，所以你不想再约束自己，就随心所欲了，借机爆发。H说，有本事你来打我啊，她的这句话，就像夜空中的一道闪电，让你突然想到，可以用杀了她，一命偿一命的方法，间接达到自杀的目的。所以，你杀了她，但你的愤怒还没有发泄完，情绪，夹杂着刚才未满足了的性需求，又让你做出了你自己都无法理解的行为。侮辱尸体，不仅仅满足了刚才未满足的生理需求，更多的是情绪发泄。因为如果仅仅是为了满足生理需求的话，似乎动力没有这么强，不至于使你去侮辱尸体。

陈：……（沉默了半分钟）

问：还有一个问题，你为什么高中毕业就不读书了？

陈：因为我学习成绩不好。我爸妈是打工的，外来务工人员的孩子在本地读书不是一件容易的事。我爸为了我读书的事情东奔西跑，我的学习成绩一直不是很好。父母对我的期望很高，但我高中还是没有好好读书，反而惹是生非，每天和同学出入网吧、游戏厅、KTV……给他们带去了很多麻烦，最终我因为打架，严重违反校规，被开除了。退学后，我爸对我十分失望，对我的事情基本是不管不问，任我为所欲为。

后面我就去做生意了，但是做了几次生意都失败了，很多钱都是向父母借的。一次是因为合伙人吸毒而失败，只经营了半年。还有一次，才经营不到一年，是因为和合伙人的矛盾散伙。这两次生意的失败让我承受了前所未有的打击，父母对我再一次的失望。我爸常说我，你太不听话了，又不去工作，整天就知道好吃懒做。接下来我就无所事事，每天待在家里，整天以电脑为主，直至案发。生意的失败，使得我有了很多放纵的行为，对原先充满希望的生活失去了信心。虽然生意的失败对我造成前所未有的打击，但不是我犯罪的主要原因。

问：那你觉得主要原因是什么？

陈：嗯……杀她是偶然的，也是必然的。犯罪的主要原因，还是因为我前女友提出分手。当然这种矛盾的激化不是一两天了，而是经过了长时间的积累，在这一天突然爆发，对于这样的一个结果我无法承受。我无法承受与自己相爱的人从此踏入陌路，我很爱她，她也很爱我，我对她的爱可以说是超乎一切。我在她提出分手的几天内活得很痛苦，比现在都要痛苦，我无法接受这种状况，便开始自暴自弃，尝试堕落与放纵。失去我心爱的人，生活就没有一点意思。很多次我想结束自己的生命，但是都没有成功，我并没有勇气结束自己的生命，反正当时就是不想活了，想让自己解脱，便想利用外界的力量结束自己的生命。

我的确很自私，自私到只考虑自己，从来没有考虑过别人的感受，更没有考虑到父母的感受和被害人家属的痛苦。当时我只觉得我的那个家没有一丁点儿的温暖，我整天待在家里，可为什么从未在家里吃过一顿饭呢？这恐怕是常人很难以想象的吧。因为我父母都是打工的，比较忙，自从我懂事后，我只记得我的父母从经济上满足我，其他方面的事很少关心我，让我对这个家没有一点留恋。很多次，我在做思想斗争，要不要结束生命，有没有必要留恋这个社会，这个问题我曾无数次地问过自己。

这个被害人的确很无辜，我也觉得她死得很冤，但是这个事实无法改变。造成这个惨剧，她也存在一定的过错。首先是她主动提出让我去她家睡觉。其次是当着我的面换衣服，这不免让我联想到她是愿意和我发生性关系的。最后是因为她辱骂我的前女友，因为我很在乎我的前女友，我帮她说话，H就开始骂，我在劝止无效的情况下，才一时冲动将其杀害。

问：面对前女友提出的分手，你解决问题的方法是不是有问题，不成熟呢？

陈：是的，我承认，我不敢面对。所以我前女友以前就说过，希望我能成熟起来，懂点儿事，不要太幼稚，别把事情都想得那么简单。说我太依赖她，让她很有压力，有种无法喘息的感觉，她讨厌这种感觉。还让我换位思考，好比有个女生只会对我说，你对我真的很重要，我不能失去你，失去你我的世界也毁了，生活也没有意义了，她说如果有这样一个女孩在我身边，我也一定会觉得很有压迫感，而且很恐怖。她说不喜欢除了爱情以外什么都没有的男人。我前女友对我寄予很高的期望，但我还是让她失望了。

问：是的，你的解决问题的方法很自私。

陈：是的，以前别人这样说我，我可能接受不了，现在能接受了。现在想想我前女友提出和我分手也能理解。当然，我还是为我和她的爱情，做了一件很伟大的事情，我也希望我的女朋友能感动。

问：是什么事呢？

陈：女朋友提出来分手，我舍不得，不愿意啊，所以我想自杀，为了这段感情。

问：你前女友是怎么想的？

陈：她觉得我现在这样，都是因为她。但她不赞同我的做法，也并不感动，更多的是疑惑，这让我有点失望。她觉得我这种想法真的很幼稚。

问：你这么做，只能说明你前女友对你的影响力大。你自认为这样做是你爱她的表现。实际上对前女友有什么意义呢？你真的是为了前女友好而牺牲吗？她因为你的所作所为得到了什么好处呢？更多的还是满足你自己的需要，还包含了对前女友的攻击。她提出分手，你这样做可以让她对你内疚。你这么做，甚至是对她的报复。

陈：现在想想，我还是蛮自私的。

问：现在你对哪些人有内疚感呢？

陈：最对不起的人是前女友，从情感的角度当然是她。欠她的永远还不了，她和我是第一次恋爱，第一次去流产，还大出血，她给了我那么多的关怀，但我从来没有给过她什么。

其次是我妈妈。我妈妈教育我的方式和我爸爸不一样。比如说，我想买一辆车，我爸爸就强烈反对，我妈说可以考虑，后来她就给我买了一辆二手车。我做生意时，需要钱，我爸爸会反对，我妈的话一般都会满足我。

问：妈妈答应你了，满足你了，对你好，所以就对妈妈就内疚多一些吗？

陈：是的，因为我觉得我妈实际上从小到大一直对我很好，这也是我到看守所后才这样想的。以前的时候没有，那个时候是恨我爸爸妈妈，就是因为 Q 打胎的时候用的是她自己的钱，我很内疚，如果我爸妈当时相信我的话很多事情就不会发生了。

问：为什么对妈妈的内疚发生了变化？怎么开始的？

陈：当我进了监狱，第一次看见了我妈妈，对她的恨就改变了，但是对爸爸的恨还是没有什么转变。对妈妈的转变是因为以前她喜欢打扮，看上去年轻，现在感觉她沧桑了很多，皮肤黑了很多，我心里一下……有点揪起来的感觉。我对爸爸还是不接受的，他在法庭上把话说得很狠，说我的坏话。

问：对受害人呢？

陈：有一点，但不多。内疚是因为我使她失去了生命，她的家庭也因为我的事而不再美满，还有这个事情对她的妈妈造成了打击。

问：你想通过外力来惩罚自己，达到间接自杀的目的，你有没有想过其他方法？

陈：想过，我想用某种强制的手段、外力让自己死亡或者被禁闭起来。进监狱也是我的一个可以选择的途径，当时也想通过其他的途径进监狱。我不可能把我所有的事情告诉别人，打胎、分手等事情都不想朋友知道，就想用强制性的力量逃避，我就在寻找一种机会。

问：你对自己被判死缓两年怎么看？

陈：在刚刚被判决的时候，我觉得判我死刑都无所谓。现在觉得这是我应有的代价。法庭上审判长说是要严惩我，那个时候我是不想活的，一直都不想活，觉得无所谓。通过几次会见、谈话，我又有了新的希望，有点儿想活的心情。一个是因为父母，主要是我妈。另外一个是因为 Q 和我说，如果我现在因为她的事情而真的结束自己的生命，她会很痛苦，她会内疚一辈子。如果我真的喜欢她的话，好好活着，早点儿出去。

三、理论分析

（一）弗洛伊德死的本能理论及其应用

1. 在弗洛伊德后期生活中，他进一步把早期的本能概念分化为两类本能。一是生的本能（Eros，life instinct），这是指一切与保存生命有关的本能。生的本能的概念直接来自"里比多"概念，它代表着爱和建设的力量。二是死的本能（Thanatos，death instinct），这是指激发个人回到有生命之前的无机体状态中去的本能。死的本能最重要的派生物是攻击。根据弗洛伊德的观点，攻击（aggression）是指向外部对象（而不是指向自身）的一种自我毁灭的需要。在通常的情况下，死的本能向外表现，引起残酷行为、破坏行为、攻击行为、谋杀行为甚至侵略、征服行为。但是，当死本能向外表现受挫时，它往往退回到自我内部，导致自我攻击、自我惩罚甚至自杀的倾向和行为。[1]

2. 弗洛伊德死的本能理论的应用。前女友提出分手，陈某不甘心，无法接受这种痛苦，第一时间想和前女友同归于尽，因感情而下不了手。转而想自杀（退回到自我内部），陈某买了很多安眠药，却不敢吃。在上述冲突中，我们能深切感受到死的本能的气息——攻击与自我毁灭。陈某攻击前女友最终的目的，还是自我毁灭。若不是自我毁灭，则不会用死亡这种单一、极端的方式。从陈某的案例中不难看出，他对于毁灭与死亡并非不可以接受。类似于生的快乐原则，对于陈某来说死亦有其价值和意义，那就是报复和离开这个痛苦的世界。

赫尔曼·黑塞在他的《荒原狼》中，对死亡的价值和意义有精彩的如下描述。"和所有同类人一样，任何失望、痛苦、恶劣的生活境遇都会马上唤醒潜伏在他身上以一死而求解脱的愿望。久而久之，他却把这种倾向，发展成一套有益于生的哲学。他想，那扇太平门始终为他敞开着，这种想法给他力量，使他好奇，去饱尝各种痛苦和劣境，在他遭遇不幸的时候，有时他会有一种类似幸灾乐祸的感觉，他想：'我倒是要看看，一个人到底能忍受多少苦难！一旦到了忍无可忍的地步，我把太平门一开就摆脱了劫数。'许多自杀者就是因为有这样的想法而获得巨大的力量……然后，他就满心喜悦地去想象：他50岁生日那天早晨，他拿起刮脸刀，辞别一切痛苦，走出太平门，随手把门关上时，信件和贺词像雪片一样向他飞来。那时，痛风、忧郁、头疼、胃疼就都只好认输了。[2]"死亡对部分人来说是一把万能的钥匙，能解决所有的问题。

陈某虽然对前女友和自己难以下手，但死、毁灭却是必然！就像陈某所说：

陈：嗯……杀她是偶然的，也是必然的。

死亡与毁灭，在等待、寻找机会，H碰巧撞了上来。当陈某的性需求受阻时，就有了未满足的发泄欲求。而这种性的欲求加上前女友被H谩骂，逐渐触发了陈某求死的需求。最终H说的有本事你打我啊，里应外合，陈某求死的欲求借助于H的谩骂、性的拒绝终于燃烧至H。从杀人的念头出现，到实施犯罪行为，在短短的时间内发生，说明了陈某求死欲求强烈而坚决！哪怕判了死刑也无所谓。陈某求死欲求强烈而坚决更深层次的动机是什么？除了弗洛伊德所说人的潜意识里有死的本能外，还有现实绝望和无意义。陈某

---

[1] 吴宗宪：《西方犯罪学史》，警官教育出版社1997年版，第488页。
[2] ［德］黑塞：《荒原狼》，赵登荣、倪诚恩译，上海译文出版社2008年版，第40~41页。

说过：

陈：我不是说就是要把 H 掐死，就是……好像拿她当一种发泄物，想发泄一下，把所有的情绪都发泄到她身上一样。

是的，H 只是一个导火索，它导出了陈某此生所有的痛苦和怨恨——原生家庭缺乏温暖、学业的失败、生意的失败、女友的分手，等等。以至于陈某杀了 H 手淫后，还对 H 进行了攻击，以宣泄愤怒和不满——就如陈某说的：

陈：因为还有愤怒的感觉，让你骂、让你骂！情绪还没有消失。

这样，陈某终于报复了女友，也报复了父母。在入狱之前，没有见到母亲之前，对母亲还是停留在以前的印象，并没有什么内疚。而对父亲，始终没有内疚。从这里，我们可以感受到这一系列行为背后延绵不断的情绪——对人生的绝望，不断地在推动陈某做出我们意想不到的事来。

陈某是一个怎么样的人呢？我们还可以从道德发展的角度进行分析。

（二）科尔伯格道德发展理论及其应用

1. 科尔伯格道德发展理论：见专题一学习情境一。

2. 科尔伯格道德发展理论的应用。陈某的道德发展仍处于第二阶段，最大限度地满足个体的需要。就如在狱中才能接受他人说他自私的陈某所说：

陈：我的确很自私，自私到只考虑自己，从来没有考虑过别人的感受，更没有考虑到父母的感受和被害人家属的痛苦。

在前女友的眼里，陈某是一个一味享受，只吸收，不付出的人。前女友的存在对陈某来说，更多的是一个工具，能帮助陈某解决问题和困惑。哪怕在狱中，陈某还认为因分手痛苦而自杀，是为了和前女友的爱情而做出的伟大的事，希望前女友感动。陈某，正如其前女友说的，他是幼稚和不成熟的。

陈某为了自我毁灭而达到对前女友的报复，兼让前女友感动和内疚，陈某杀死了才认识几个小时无冤无仇的 H。陈某对 H 亦无多少内疚，反而更对不起前女友。对他来说，H 只是一个实现其发泄、报复前女友目的的工具，一个他看不起的人。从这个角度说，陈某是极度的自私。

陈某道德发展停滞，一个重要原因是缺少来自父母的温暖。父母除了给钱，基本不管陈某。所以，找了一个比他大 4 岁的前女友，她扮演着母亲的角色，从前女友身上似乎能看见他缺失的"母亲"。

四、角色扮演与自我反思

五、问题与思考

1. 弗洛伊德死的本能的核心要素是什么？

2. 如何用挫折攻击理论解释该案例？

3. 陈某杀死 H，除了 H 谩骂陈某的前女友、性的拒绝，攻击的原始起点在哪里？尤其在陌生人之间的暴力犯罪中，这个起点起着怎么样的导向性作用？

4. 该案例中，手淫背后的动力基础是什么？为什么？

5. 仅因女友提出分手，陈某做出一系列的心理与行为反应：想与女友同归于尽、自杀、杀 H、手淫、羞辱尸体，这一系列行动背后的动力源于什么？

六、摘要与关键词

摘要：_____

_____

_____

关键词：_____

七、延伸阅读

［德］黑塞：《荒原狼》，赵登荣、倪诚恩译，上海译文出版社 2008 年版。

学习情境三　张某的故意伤害案

一、学习目标

1. 掌握韦瓦克犯罪生物学理论。

2. 掌握关键词：绝望、自我毁灭、放弃、"怀恨的孩子"。

二、案例导入

（一）基本信息

张某，男，24岁，汉族，高中文化。在一次和女友的冲突中，重伤女友，经医院抢救，脱离生命危险，被判无期徒刑。

（二）访谈整理[1]

张：就因为这么点破事，重伤了女友，判得这么重，真的是不值啊！我在看守所，我把过去，像放电影一样，看了一遍，感觉自己真可怜！

1. 家，缺乏温暖的地方。说到家，首先想到的是父亲，首先想到他，不是说和他亲，而是恨！我是个没有父亲的人，没有父亲，不是说真的没父亲，而是说我不喜欢他，虽然他到现在还活着，但我心里没这个人。我觉得他很没用，看上去老实，内心却是自私的，对我很暴力，我不喜欢这样的父亲，甚至还恨他，在精神和情感上给不了我所需要的帮助。

小时候，学习不好，经常被父亲打骂，打耳光，打头，我们那里叫"毛栗子"，食指一弯就往你头上敲，很痛，还拧耳朵。在初中，成绩已经很差了，很多功课已经跟不上了，听不懂，每天回家的作业不会做，做错了就挨骂，挨打，每天的作业对我来说是沉重的负担。家，就是一个让我心惊胆战的地方。妈妈虽然不打我，但是在家里没有什么地位，也保护不了我。每次爸爸打我，她好像也没怎么劝，也没怎么反对，我和妈妈的联系不那么紧密吧。

我不喜欢待家里，也不喜欢这个家，喜欢回老家，去爷爷那里，或是去外婆家。经常

---

〔1〕　该个案发生于18年前，当时没有做一问一答的记录，而是根据张某的档案、自传和访谈，整理如下。

会想到爷爷的被窝,尤其在冬天,往爷爷的被窝里一钻,整个人都窝在被窝里,缩在里面,很暖和,很安全。虽然爷爷的被窝已经很破旧了,但农村那种染过的土布做的被窝,散发出来的气息,却是再也难以忘记,我到现在都还留恋、挂念那个"被窝"。

一次小学的期末考试,我有很多科目不及格,我很害怕,不敢回家,就离家出走了。没告诉任何人,就逃回爷爷家了。到爷爷家时,已是傍晚,村里的喇叭在放《在希望的田野上》。我很清楚地记得离开家,离开父亲,没有人管我时,那种开心的心情。直到现在,听到《在希望的田野上》,我都感觉很亲切,会回忆起那天的心情:傍晚,农村的草路上,一边弹牛皮筋,一边蹦蹦跳跳,非常快乐和自由……

说到家,好像想说的很多,能说的东西很少。家里,有爷爷,还有外婆,有母亲,好像就这几个人。爷爷、奶奶、外公、外婆早就去世了,我也就很少回老家了,也慢慢和过去失去了联系,心里好像有种空荡荡的感觉。真的,我真的很想我爷爷,很想!我很想回到老家,吃爷爷给我挖的埋在地里的甘蔗!每当我看见甘蔗地,唯一的一个影像就是爷爷的甘蔗地。感觉,那里才是我的家,有点温暖的感觉。

现在,那里的房子旧了,没人住了,也没人去了,样子和原来的也不一样了。一个人的根,慢慢地没有了,回不去了,只能回忆。很多年没有回去了,回忆就越来越模糊,回忆的次数也越来越少了,慢慢就不想了。看见老家快倒的老房子,我总是能回忆起在外婆家,在爷爷家的感觉。在夜深人静的夜晚,我甚至还能看见我自己,小时候的我,在外婆家,在爷爷家,看见在门槛上进进出出的小小的可爱的我,看见那个坐在门槛上的小小的可爱的我。也许是我现在过得不好吧,我总是回忆这个,回忆那个,回忆到泪流满面。没有人知道这些。

家,好像应该有两个,一个来自父母,一个是自己的。我估计,我坐牢出去以后,永远也不会有自己的家了,那个家里有老婆,有孩子,那才是家。而我自己的家,可能永远都不会有了。

2. 学校,一个让人害怕的地方。我不喜欢读书,也读不好,去学校也是让我很害怕的事。每天要按时到那里,要学一些原来不懂的东西,要写字,还要回答问题,还有很多规矩。学校里有很多我不知道的东西,我害怕。更重要的还是因为我学习成绩不好,就不敢去学校了。我小学转学了3次,每次换学校都害怕,不想去,又不得不去。因为又要去适应一个新的环境,都是不认识的同学、老师。有一次刚转学,课间上厕所,因为家里穷,没有皮带,就用绳子绑裤腰,结果一紧张,解成了死结,解都解不开,大便又很急,有点漏到裤裆里,当时只能回到教室上课,我都忘了那天上午是怎么过的。长大后,还经常梦见去满地都是大便的厕所,体会到那种紧张、害怕和焦虑,还有无奈。

在学校,因为害怕,很多东西就记不住,总是比别人慢。老师还喜欢抽我背书,我都是磕磕巴巴的,不像其他同学,很顺的就背了下来,放学后我常被留下来背书。也害怕老师叫我回答问题,尤其到讲台上去做题,背对着同学面对黑板,手上拿着粉笔,不知所措。我印象里自己上课是从来不举手发言的。我也害怕家长会,因为我在学校表现不好,爸爸回来，一顿打是免不了的。我也害怕考试，我经常不及格，最后还要把成绩单带回家里，要家长签字，又是一顿打骂。我脑子里有一幅很清晰的画面，一个冬日的傍晚，一个小男孩在路边提心吊胆地等着下班经过他家门的班主任，因为她的手上有这个学期的期末考试成绩单。

学校给了我很多的恐惧。害怕考试，考不好就要回家挨打。害怕老师提问，因为回答不出来丢人。害怕做家庭作业，因为不会就要挨打。做错了，也要挨打，挨骂。因为老师教过我了，我只能说会了，结果擦了再叫我做，还是不会或者错了，就会遭到更多的打骂。所以，我做作业的时间就很长，错的多，大人也烦了吧。现在想想，我自己都可怜自己。

我唯一喜欢的是体育课，可以玩。其他的课我都不喜欢，也不喜欢那些老师，和老师也没有什么交流。不过有几次作业让我印象深刻，是语文作业，有一次我写得很认真，很工整，都对了，老师给我优，本子上都是勾，那种感觉真的很好！也努力了一些时间，但后面又不行了。现在我都能"看见"那本语文的作业本，如果我回家的话，好像还能找到它，它还在。真的很奇怪，过去十多年了，好像这件事情就发生在昨天。这本语文作业本，又让我立马儿"看见"我读的小学的大门、教学楼。而实际上，我读的这所小学早就被拆了。

在学校，发生了一件影响我终生的事——打架。初二的时候，一次和其他班的同学打架，我的下身被对方狠狠踢了一脚，当场就很肿了，去医院检查，医生说我生儿子的可能性很小了。当时我还小，还不懂，生儿子的可能性小，又没有关系，生女儿也可以啊，感觉没什么事就回家了。过了几个礼拜，我才知道，生儿子的意思，就是以后生孩子的可能性没有了，我一下就懵了。未来，在我面前一下子，就像那天的天气一样，灰蒙蒙的，没有色彩。阴沉沉的，冷冷的，是快下雨的感觉。毕竟，我还是一个孩子啊，一个孩子啊！从此，秋天时，遇上这阴沉沉的天气，我就会想到那天发生的事，改变我一生的事。我经常会去小书店，查我的病，看是否有解决的希望。我经常给一些杂志写信，问我的病是否还有希望。一本杂志，好像是《家庭医生》，还给我回了信，叫我到他们那里检查一下。但我没有去，不敢去，如果检查的结果是真不能生了，是一件多么让人恐怖和绝望的事啊。当然，那时小，也没钱去。这些事，感觉父母都没有很在意，真的是不可思议！都是我一个人在面对。

不会生孩子，也就意味着女的都不要你了，那时的我是这样理解的。想到一生中最重要的事，或者说在那个年龄里最重要的事看不到希望的话，做其他事就没有心思，也感觉没意思，书更没有心思读了。我很羡慕别人，那些普通人，生理正常的人，过着普普通通的生活。想到我以后连找一个女朋友都要提心吊胆，心里就会有一种悲哀、难过和凄凉。对别人，对社会，有时候是充满了怨恨，不知道为什么会这样不公平。有时也会怨自己。

在那个年龄就知道这个结果，是有些残忍的，也是残酷的。绝望也就紧随而来。如果年纪大些了，三四十岁了，知道了这件事，也许影响就没有那么大。那时是初中，青春期刚开始啊，对异性有了感觉，强烈的感觉，强烈的期待和幻想。以后要是不能生孩子的话，怎么办啊？哪个女的愿意嫁给你啊？骗她也不行，这个总会知道的，知道了以后，就会离开你。想到以后都不可能去谈恋爱，去结婚，想想就难过。尤其是遇到自己喜欢的女孩子，一想到自己的病，就感觉做什么事情都没有心思了，读书更觉得没什么意思，活着似乎也没有意思了。那时候我已经有了喜欢的人，和她一个学校认识的，她比我大一岁，高一个年级，喜欢穿红衣服。每天放学，我都会在家里的阁楼上看她回来，她也会朝我家的阁楼上看过来，感觉她好像也喜欢我，知道我在看她，每天就形成这样一种默契。那时候，我也会喜欢同年级的女同学，放学回家的路上，一边玩，一边等自己喜欢的女同学过来。看看她，偶尔她也会有意无意地看过来，那种近距离的感觉很微妙，好像距离近了，就和她有了某种关系。所以，那个时候，我对自己的外貌很在乎。我的脸上和腿上，慢慢长出了毛，我感觉难看，就会去拔，哪怕很痛，也会拔，就为了让自己好看点。

自从得了这个病，一切就都结束了！感觉这件事情发生以后，在学校和女同学的记忆，一下子就断了，变得空白，就没有了。

得了这样的病，不要说女的不要你，就是男的知道了，还会嘲笑你，歧视你。有一种很深的自卑，感觉自己不像一个男人了！

高中时，遇到一个我还算喜欢的同学，她坐在我后面，也喜欢我，甚至还愿意做我女朋友。开始我还是很高兴的，但是转念一想，就害怕了，想到自己的病，就失去了勇气，总是联想到分手的结果，也就没有开始的勇气和信心，反正都要结束的，开始干什么呢？反正都是痛苦，何必要开始呢？当有另外一个男同学追求她时，我没有坚持，就放弃了，长痛不如短痛吧。一次，我远远地跟在他们两人背后，看见他们手牵手，一方面为她高兴，一方面是痛苦，那个时候最喜欢听的歌就是郭富城的《我是不是该安静地走开》，一遍一遍地反复听。

3. 就业和恋爱。我高中毕业就不读书了，去打工了。又遇到一个我喜欢的女孩子，她也喜欢我，我们就同居了。但只要想到那个病，和她谈恋爱，就不敢投入很多，或者说是随时做好了分手的准备。恋爱中的幸福，让我痛苦和矛盾，是否要和她说呢？我始终不敢。于是就在提心吊胆中谈起了恋爱。

由于不敢投入很多，她似乎感觉到了什么，和我的关系也慢慢疏远起来。她在一个卖衣服的店里上班，后面去了外地的店当店长，我们的联系就越来越少。有一次她生日我去看她，晚上睡觉时，听见楼下有一辆摩托车老是在来回地骑，发出很响的声音，我感觉很奇怪，问她怎么回事？她说有一个男的喜欢她，在追求她。在我的追问下，她承认她有点喜欢他，他对她很好，而且两个人还发生了关系。听到这些，我很奇怪，发生了这样的事，我居然没有很生气，似乎也能接受。可能也和我对婚姻的绝望有关吧，能在一起最好，不能在一起，心里早就能接受了吧。我叫她回原来的店里上班，但是我们俩的关系已经回不到以前了，她和他也分开了。后来，我也换了一个地方打工，离她四五十分钟的路，联系就更少了。后面听说她姐姐要给她介绍对象，我干脆就主动放弃了，不联系了。

这次分手，对我的影响好像也不是很大，因为早就预料到了，只是感觉生活更没有意义了。

4. 故意伤害。我的最后一个女朋友是受害人，她从小是被领养的，我很同情她，也很喜欢她。她有点花心，私生活有点乱，有点轻浮，喜欢去酒吧玩。我知道她不适合我，但是很喜欢她，还是追求她，和她好上了。我对她很好，什么都会答应她，迁就她。刚认识一个月左右，她和我说，她怀孕了，我有点吃惊，她说是我的，我也认了。我知道，她在和我交往之前，她和住在我们楼下的一个男的好过，她经常向那个男的要钱花，我是听一起打工的朋友说的。我估计这个孩子，是那个男的的。但我还是陪她去打了胎，照顾她。

和她在一起，我总感觉不安心，没有安全感，她老是嫌我挣钱少，也常吵架。大概过了半年，我担心的事情还是发生了。我感觉她好像和另外的男的好上了。一天晚上她爸妈不在家，我就又想偷偷睡她家里，她不肯，我就只好走了。走的时候已经很迟了，晚上十一点多了。走之前，我偷偷拿了胶带纸，粘在门下，要是她晚上出去，或者别人上她家来，门一开，胶带纸就会掉下来。第二天一大早，我去找她，就她一个人在家睡觉，发现门上的胶带纸掉了，说明那个男的，在我走了以后，就偷偷过来了。我装作不知道，忍着。我们老是吵架，做什么事情，都是责怪我，她很能说。我想分手，但又舍不得，因为喜欢她。我甚至偷偷租了一间小房子在她家对面，这样，晚上就可以偷偷看她什么时候回来，一个人还是和别人一起。有时在等她时，恨的是咬牙切齿。不过，我在等的时候，也感觉到兴奋和刺激。要是我发现她和其他男人回来，也会有点兴奋，好像有点心理变态。

一个夏天的中午，星期天，我刚吃过中饭，我打她电话不接。一个经常和我玩的伙伴和我说，看见我女朋友去了某某宾馆，是一个男的约她去的，我一听就火了。我就去找，来到宾馆，找不到她，就给她打电话，我说我就在你宾馆的门口，你马上给我下来，否则我就不客气了。过了一会儿，她就下来了。一路上我们俩什么也没有说，就叫她回家。刚到她家门口，她进去以后就要把门关上，居然不让我进去。我的火就忍不住了，我就喊了一声，看你今天做的好事！硬推门就进去了，狠狠打了她一巴掌，没有想到她也狠狠地回了我一巴掌，还说我有什么资格管她。我就更恼了，以前压抑的愤怒一下就爆发出来，我上去又是一巴掌，我们就厮打在一起。回想当时，我自己都感觉自己可怕，好像换了一个人，说话的声音都变了，低沉地吼着，你今天别想活了，我也不想活了！她用指甲乱抓我，抓我的脸。我一气之下，随手拿过桌上的一个瓶子狠狠朝她的头砸了过去，砸了几下记不得了。她一下子就倒了下去，头上冒出很多很多血，我害怕了，就逃了。

5. 绝望的影响。我进了看守所后，有很多空闲时间去思考，在社会上不会想那么多，那么细。要不是初中打架的事，我这辈子不会到这田地。那件事，对我最大的影响，就是感觉活着没希望，没意思，很多事情变得越来越无所谓，做事没动力，也越来越容易放弃。遇到困难，我不想去面对，不想去努力，我总是需要一个理由和借口。这时绝望就会站出来，它就是很好的借口和理由。绝望，让我感觉再努力也无法改变一些事，也就放弃了。慢慢地，这种逃避和放弃就蔓延开来。这辈子没有希望和意义，我也很同情自己，可怜我自己。所以，遇到困难，也就放纵自己，我都已经这样了，这么可怜了，我还努力什么呢？有意义吗？到现在，我什么事也做不好，做不成，就是这个原因。

看不见希望，使得我还有一个特点就是要满足眼前的需求，先满足了再说，不会想得很长远，以后的东西以后再说，也就容易后悔。比如在网上打红五，有些牌感觉需要思考一下再打，结果还是没思考就出了，一出就后悔，恨自己恨得要命，会恨得直拍桌子。一次和一个网友开房，就剩下四五百块钱一晚的，当时也没有心痛，立马开了，满足了生理需要再说，其他的就不管了，事后还是心疼和后悔的。看不见婚姻的希望，也就没有长久和稳定的情感，经常换女朋友，有时候上半夜在这个女朋友这里，下半夜去另外一个女朋友那里。我在说这些时，也没觉得有什么不好，只是害怕，不希望别人知道我的所作所为，害怕别人知道我是这样的人。做事，控制力差，就随心所欲，该做的事没做，不该做的却做了，最后只有自己干生气，浪费时间。就像伤害女朋友，看见她和其他男人在宾馆里，一句话就刺激到了我，我就火了。就为了满足或者发泄那一刻、那一瞬间的愤怒，我伤害了她，都是一样的道理，都是为了满足眼前的需要，后果就不太去考虑或考虑的很少。我这辈子，满足眼前的需求，缺乏控制力，随心所欲的性格，影响了我很多，使我的计划经常受到意外因素的干扰，注意力容易分散，经常是捡了芝麻丢了西瓜，想做这个又想做那个。结果是蜻蜓点水，什么都没做好，最终一事无成。

绝望，让我容易放弃和喜欢报复。人不会一直处于绝望的状态，有时候我也很渴求一些东西，如爱情和友情。渴求了，就心情很急迫，就希望马上得到，急着得到，没有耐心，就不会去控制自己的需要和欲望。所以，我给人的感觉是脾气很急，什么事情，想到了就要马上做，马上就想满足。若满足不了，就想马上放弃，马上报复，就这么快这么极端。其实，有些想满足的东西也没那么重要，甚至一点都不重要，但就是想马上得到，就在乎结果，喜不喜欢先不管，拿到了再说，这就是强烈的占有欲。我常这样做，很冲动。这样做，我对自己也很不爽，我怎么会是这样一个人呢？太敏感脆弱了，得不到就这么容易放弃，就要报复。

绝望，让我敏感脆弱，若遇到我认为的伤害，则报复性更强，有时甚至会选择同归于尽。比如在网上打红五，对方一下抓了我两个红五，这个时候我宁可被扣更多的分数，我也会选择逃跑，就是不能让他们抓住我的红五。哪怕我付出再大的代价我也会去做。逃跑，是对抓住我红五的人的一种攻击，我不爽，就会让你也不爽，内心的怨气也得到了一些安慰。我过不好，你也别想好过。一次因为一点小事和老乡吵架，感觉在小组里很没面子，就很想报复他，脑子里老是在想怎么报复他，想着那种场景，甚至后果，哪怕工作丢了也无所谓。遇到激烈点的冲突，哪怕命不要了也无所谓。所以，有时我感觉自己很无情，冷漠。后面也谈过几个女朋友，因为感觉不太可能结婚生孩子，也就更多为了满足生理需要，分手就分手了，也无所谓，也没感觉很对不起别人。唉……我自己都看不起自己。但时间久了也感觉没啥，反正活着也就这样，没什么意思，也不想做什么体面的人，别人也不知道，过一天算一天吧。我这个人脆弱，就需要别人的认可，所以我也常常无法拒绝别人，哪怕我不想去做，别人叫我去做，虽不太乐意，但也会去做，就是很矛盾。

绝望，让我的胆子也慢慢大起来，因为不怕什么后果，也没什么好害怕失去的。有一次，和一个女朋友分手，她威胁我说要告诉我打工地方的领导，要让别人知道我的本质。我笑着和她说，你去说啊，去告啊，有什么好怕的？我当时就是这么想的，反正以后婚姻家庭什么都没有了，就一个人了，一个人到哪里都是过，有什么好怕的，大不了这里不干了。工作，虽然还是我喜欢的，但对于以后渺茫的婚姻家庭来说，又算什么呢？没有就没有了。我甚至还这样想，没有工作后，还会有更多的痛苦和麻烦，内心好像还有些喜欢这样的后果，哪怕更苦，更孤独的生活，也能接受，也愿意接受，有点变态吧。好像自己把自己毁了也行，哪怕死了，也能接受。当然，如果毁了自己，最好能彻底点。那种上不上，下不下的感觉很难受。希望呢有一点，却又实现不了，做起来很辛苦。向下沉呢，又狠不下心来，坏不到底。这样，好人也不是，坏人也不是，夹在中间很难受。叫人不知道怎么走，怎么做，向前走也不是，后退也不是，就只有麻烦和痛苦了。

看不见希望，未来对我来说就意味着黑暗和死亡。或者说，我很早、过早地看见了死亡，感受了死亡。我本身就是一个已经死去的人，在心里，其实我已经死了。很早，就觉得活着没什么意思，不想活了，活着很辛苦。对死，我有一种特殊的情感……我已经很累了，已经走不动了，不想走了，实在不想走了，想放弃了，但不得不走，真的很辛苦。

一些关于死亡的影视片段就很容易让我印象深刻。记不得是哪一年的元旦，在电视上看见《梁祝》，一下就记住了，祝英台在梁山伯坟前哭，还有化蝶。印象深的还有《射雕英雄传》，杨康中毒死时，穆念慈清唱《肯去承担爱》，看的时候我拼命压抑自己的泪水。我很喜欢《射雕英雄传》，最让我难忘的不是郭靖和黄蓉的幸福，而是杨康和穆念慈的凄惨，我也希望能遇到一个像穆念慈的女人，我也会像杨康一样好好对她。

绝望似乎阻止了我的心理发展和成熟，让我一下子跨越了时间，直接快速走到了生命的尽头。用接近死亡时的心态，看着我的童年、少年和青春期。一是因为我不愿意长大，不愿成熟，因为成长需要一个理由，需要希望，而我是个没有希望的人。二是因为那样做，需要面对痛苦、责任等，我承受不起。所以，我不愿长大，以一种孩子气的方式，幼稚的方式活着。所以，我的内心是脆弱、敏感的，表现在行为上则是冷漠无情，容易放弃，极端，报复心强，希望毁灭和同归于尽。不愿改变是痛苦的，改变也是痛苦的，都是痛苦，所以，无路可走。既然无路可走，我就选择毁灭自己。有的人选择毒品，有的人选择自杀，有的人选择了性，而我选择了暴力。毁灭的背后，是为了遗忘、逃避痛苦。我一直，都在等待这样的机会，毁灭我自己的机会，终于，这个女朋友撞了上来。

三、理论分析

(一) 韦瓦克犯罪生物学理论

犯罪生物学认为，犯罪人的犯罪与其人格等个人素质密切相关，而这些个人素质受到遗传因素的直接、间接的深远影响。一些负性的诸如父母精神病、智力低下、酗酒、染色体异常等遗传因素，对犯罪人的人格塑造起着巨大的作用，形成各种不同的人格并由此产生犯罪行为。

比利时犯罪学家路易·韦瓦克的犯罪生物学理论认为："一般而言，习惯性犯罪人具有低劣的生物、生理和心理素质。这种低劣使他们很难过正常的生活，很难控制自己的冲动和情绪，很难抗拒环境的诱惑与暗示；他们的遗传缺陷或后天获得的缺陷，使得他们具有实施犯罪和违法行为的倾向。实际上，并不存在一种特殊的犯罪人类型，而是存在着一系列的生物异常型和人类共有的各种疾病与退化。"[1]

（二）韦瓦克犯罪生物学理论的应用

正处于青春期的张某因与同学打架，生殖部位被踢伤，导致生殖功能受损——后天而非先天获得的缺陷，对还在读初二的张某来说，无疑是一个巨大打击。而张某父母的态度呢？

张：这些事，感觉父母都没有很在意，真的是不可思议！都是我一个人在面对。

父母的态度，加深了张某的痛苦。从张某对家庭的描述，对爷爷的破旧被窝的感觉，对爷爷甘蔗的期待，对外婆家儿时画面的回忆，都体现了原生家庭温暖的缺失。温暖的缺失也许还不是最糟糕的，来自父亲的暴力，给张某带去很多恐惧，以至于父亲虽然活着，但他已经"不在"了。学习成绩差，使得学校成为令张某恐惧的地方，进一步减少了张某的希望和选择。

身体缺陷的意义，需要在社会文化的大环境下去解读。身体的缺陷如何影响张某的人格特点并影响其社会适应能力？需要从生理—心理—社会的视角进行解读。

性的意义至少可以被概括为以下七种：第一，为了繁衍后代；第二，为了表达情感；第三，为了肉体快乐；第四，为了延年益寿；第五，为了维持生计；第六，为了保持某种关系；第七，为了表达权力关系。[2]

生殖功能受损，使尚处青春期的张某瞬间失去了与异性建立持久、稳定亲密关系的希望，且无法诞育后代。对生于20世纪80年代初的张某来说，生殖功能受损、无生育能力和无后，是要被人歧视和嘲笑的，是一件耻辱的事。这些都发生在张某渴求建立他自己的温暖小家的背景下。这种反差，对于才初二的张某来说是残忍、恐怖和绝望的！张某的绝望之门被强行踹开，并成了张某今后生活的基调：

张：绝望似乎阻止了我的心理发展和成熟，让我一下子跨越了时间，直接快速走到了生命的尽头。用接近死亡时的心态，看着我的童年、少年和青春期。

绝望之门被打开，敏感、自卑、易放弃、随心所欲等特质呼之欲出，张某的恋爱注定要失败！因为他的心，早就死了：

张：我很早、过早地看见了死亡，感受了死亡。我本身就是一个已经死去的人，在心

---

〔1〕 吴宗宪：《西方犯罪学史》，警官教育出版社1997年版，第394页。

〔2〕 李银河：《性的问题·福柯与性》，文化艺术出版社2003年版，第9页。

里，其实我已经死了。很早，就觉得活着没什么意思，不想活了，活着很辛苦。对死，我有一种特殊的情感……我已经很累了，已经走不动了，不想走了，实在不想走了，想放弃了，但不得不走，真的很辛苦。

此后张某三次恋爱失败，让张某的绝望从幻想走向具体，走向现实——通过犯罪自我毁灭。借助张某冲动、极端的犯罪行为，能感受到一点张某内心的绝望！

张：毁灭的背后，是为了遗忘、逃避痛苦。我一直，都在等待这样的机会，毁灭我自己的机会，终于，这个女朋友撞了上来。

原本开始茁壮成长的生命，在生殖部位被伤害的那一刻，就按下了终止键。带着原生家庭的创伤，生殖功能的伤害，一个心理发展停滞的"孩子"出现了，这是一个怀恨的"孩子"。这个"孩子"的身上，蕴含着巨大的负性能量——难以言说的创伤和痛苦！它代表着放弃、自我毁灭和同归于尽。

四、角色扮演与自我反思

_____

_____

五、问题与思考

1. 如何用弗洛伊德死的本能理论解释该案例？

2. 如何用阿瑟·比利控制理论中的削弱自我控制来解释该案例？

3. 如何用弗里茨·瓦雷尔和戴维·瓦因曼的"怀恨的儿童""薄弱的自我"两个概念解释该案例？

4. 如何用查尔斯·莫里的学习能力缺失（学校失败模式、感受性模式）来解释张某的学习行为？

5. 身体缺陷与犯罪有什么关联？

6. 张某的绝望，在心理和行为层面会有哪些特质和表现？

7. 如何从本我、自我和超我的角度解读绝望？

8. 学业在张某的犯罪生涯中起着怎么样的作用？

9. 如何用俄狄浦斯情结解释张某的学习能力？

10. 结合本专题其他学习情境的案例，性与死亡、攻击有怎么样的关系？

11. 女性在男性犯罪人的生活中起着怎么样的作用？为什么？

六、摘要与关键词

摘要：_____

_____

_____

关键词：_____

七、延伸阅读

1. ［奥］A. 阿德勒：《自卑与超越》，黄光国译，作家出版社 1986 年版。

2. 电影：［美］詹姆斯·曼高德，《致命 ID》，2003 年。

学习情境四　李某的故意杀人案

一、学习目标

1. 掌握情绪调节理论、复习弗洛伊德死的本能理论。

2. 掌握关键词：绝望、欺骗、自我毁灭、"借尸还魂"、情绪与攻击。

二、案例导入

（一）基本信息

李某，男，32岁，汉族，初中文化。因怀疑女友H（女，被害人）对自己的情感不专一，用手掐死了H，后自首。被判死缓。

（二）访谈整理

问：看了你的案卷和自传，小时候的经历对你影响很大吧。

李：是啊，我7个多月就出生了，又瘦又小，我舅舅就说这个孩子可能活不了。听我妈妈说，我3天没有吃喝，但还是活了下来。

父母感情很不好，我爸有家庭暴力，总是打我妈，我爸爸妈妈长期打架。我们家里只有2间房子，一间是卧室，一间是厨房，厨房有很多草。我记得最深的是，有一次我和妹妹在房间里，晚上的时候，我爸爸把我妈妈拖到厨房里，不停地打。然后大一点了，看到别人在打架，我的心就怦怦地跳。现在也是这样，现在30多岁了，调节一下还好一点，不像小的时候感受那么强烈。

小时候，我对父亲很恨，对妈妈同情。我不知道为什么一个男人要去打一个女人，不知道为什么。在我16岁的时候，我妈妈病死了。在我妈死的前一年，我爸带着别的女人离开了我们那个村，去了南方。我妈死后3年，我爸都没有找过我和妹妹。我爸走的时候，把家里一年的收成全部卖掉，带着那个女人走了。家里人还要生活的，就算不管我妈妈，家里还有2个孩子啊，我和我妹妹。有一段时间我妈妈带着我和妹妹讨饭，在我们村里，很苦的（李某哭了，我给了他几张纸）。

我小的时候还不如我妹妹坚强，因为早产，身体虚弱，还是我妹妹有力气。我就在家里蹲着，是我妈和我妹妹出去讨饭的，挨家挨户去要，那个时候我是很软弱的。我妈妈那个时候得了肿瘤，走路的时候背就驼着，因为她忍着痛。种田的时候，她去找村里的人，别人就帮助我们家把田种了，把粮食卖了给我妈妈治病。后来，我妈妈的病很重很重了，她的脾气就很暴躁，就骂我什么事情都不能干，这么大了，不会打工，赚钱。我那个时候也很生气，直到长大了才明白，那个时候不明白。

问：你后来就感觉很内疚，对不起妈妈了吗？

李：是的，我妈妈在的时候，感觉生活还有支撑。我妈妈去世以后，我就从药房买过安眠药。不是因为睡眠有问题，是生活有压力。到我十八九岁的时候，就开始有自杀的想法。因为我妈妈去世的时候，我去了我舅舅家，但他也有 2 个孩子，再加上我们 2 个，压力也是很大的，所以我就去打工了。那个时候我妈妈去世没有多久，过年也没有地方过。

问：你现在和妹妹还有没有联系？

李：一直有，她结婚了，过得一般，不是很幸福，我感觉她的丈夫很小气。她知道我性格不是很好，她受委屈了也不跟我说实话，具体生活得怎么样也不跟我说实话。

问：家庭对你生活和性格有什么样的影响？

李：就觉得我没有什么亲情，亲戚朋友也是在利用我。舅舅的孩子，居然来骗我，我知道他在搞传销，他想把我拉进去，他知道我的情况，就这样来害我，我觉得亲戚也不可靠。

问：你觉得亲情不可靠，是不是和你的父亲有很大的关系？

李：对，关系很大。在我的这种家庭环境下，会把人变得跟正常人完全不一样，尤其是心理，我轻生的念头很重。我觉得活着和死了没有什么区别，死了也并不可怕。党给了我一次重新再去做人的机会，我十分珍惜。但是现在逼着我没办法，承受不了，只有去死。我觉得没有什么可惜的，一点可惜都没有。

问：你觉得父亲离开你们，对你们的态度，说明亲情似乎不是原先想的那样血浓于水，对吗？

李：对。我在杀掉这个女朋友之前，谈过 2 个女朋友，要结婚的时候，我带着女朋友和我爸谈，条件是我爸只要出面，把这个事情给办下来就好，有多大能力就出多大能力，能做多少就多少。我爸就不管，不说话，不表态，最后我们分手了，就是因为这个事情分手了。她父母说我们家庭不行，态度不好，就让我们分手了。

后来我又认识了一个女朋友，去她家里定亲，她家里是要求我们家里的直系亲属，我爸爸和我妹妹一起去。这个女朋友家很远，我爸爸妹妹就不去，我就自己一个人去了。她家里虽然不是很满意也没有说什么，还是定亲了。这几年打工，我也没有赚多少钱，谈到结婚，向我爸爸要钱，他又不管。本来我们自己有一点钱，加上父亲再给点，还可以办婚礼的。没有办法，女朋友只好去找我老爸，他气得我女朋友哭了好几次，我们的要求真的也不高。

问：你不相信任何情感，亲情都这样。所以你非常需要情感，渴求情感，就非常敏感了对吗？

李：对的，有一点点对我的伤害，我就觉得伤害很大。我非常渴望有一个家，我对另一半会非常好，就像我这个（被杀的）女朋友一样，我每天给她洗头洗脸洗澡，我说我顺便把你的脚也洗了，她不洗。所有的卫生都是我搞，她一个女孩子什么都不做。她病了，我请假陪她去医院，所有的事情都我做。

问：你是怎么认识这个女朋友（H）的？

李：我们是一个工厂里的，我追她的时候她说没有男朋友，没有几天她就答应做我女朋友了。头一天答应了，第二天就跟我讲，她以前的男朋友来看她了。我感觉她这个人怎么会这样子的。我说你以前怎么样我不管，你要是对我不满，想谈其他的男朋友，你先和我提出分手，弄清楚以后，你再去找第二个。可是她经常和别人通电话，联系以前认识的男孩子。有时候去超市买东西，叫我走远一点，不要离得太近，我心里是蛮不舒服的。工厂里还有一个男孩子追她，那个时候我们已经确立恋爱关系了。有一次我在食堂里用手往那个男的头上敲下去，他告状说我打他。我说我昨天都提醒你了，叫你不要来掺和，但我和女朋友在一起吃饭，他就坐在我女朋友旁边。后面厂里开除我了，因为我是用手在他的头上敲了2下，我觉得我是有道理的，昨天已经跟他说过了，今天还这样。

我被开除后，离开那个厂，租了房子，她住我那里，她不喜欢做衣服，就不上班了，她也累了，因为工作上班早下班晚。我们玩了2个多月，都没有上班，最后没钱了。她找了一个卖衣服的地方上班，没有经验的人也要。等她上班稳定了，我才去上班。我继续住在原来租的地方，她搬到上班地点附近，和她上班的小姐妹们一起住。她不让我帮她搬家，因为这样，我就知道她住在哪里了啊，有什么事情找得到她，她就不让我去，平时也不让我去她工作的地方找她。不知道是什么原因，还是觉得我长得难看？我的头发掉了很多，对自己很没有自信。她不让我去，很多话我就说不出来。

问：为什么说不出来？

李：是思维方式的原因，我的逻辑和语言表达方面不是很好，怕有遗漏的地方，我就写出来。

问：你们什么时候开始发生冲突了？

李：天热的时候，她说怀孕了，每天就跑到我们男宿舍这里来。她怀孕了要打胎，怕我不管她。我们男生宿舍，厂里管得很严，查出来违规行为会罚钱。过了六七天左右，她月经来了以后，什么都正常了，她就走了。她给我发信息说，咱们以后不要再见面了，分手算了，我说你这个人怎么这样的，我很生气。我去找她，晚上的时候，把她的手机摔了，她捡起来我又抢过来摔了，最后手机实在不能用了。

问：你把她手机摔了是什么感觉？

李：我把她手机摔了以后，觉得挺好的，因为她骗了我的情感，我为了她付出了很多。我觉得她也付出了，因为我把她手机摔掉了。就这样，我把事情的前前后后都写了出来，让她看。我写的是，你怎么样骗我的情感，骗我钱，让我请你吃饭。为了你，等你工作稳定以后我才去上班，付出这么多。你感冒的时候我陪着你，生病的时候请假陪着你，中午休息的时候，跑去给你买饭。你跟我谈，完全是骗我，一是骗我感情，明明你有男朋友，你说你没有。二是你为了骗一点钱，让我请你吃饭，带你去玩，去上网，买东西。虽然我不是很有钱，还骗我这些东西。我把她手机摔了以后，有40多天没联系她。后来她主动打电话给我。

问：为什么联系你？

李：因为我把她手机摔坏了，她没有拿到手机就主动打电话给我。她这么做，完全是为了把手机给骗回去，因为那个摔坏的手机我还没有赔给她。

问：她联系你，和你继续在一起，是想把手机骗回去？

李：对。她这个人啊，一个是贪，一个是懒。我要分手，但她不肯，因为她手机没有拿到，后面就整天缠着我。

问：她整天缠着你？

李：是啊，因为我把她手机摔坏了，她直接讲要我的手机，她说她没有手机用，叫我把我的手机给她用。我不肯，我说我的手机要当闹钟，白天上班累了要听一点音乐。我说我发工资再给你买。后面发工资的时候，我把用了不到一年的手机给她，我自己又买了一个900多块钱的，原来的那个给她的手机是1600多块钱的。

我是每个月20号发工资，她大概是十七八号跟我联系的。那天见面的时候，我们边走边聊，到晚上1点多，她一点都没有跟我谈手机的事情。我当时感觉这个女孩子怎么变好了，不像以前，改变了。第二次见面的时候就谈到了手机，我觉得她来找我的目的，还是为了手机。后来我把自己的手机给她，第二天我自己买了一个。

问：手机给她了以后你们的关系怎么样？

李：她又达到她的目的了，然后呢……因为她有些时候还会来找我，我还请她吃吃饭，我不知道她怎么想的。不想好好跟我谈，又不想断，就这样拖着，但是绝对没有想和我结婚的想法，因为我比她大，大很多。

问：大几岁？

李：大11岁。

问：你们从认识开始就一直吵架，她答应做你的女朋友，结果第二天就说以前的男朋友来找她了，你就开始愤怒了。

李：是的，差不多，因为我们不是很了解对方的时候，就在一起了。

问：你感觉她欺骗你的情感和金钱。随着时间的流逝，你就变得越来越愤怒了，对吗？

李：是的。

问：杀她那天，发生了什么事情使得你要那么去做？肯定有导火索。

李：大概在那十天前，晚上七八点，我们用手机QQ聊天，我下了手机QQ后，我就打电话过去，占线。我又重新登了QQ，等她回信息，等了二三十分钟吧，她回信息了。

我问她之前在干什么，她说在吹头发，我说你说谎，她说你不要总是怀疑我好不好，用那种有点生气的口吻。那个时候差不多是晚上 10 点多了，我又打车过去，到了以后给她打电话，叫她出来，她不肯出来。我和她说，你说我总怀疑你，我刚才打你电话，都是通话占线中，我打了三次，打一个就占线，打一个就占线，间隔两三分钟。

问：你感觉她打了很长时间的电话？

李：对，打了很长时间的电话才给我回信。我问她在干什么，她说在吹头发，可她明明是在通话状态。她以为我们俩都是在聊 QQ 状态中，手机不可能接打电话，她是不知道我曾经给她打过电话的。后来白天我跟她吵得很凶，那天我还上班的，我还没有下班就跑了，反正月底了，不做也无所谓。

我说我要看一下你的通话记录，她说我不相信她，没有继续谈下去的必要了。我觉得这个人真是的，40 多天没有跟她联系，我已经做好了跟她分手的准备了。她为了骗我的手机，又主动来找我，手机骗到手了，又跟我说这种话，不是跟以前一样吗？我很生气，我就跟她打电话说了差不多 2 个多小时，她一开始还和我吵，后来的 1 个多小时，她一句话都不说，就是我在说。

当天晚上我没有回到住的地方，而是找了一个小旅社，第二天看见她从对面的街里出来，背着一个包，准备去上班了，我当时是不确定她到底住在哪里的，那个时候我就想，杀掉她。我在小旅社附近买了很多安眠药。我以前吃过一次安眠药自杀，那时候，要是我租了房子的话，就不会被别人发现，我就死掉了。安眠药很难买，我就买到了 10 片，太少了，要吃两盒才可以，又找人又买了几片，准备把她杀了以后自己吃。那个时候我还住在自己的宿舍，从那天以后，我就去找房子了。

问：你找房子的时候就想好要杀她了？

李：对啊。后来我就正式搬到那个房子里去了，又回去上了两天班。就一直跟她打电话，我知道她这个人很贪，我就跟她讲，你不是要买一个包吗？你过来，我给你钱。她过来后我把买包的钱给她，这期间她的手机经常关机。

问：她就又住到你新租的房子那里？

李：对，每天都住在我那里。

问：你觉得她关机是不希望其他男的来联系她？

李：她跟外面的人只是在联系状态，还没有发展到我们的这种状况。有一次，有人发信息过来，我就看见那个号码，正是我怀疑过的，这个内容不是很暧昧，我知道她还没有到这个程度。因为我知道她也是一个很挑剔的人，只不过是跟我谈的时候，三心二意，在寻找下一个目标，找一个更好一点的，各方面比我好的，还要对她好的。

有一天晚上 7 点多，有电话过来，在她的手机里，开机的时候，对方打过来她不接。晚上 10 点多又打过来，响了好长时间她也不接，就把手机关机了。那个号码我记下来了，第二天我就发信息过去，按照她的口吻，很简单的，那个人回了，我发信息问他你在干吗？他说跟你有关吗？就觉得他们之间还没有发展到那个关系。

我也感觉她不止这么一个男人，还有其他的，不止这么一个号码，很乱。后来中午的时候，那个人，就是发过短信的这个，打电话过来，她就接了，我就抢过来了，接了以后我跟那个男的吵起来了，也不知道为了什么吵起来了。那个男的问我在哪里，我说在哪里哪里，他说要过来打我。我说行，我就在车站这里等你，后来电话就挂了。那天，我就下决心要杀了她。

问：因为这样的一件事情？

李：她看我接了她的电话，又说我不相信她，她说只是一个普通的朋友。中午她又要走，因为她手机有了，买包的钱我也给她了，她觉得差不多了。

问：然后又和你吵了一架。

李：对啊，这次又吵了一架，她该拿的东西也差不多了。那个时候是很冷的冬天，她准备把我的电暖器拿走。她以前就有这个毛病，夏天的时候看见我的风扇，就说我的那个风扇好，非得抢去，把她那个破的，给我，跟我换，我就给她买了一个。她都准备好了，包也准备好了，衣服也穿好了，拿了东西在手上，我心里想，她要走了。然后我没有让她走，我说你晚上走吧，现在走人这么多，而且我这里没有吹头发的东西，可你的头发这么乱。我在拖时间，不知道怎么办，我又没有杀过人，没有经验，很胆怯（李某笑了起来），中午一直拖到下午5点多。那个时候，最后一次，我们2个人坐在床上边，我装作去吻她的时候，把她按倒了，一手抓住脖子，再也没有放手。

问：你在这个等待的过程中，在拖的这个2个多小时内，你在想什么？能不能说说？

李：我当时很生气，想想上一次晚上的时候，给她打了2个多小时的电话，后面1个多小时，她居然一句话都没有说。我本来是想让她出来证实一下的，我总怀疑她，她也确实在欺骗我，我之前和她说了很多很多次。我不知道她具体住的地方，就在她上班的商场大门那边等。我一直不知道她住在哪里，她搬家的时候不让我去，我就知道她住在附近。有几次是想彻底算了。可是她为了骗我这只手机，又联系我，我就觉得这个人太贪心了。

问：你有了杀人的想法，所以你才租了这个房子？

李：对的。

问：你有了杀人的想法，去租了房子，这段时间你又是怎么样的想法？

李：就是在准备，全部都准备好了。

问：处于一个边缘状态？

李：是的，还在犹豫，我还没有那个胆量。

问：缺少一个刺激，直到那天那个电话打来，那个男的说要打你。

李：对，还有一个就是之前吧，那个男的半夜打来一个电话，也是同一个号码，打电话过来她不接，我确定了这个人。

问：后面发生的事情终于把你推出去了吗？

李：是的。但在那之前我妹妹打过来一个电话，我还是有一些牵挂。

问：在租房子以后吗？

李：对，在租房子以后。我还在犹豫杀掉她值吗，最后一刻也是，到最后，还是没有战胜我的邪念。我感觉我的心理非常不健康。从小到大，家里的情况……对我来讲生与死没有什么不一样的。希望每一次破灭的时候，我都不知道应该怎么走下去，下一次不知道应该怎么样。

问：一个人没有了希望是无所顾忌的，很极端的。一方面非常需要情感，很渴望情感。极端的同时我们很容易放弃，我们不会去坚持，我们没有耐心。极端就会导致敏感和多疑。如果可以看见希望，如果你知道这个女的会跟你结婚，你和她之间的吵架是可以解决的，你对她会有某种忍耐。但是你已经把这个结果给限定好了，你觉得这个女的是绝对不可能跟你结婚的，在这样的前提下你对她就会缺乏耐心。你觉得是这样吗？

李：是的，有这个想法。而且有好多是不可以忍耐的，比如说，一个女孩子在家里一点事情都不做。

问：所有的东西说明什么呢？她懒也好，贪也好，什么事情都不做也好，都是因为你看不到希望，所以你无法忍受，在情感上你对她不接纳，你就从坏的角度看了。如果这个人你感觉是会和你结婚的，她哪怕懒一点也没关系，事情不做就不做了，你都愿意接纳，对吗？

李：是的，我做的换不来她一点点的真心。哪怕是换不来，只要不欺骗我，我就觉得挺好，我的心里很不平衡。

问：当结果满足不了我们的需要时，我们就会计较我们付出了多少。如果你知道她愿意和你结婚，有这么一个盼头，你就感觉所有的付出都是值得的，心里也就平衡了。当你发现没有这个结果时，你是不可能平衡的。因为你的最后的结果是零，你做的每一件事情就是付出，付出越多你就越不平衡，你的情绪会越来越失去控制，你就会越来越敏感。

你和她的状态，刚开始的时候是可以忍受的，随着时间的流逝，你感觉付出越来越多的时候，忍受的时间就越来越短，越来越容易爆发。原先可能是一个月吵一次，后面可能是半个月，或者一个礼拜，吵架的周期越来越短，忍耐力越来越差，对吗？

李：是啊，在谈的时候，她在感情上不欺骗我的话，我就平衡了。唉！我不该认识她。我错在哪里我知道，我明白，该怎么做我也知道，就是不能控制，也就是说我对生活没有信心，没有目标。

在外面，如果我工资高，有自己的时间，不那么累，我不会做这样的事情。实际呢？但我上班早下班晚，工资低，又辛苦，生活中找不到一点点的乐趣，所以对于生活没有希望。在外面，如果我认识一些盗窃抢劫的人啊，我也会跟他们一起。但是我一个都不认识，我认识的都是上班的，只能埋头苦干。

问：一个对生活缺乏希望的人，周围的群体对他的影响很大，会把他引向不同的路。以你对生活失去希望的状态，不管偷的，抢的，你都会跟去，它们没有区别，为什么？因为它们都是你发泄情绪的途径，也是你自我毁灭的途径。你的最终目标是毁灭自己，怎么样毁灭并不重要，对吗？

李：对，这样做，最起码在物质上会好一点，没那么累。上班十多年，太累了。而且到现在也没有什么结果，要钱没钱。从小家庭就缺乏温暖，我想靠自己的双手成立一个小的家庭，也没有达成。

问：潜意识里你会不会有这样的想法？你想结束自己的生命，因为觉得生命是没有意义的。结束生命的方法很多，第一个可以自杀，第二个可以杀别人，你希望借助于外力来结束你自己的生命，比如说通过犯罪把你枪毙掉，对吗？

李：把我枪毙，是的，我当时杀她的时候就是这个想法。我是两手准备，我第一次吃药没有死，我总结了那次经验，是因为时间不够，时间长一点的话就……但那次最后还是被别人发现抢救过来了。总结经验了以后，这次我就租房子，吃药自杀的话，时间肯定够，再一个，我又杀了人，这回我肯定死得掉。

问：就是双重保险了吗？

李：是的，当时就是这样想的。

问：那你在看守所可能面临死刑的时候你是怎么想的？

李：后悔。我是自首的，当时所长就说你死不了。我当时是很不高兴的，我是希望能够执行死刑。如果我知道自首不会死的话我不会自首。另外我自首也是害怕一些我的亲人朋友受到牵连，因为他们帮助过我。

问：还有一个问题，刚才说，绝望的人，会用极端的方式解决问题，而极端也自然在自杀和杀人两个选项中，你更愿意选择先伤害别人，然后让自己死，是这样吗？

李：对的。否则我死了，她还活着，就更亏了，我不可能这么做。绝望，只是让我更容易做出杀人的事情，让我下决心。在这个案子中，杀她，是主要的，是大方向。其次是我的死。我的死，是附带的，我的犯罪也是自私的。我就是觉得我的心理很不健康，我对生活失去了信心。回家，我父亲不会管我。我在看守所时，我父亲说他不会来收尸，不会来看我，不会给我打钱。我妹妹也结婚了，我一点温暖也找不到，我成家又成不了。如果我自杀死不了，我杀人了肯定会死，双保险，一定会死。我自杀的决心是有，方法是割腕，万一死不了，又残疾了，不值得，就加上杀人，一定会被枪毙，就是双保险了。

问：杀人其实满足了你的两个需要，第一是发泄你的情绪，报复，找到一个平衡。第二是实现你的自杀目的，对吗？

李：对的，如果我不想自杀的话，我绝对不会杀人。

问：你的生活没有希望，身边没有偷抢的朋友，所以你无法走上这样的路。一个看不见生活希望的人，朋友很重要，有什么样的朋友，就跟着做什么样的事，随波逐流。犯罪的手段有时候是具有偶然性的，对吗？

李：是的，突然遇到那样的朋友的话，我就跟他去了。在无所谓的时候，什么事情都会去做，只要有一条路就去了。

问：当你有了杀她的想法，租了房子，那个时候是什么感觉？

李：觉得钱也不重要了，想吃什么就买什么。真的要动手的时候就思考了，对我有没有什么好处，还有没有其他的路好走。我买了10块钱的彩票，是在房子租了以后，她来了以后。我想我中奖了以后，有钱了，就不杀她了。我就走掉，找一个简单轻松的工作，自己还有存钱，就不会杀人了，但买了彩票没有中。还有一年，我也买过彩票，没中，我就吃药自杀了。如果那次中了，我就不吃了。

问：买彩票是绝望中的最后一丝希望，还是有希望能够活的，对吗？

李：是的，亲戚朋友这里是没有希望了，就通过买彩票找希望，找不到，没有办法，找到了就不杀人了。

问：在绝望中还是给自己留了一条缝，指买彩票吗？

李：是的，有钱我就不会杀人，感情的事情就算了，现在没有钱，感情方面又是这样，感觉不划算。

问：总是需要一个活下去的理由。她过来了你是什么感觉？

李：我们一起上街玩，买了彩票，她又不知道我的用意何在。没有中，就是原来的想法——杀。我妹妹给我打电话，那个时候刚刚租房子，心里没有确定下来。后来我换了号码，只有我妹妹知道，那个时候是准备杀人了，我就把手机号码换了。就那几天换了，我女朋友是知道的，原来的号码不用了。她在情感方面是暂时没有背叛我，但是有这个打算。

如果那段时间，亲戚朋友找到我就不一样了，找到我了，大家聊聊就不一样了。那几天他们都找不到我，我单独和她一起，就容易钻牛角尖，思想极端。实在是没有办法，忍的太久了。几年前发生的事情，找一个，分手一个，很有规律，没什么希望。因为前面两次和女朋友的交往失败了，感觉这次和这个女朋友也不可能，情况差不多，和这个女朋友没有信心。

问：彩票买了没有中，原先杀人的想法又回来了吗？

李：是的，本来是有点希望的，在彩票上。没有中以后，念头马上又落下来了。

问：女朋友在你最后用于杀人的出租屋时，那个男的电话打来，你接了，他说要打你，这个事情是导火索，如果没有这个事情你会不会杀她呢？

李：不会，没有这个事情，我就让她回去了，没有理由伤害她。

问：做了这样的一件事情，你现在怎么看？

李：这个事情本来没有这么大，在我看来是很重。在别人看来，根本就是一件小事，换别人来说，一个不是老婆，没有结婚，没有孩子，只是女朋友的人，分手就算了，是我把情感看得太重了，一点背叛都不行，看得太重了。她对我，不光有伤害，还有欺骗。她好像抓住了我的砝码，抓在她的手里。她知道我很喜欢她，知道我不会离开她，吵的时候我也不会动她一个手指头，觉得我不会把她怎么样，哪怕她用很重的话说我，我也不会赶走她。

问：你把人杀了，内心是否会有恐惧感呢？潜意识里有被你杀掉的那个人的"魂"吗？

李：没有，因为我对死亡没有太大的……我妈妈死的时候有点害怕，大了一点就不害怕了。我是无神论的，也没有噩梦，活人都不怕还怕死人？真的遇到鬼了也不怕。可能是和我对生命没那么留恋有关，在我心里生和死没有太大的区别。不恐惧死亡，也可能是我比一般的人更早地接触了死亡的关系。

问：我是说，感觉自己的生命都不重要了，对别人生命的理解会发生变化，对吗？

李：是的，想法会不一样。聊天的时候，有的人说怕死，我说我是不怕死的，他们不相信。我说枪毙就枪毙，我腿不会软。我以前吃过安眠药，吃过3次。第一次手还是有点抖的，第二次第三次就没有什么感觉了。对死，我感觉不怕了，就容易去寻死。

问：H要走，你挽留了她，你心里知道要杀她了，在这个时间段里，你在想什么？

李：就想怎么杀，又下不去手，不知道人掐多久能死，或者死了以后会怎么样，掐了以后会是什么反应，是会喊还是叫啊。这个H中间叫起来会被别人知道，马上我就会被逮到了，这个是本能的反应，我不想被逮到。而且就是有点恐惧，恐惧杀她，活人变成死人了。当时想了很多，要不然不会经历2个多小时。我在想，在什么位置上，怎么样在她察觉不到的情况下把她杀了，在想怎么样实施。实施的时候觉得害怕，因为没有经历过，不像以前吃药自杀的经历。没有这样的经历，所以感觉害怕。

当时想杀了她，就掐她，掐死以后，把她平放在床上，心里面都没有什么感觉。把她放好，我往床上一坐的时候，心里就抖的不成样子，这个是不受控制的，就非常害怕，恐惧。

问：恐惧什么？被抓吗？

李：被抓我不怕，因为我都想死了。不知道恐惧从何而来，就觉得杀了人，做了犯法的事，就觉得恐惧。就好像小偷一样，偷了东西就回头看看有没有人。我杀了人，后面有没有人看见我杀人。当时我的房子都用窗帘拉上了，别人根本看不见。还有一种想法，就是别人会不会知道啊，门口当时有没有人啊，很恐惧的。被抓住是不怕，但是恐惧心理还是有。就好像，在路上，你捡到100块钱，怕别人看见一样。

问：有没有这样的感觉，就好像以前做错了事，非常害怕父母知道这个事情？

李：就是这样，我会想他们会用什么方法来惩罚我。比我做错事情害怕父母知道后要惩罚我的害怕要强烈的多。

问：心理是类似的。你做了这样一件事情以后，你就像一个孩子，犯了一个大错，不知道会受到怎么样的惩罚，对吗？

李：对，犯了一个大错，就是这种心理。还有惩罚你的方法是不确定的。如果你知道惩罚的方法是确定的就不会那么恐惧，不确定的情况下才会恐惧。杀她之前想过，惩罚我也不怕，死我也不怕。自杀死不了，杀人以后也会让我死。既然犯错了就要承担责任。犯错了，警察突然闯进来抓你，我还是会紧张害怕。死我其实不怕，怕的是那种感觉。

问：害怕的是某种感觉，从小就养成了，做错事以后就伴随着恐惧的感觉吗？

李：是不确定的恐惧，确定了就不怕。

问：有没有感觉很无助？

李：这个么……我想了很多方法，不杀人的话，也没有其他路可以走。如果有其他路可以走的话，没有必要自杀。我也没有人去说，去讲，我想了很多路。我妹妹劳务输出，如果她在国内，我就回家了，过年回家的时候是可以和我妹妹说的，尤其是大的事情，要有人商量。我表哥有老婆了，我和他多数是经济上的来往，还是不一样，和妹妹什么都可以说。

问：你把她杀了以后有没有感觉情绪的发泄呢？

李：感觉像解脱了，我不确定那个药有没有效。

问：你当时把她杀了，你有没有解恨的感觉？

李：杀完人以后，什么感觉都没有了。恐惧占据了头脑，杀人怎么解恨啊？什么都没有了。恐惧，心跳，坐在旁边抽烟，抽了几支烟就把安眠药吃掉了。睡了，第二天下午就醒来了，醒来就想投案了。我是第二天下午三四点醒来的，天黑才出去。我就回老家一次，看一下我妹妹的孩子，我爸爸，然后去自首了。

问：杀人想解恨，做了以后发现没有满足解恨的需要对吗？

李：是的，根本就没有。她在的时候，你恨她，她不在了，你觉得这件事情做得没有意义。她死了和她离开是一样的，还不如让她去过她自己的日子，我过我的生活，两个人不搭界。

问：我们想象中觉得我们做了某件事可以解决情绪问题，但一旦跨过了这个界限，发现和我们想象的不一样，还不如不做，是这样吗？

李：对，还不如不做，因为承担的更多。还有更多的痛苦，越想痛苦越多。人家都20多岁了，这么大了，给她家里……人家家里怎么办？人家这么大一个姑娘，人家家里如果知道了会怎么样？我当时杀人之前没想到。杀人以后有人提起来，想起来，就有点承担不起，不是说不敢承担而是承担不了。我本来以为是判死刑的。我在录口供的时候把自己说的很重，民警和我说，你自首了，想死也死不了。我说我想死，当时是一心想用自己的命来还她的命，因为我做错了事，总要去承担嘛，后来想想不划算（他笑了起来）。是我自己把自己说的那么重，说重了，判我死刑我觉得是划不来的。

问：现在呢，死又没有死成，活了，又希望判得轻点早点出去，对吗？

李：是的，在这里时间太久。想判死刑时，是说自己越重越好。现在活着，是希望早点出去，要还的东西很多。

问：最后一个问题，你生命中最重要的五样东西是什么？

李：家、妹妹、电脑、健康、钱。

问：如果要你一样一样放弃，放弃的顺序是什么？

李：家不要，电脑不要，钱不要，后面就选不出来，一定要选的话……怎么样都不行，一定要选就是留健康。

问：你为什么把家最先放弃了？

李：第一是因为我没有家的温暖，从小就没有家的温暖。第二是想成家，太难了。所以，一直以来，有和没有家，对我来说都没有太大的差别。渴望有一个家，后来想成家太难了，所以就第一个放弃掉。

三、理论分析

（一）弗洛伊德死的本能理论

弗洛伊德死的本能理论：见专题一的学习情境二。

（二）弗洛伊德死的本能理论的应用

李某的一句话，异常清晰地表达了杀人的主要动机：

问：杀人其实满足了你的两个需要，第一是发泄你的情绪，报复，找到一个平衡。第二是实现你的自杀目的，对吗？

李：对的，如果我不想自杀的话，我绝对不会杀人。

李某杀人的主要动机就是对生活的绝望（"死"），这是他的生活的"核心关键词""魂魄"。他们，不仅仅通过杀人：

李：在外面，如果我认识一些盗窃抢劫的人啊，我也会跟他们一起。但是我一个都不认识……

李某自我毁灭、绝望的"魂魄"，还可以通过盗窃、抢劫这"尸身"得以显现。李某的犯罪行为，让我们看见并感受到那早已死去的心！

四、角色扮演与自我反思

_____

_____

_____

五、问题与思考

1. 李某犯罪的"核心词汇"和"魂魄"是绝望（稳定且持久性的"死"），它是如何形成的？对其犯罪进程有什么促进或阻碍？李某说："在外面，如果我认识一些盗窃抢劫的人啊，我也会跟他们一起。"这句话对我们理解具体犯罪行为（依附的尸身）的选择上有什么启发？

2. 李某的绝望（"死"），让他以一种无差别的视角看待亲情、婚姻家庭、工作和金钱等，如何理解这句话？

3. 人际关系在李某的个案中起着怎么样的作用？

4. 受害人 H 在其中又起着怎么样的作用？又给我们的婚恋关系什么警示？

5. 李某的杀人是必然的，又是偶然的，如何理解？

6. 李某杀人后对 H 家人的内疚，与杀人前甚至没想过其家人的"冷漠"，为什么会有这么大的反差？

7. 对攻击进行人格区分很重要，不同人格的人往往会从事不同类型的攻击行为。最重要的区分是把冲动性攻击（个体对情境的反应，是由情感驱动的，最激烈的反应为攻击行为）从工具性攻击（是有目标指导和认识基础的攻击）中区分出来。[1] 李某的攻击属于什么？这和他的绝望有什么关系？

8. 李某杀了 H（工具性攻击或主动性、预谋性攻击），一方面是宣泄（积极情绪），另一方面引发了更为痛苦和难以承受的感觉，为什么？

六、摘要与关键词

摘要：＿＿＿＿＿＿＿＿＿＿＿＿＿＿＿＿＿＿＿＿＿＿＿＿＿＿＿＿＿＿＿＿

＿＿＿＿＿＿＿＿＿＿＿＿＿＿＿＿＿＿＿＿＿＿＿＿＿＿＿＿＿＿＿＿＿＿＿＿＿

＿＿＿＿＿＿＿＿＿＿＿＿＿＿＿＿＿＿＿＿＿＿＿＿＿＿＿＿＿＿＿＿＿＿＿＿＿

关键词：＿＿＿＿＿＿＿＿＿＿＿＿＿＿＿＿＿＿＿＿＿＿＿＿＿＿＿＿＿＿＿＿

---

〔1〕 ［美］格里格、津巴多：《心理学与生活》，王垒、王甦等译，人民邮电出版社 2003 年版，第 516 页。

学习情境五　王某的故意杀人案

一、学习目标

1. 掌握心理学动力模型理论。

2. 掌握关键词：性嫉妒、应对方式、"拥挤"、控制、激情犯罪。

二、案例导入

（一）基本信息

王某，男，24岁，高中文化。因与 H（女，被害人）发生争执，将 H 掐死，被判死缓。

（二）访谈整理

问：你当时怎么会杀了她呢？

王：感觉她像骗了我一样。当时又是心理狭隘，很小气，我得不到的东西，别人也别想轻易得到！我这里她要吊着，那边她又要和别人订婚，她对那个男的态度不清不楚。对父母的话是言听计从，对我这边又舍不下。

问：用杀人的方法解决问题，是因为有很多的情绪积累吗？

王：是的，H 认为都是我的错，把所有的过失都推到我这里，把责任全部推到我这里。比如说手机的事情，我和她出去玩，她首先会把我的手机拿走，把她的手机给我。拿走我的手机后，她都要看我里面的信息和通话记录。如果号码是陌生的，就问这个是谁的，回答不出来，就要看她的脸色，有时候就会不高兴。玩得高兴的时候，还会忘记还我的手机。

有一次我们吵架后，H 打车回家，她把她的手机扔到出租车里，意思是以后就不要找她了。她父母说是我抢了他们女儿的手机，扬言要报警。还打电话给我父母，说我抢了他们女儿的东西，要报警，要把你们的儿子抓起来坐牢。我父母就吓坏了，赶到我这里来。为了这件事，我和父母亲吵过，还差点和她父母打起来。这样的事比较多，有这样的事，她就哭闹，我一点辙都没有。双方的父母都反对我们在一起。

问：H 这样做是什么原因呢？

王：她本来就对我不放心，发生了一件事情以后，她就变本加厉。有一天，我和几个朋友喝多了，遇到一个小学同学，是坐台的，她带了一个小姐妹来，我就和同学的小姐妹上床了，当时一点都不知道。第二天那个女的还说，有什么大惊小怪的，没和女人上过床啊，神经病。世界上怎么有这样的女人，莫名其妙。

后来我就把这个事情和她说了，她哭了。我和她说这些是为了得到她的谅解，但是没想到，她回家就和她的父母说了。第二天她的家人就来找我，因为那天晚上的事情。我就解释，甚至哀求，她家人就是不肯原谅，我还被她爸爸打了一耳光。我很火，她爸爸凭什么打我？长这么大我爸都没有打过我，事后想想算了，谁叫我做了错事。

在这个事情以后，我和她的家人也起了冲突，关系紧张。她爸妈拼命反对，千方百计让她离开我，但是效果很差，因为我们的心里都有对方。然而，我们两个人的关系还是受到了影响，她对我更不放心了，对我的手机就控制得更加严格，经常翻看我的手机，除了父母以外的人的电话是她接了以后再给我，认可了才给我，不认可的话就说打错电话了。一次我的手机在她那里，我爸打电话给我，她就不接，打了很多就是不接。后来就是打过来就挂，打过来就挂，我父母亲就急了，以为出什么事情了，又赶了过来，我又不敢说实话，说手机落在办公室了，可能没有电了。她完完全全可以接这个电话，我的父母没有必要大老远花一个多小时赶过来。父母后来知道她在起作用，就更反感她。我父母也知道 H 经常拿他们儿子的手机，我爸妈有时候打电话找我是有急事的，手机呢，又常在她这里，经常这样就让我很火。有时候上班时间手机都在她这里，因为上班的办公室有电话。我父亲说那个手机就送给她吧，重新换一个手机，省得她天天拿你的手机，我们找你找不到。但我那时为了她什么事情都可以做，我不敢说为什么会这样。其实我父母那个时候很反感她，极力反对。虽然我爸也看出了我很在意她，但家里就想介绍女朋友给我。要是两个人里面有一个绝情一点就不会走到今天了。我们可以找到对方，所以分了几次都没有成功。吵架，分手了，两三天后，一个星期以后，就又联系见面了。

她也和我父母吵过。后来，H 和她家人闹翻，这样，我和她的家人成了仇人。但我们两个人的关系也复杂，藕断丝连，断又断不了，分也分不了。我提出过分手，她不同意。案发前一天，她说如果你真的要分手，我要你以后的日子不好过，我会来搅和你，搅得你无法安宁，唉……我有时候也是很恨她的！

后来，她说她父母给她介绍了对象，叫 A，本地人。我心里一片混乱，不知怎么办。我们两个人为了这个事情说了很久，她说私奔吧，我说我是独生子，我走了父母怎么办？为此，两个人吵了一架，从认识以来，是最凶的一次。后来没有什么结果，她就回家了。再次见面时，她对我爱理不理，态度来了一个 180 度的大转弯。一个月后，她找我说她要订婚了。我很郁闷，不知道怎么回答，心爱的人要和别人结婚，还能有什么想法？我沉默地坐了一晚上。我们一直没有见面，仅以电话联系。

又过了两个月，中秋节那天，早上 10 点，H 打电话问我晚上有没有安排？我说回家。她说今天中秋节，能否陪她一起过节？我说好的。晚上六点半，她打电话过来说今天不能和我一起吃晚饭了，原因是家里有事。我很恼火，这明摆着玩我嘛，说好的反悔了。我晚上和朋友一起吃饭，吃烧烤。晚上九点半，我看见 H 和 A 从影院里出来，手拉手。那个时候的我，心里火啊，这就是她所说的家里有事！真的有种让人欺骗、玩弄的感觉。我就上前与 A 打了一架，消我心头之恨。

她和另外的一个男的手拉手，让我难以接受，而且我还怀疑他们有性关系。事后，不管她怎么打电话，发信息，我都不理睬。她又和她家里说了打架的事情，而且她还在后来责怪我为什么那天出现在影院门口，她怀疑我是跟踪过去的。

案发的前一天，H 发信息约我见面，想和我谈谈，我们两个人互发信息到第二天凌晨，我们约好当天下午在公园见面。见面后，我们说了以往的事，以及分开后的种种情况，家人的反对，商量以后的打算。然后我们两个人就在山上发生了性关系。后面，我们两个人又开始吵了，她又说不要再联系了。她认为都是我自私，对她不负责任。

由于我的思想狭隘，回想我在家里是受父母溺爱的人，我做错了事还要遭你家人的殴打，并且对我反目成仇。是你家人反对我俩在一起才导致我俩现在的处境。我终于让我这狭隘的思想和错误的想法超越了家人的痛苦、别人今后的前途，等等。在脑海里，只想到我想要的东西得不到，也不会让 A 得到！回想起她父母痛打我的感受，以及我和她分开后的痛苦，就只想到让她死！我就掐她，她倒下去了。掐昏了以后，我很激动，当时的一个想法是，这个女人不能活，她会搅得我一生不得安宁，就好像案发前一天她说的。然后不自觉地捡起一块石头向她头上砸下去。

H 失踪了，她家里问我她的下落，我说不知道。我很自责，第二天我割腕自杀，决心不大，被抢救回来，也没有去自首。

问：你能不能说说你们两人交往时最难忘的事？

王：就是我被打的事。他爸爸一口咬定手机是我抢的，我没有办法，硬着头皮向她父亲道歉。她父亲是一个很暴力的人，那天被他打了。手机的事情是我第一次和她父亲公开吵架。

还有一次就是我和另外一个女人上床的事，被她家里人知道后，被她爸打了一巴掌。还有一次在车站，他打她女儿，因为他女儿和我在一起，又在车站大庭广众之下打了我一巴掌，他说我拐了他女儿。长这么大连我父亲都没有打过我。

问：你杀了她以后，害怕吗？

王：很怕，怕她父母亲会来找我，很多人都知道我和她家的瓜葛，和她的瓜葛。所以他们肯定会想到我。到了看守所第一个晚上，才睡得最安稳，什么心思都没有，一躺到床板上，这么长时间，将近五六天，从来没有睡过这么安稳的觉。在看守所有好几次梦到她，每次我都在她面前说，对不起，是我错了。梦到她打电话叫我出去玩，我说对不起你，请你原谅我，她每次就这样笑一下，很少对我说话。每次都是我开口和她说话，开口就是说对不起。

问：你杀人的想法是什么时候有的？

王：案发前的晚上，我们从那天晚上聊到第二天凌晨两三点。她说月经没有来，可能怀孕了，要想想办法了。我估计这个小孩应该是我的。一开始很高兴，我估计这个小孩肯定是我的，不可能是别人的，因为我跟她这么长时间了。如果说是和那个男孩，反正他们交往不到4个月，之前他们有没有交往我不知道，我知道就是这4个月里她怀孕的。我要提出分手，H不同意，说明她心里还是有我的。

后面我还是有些怀疑孩子是谁的。心里很矛盾，这点让我非常不可以接受。而且我还不知道他们以前是否有交往，就更吃不准了。第二天我们在公园的时候，我说分手，H就说要让我一辈子不安宁，在我很激动的情况下，所以我就……

问：在这起案子里，你觉得H应该承担什么责任？

王：唉！她做的有些事情还是让我很激动的。我和另外一个女人上床的事情，我和她说，是希望得到她的谅解。她听了就哭了，一句话都没说就回家了。出乎意料的是她居然和她家里说了，她家的人又把事情在我工作的单位里说了。明明是我们俩之间的事情为什么要和家里说？这件事情之后她父母就全力反对了。她是所有的事情都和她的父母说，包括后来中秋节我和A打架的事。H在家里很乖，对父母是言听计从。我在她的面前呢，必须听她的话，她就变了一个人。她说什么我就要做什么，她说向东我就要向东，否则她就要哭就要闹。在父母那里呢，又是另外一个样子，为什么要那样？H提出的要求，只要我能办到的，我还是会去做的，到现在我心里还在想着她，其实我还是很在意她的。我的朋友其实不喜欢H。

和H的情感，我自己也想不明白。有的时候是很想她，爱她。有的时候是恨得咬牙切齿。在案发那天，我们两个人还在树林中有性行为，是H提出来的。在性行为以后，我为了试探H，我说，我们两个人分手行不行？她不同意，然后就开始了争吵，越吵越大。她说如果你说分手，再找女朋友，我要搅得你以后不安宁。也是在那天，她郑重和我说她要和那个男的订婚，以前是不肯定。

问：你和她有性行为以后，你试探着提出分手，你知道是试探，而H不知道。H可能是出于报复和气话、赌气，郑重说要和那个男的订婚。你和H发生了性行为后说分手，你觉得H会怎么想？

王：没有想过。

问：反过来，你提出发生性行为，在结束的时候，H提出分手，你会怎么样想？

王：我想我应该会同意吧。

问：H提出性行为，说明她还是想继续，有这个可能，女性提出性的要求相对不容易，发生了关系以后是你要提出分手，你说H能否接受？

王：不能接受。

问：所以H的订婚与否不重要，重要的是她要报复你，而且你们以前的分手并不是为了分手，而是为了报复，或者是为了其他的目的，引起注意等，而不是说真的要分手。

王：H说要和那个男的订婚，我的情绪一下子激动起来。

问：拥有的时候，你觉得没什么。见面发生性行为后，你还会试探提出分手，这个分手，真真假假都有。就像你刚才说的，你提出并发生性行为之后，H提出分手，你说你能接受，说明什么？真的分手，其实你也能接受，只是用什么样的方式而已。一旦真的H要离开你马上和另外的一个男的一起，你又无法接受。拥有的时候没什么，一旦真的失去了，又无法接受了。

王：……（沉默了一分钟）

问：有性行为后你试探性地提出分手，H受到了伤害，所以要报复，所以说要和那个男的订婚。对H来说，你的行为就是欺骗，所以她有报复心理很正常。要报复你最好的办法就是去接受那个男的，她了解你！

王：让我想不明白或者耿耿于怀的一件事情就是H和A的手拉手。她说对A没有感觉，但是为什么会牵A的手？

问：H和A手拉手的原因很多，手拉手并不能说明什么，并不能说明H就是喜欢A。

王：其实，我还是很在意她喜欢A，嫉妒。我希望她在意我，喜欢我而不喜欢A。现在想想，我需要的是她喜欢我，实际上是一种占有，而我究竟对她怎么样？我考虑的不多。那个时候，我还是在意她可能是喜欢A的。

问：可能是H不知道怎么拒绝，为了A的面子。她和A在一起而失约于你，按照她以前在家里很乖的性格，很有可能是听命于她父母的意见才去的，而不是说欺骗你。她的本意是想和你在一起过中秋节，结果她家里要她和A见面，她也只有同意了。当然也有可能H对那个A也是模模糊糊的，可行可不行，主要还是喜欢你。

王：中秋节的事情，我问过关于A的事情，她什么都不肯说。我到现在都不知道，中秋节她不来和我吃饭的原因是什么。她在电话里说，家里有事情。我还是妒忌H可能会喜欢A。看见她和A一起的时候，当时是被欺骗的感觉。之前说好是和我过中秋节的，为什么后来又变卦了，而且被我看见她和另外的男人牵手。到现在我都想不明白为什么，到底是什么意思。问过她，她什么都不肯说，我就以我自己的方式去理解了，她在欺骗我，我恨她。所以，当时我什么都没有说，上去就打了A，H看见我的时候就愣住了。看见他们的时候，我当时手上拿着一个酒杯，我就呆在那里。朋友顺着我的眼光过去，看见她和那个男的在一起。那个男的还过来和我打招呼，我就打过去了。我就听见一句话，H在说，王某，求你了，不要打了。

问：A是一个怎么样的人，你了解吗？

王：H的父母对她具有绝对的支配力，所以她的父母在给她介绍男朋友的时候也选择了一个很听话的男人，叫他干什么他就干什么。听说这个男的以前还离过婚，所以，H找了这样一个我认为不怎么样的男的，也是我更不能接受的。

问：你在掐H的时候H倒下了，有没有想过救她？

王：在掐的时候，她要是反抗的话，我想我不会掐下去。但是她没有反抗，就紧紧抱着我。她没有反抗，她死都不相信我会掐她，她不相信我会掐死她。她倒在地上，我的内心非常激动，她必须要死！就从地上抱起一块很大的石头……用石头砸了以后，我呆在现场十几分钟左右，站在那里看着她。当时掐了她以后，H躺在那里时，我还掐了她一下，她的眼睛有点睁开的，看着我，我就说，你干吗用这样的眼神看着我？

问：这个时候你害怕吗？

王：不知道。如果我害怕的话，就不会用石头砸。有一点我可以肯定，她肯定要死。因为我把我们两个人在之前的争吵，把以前的琐事，所有的新账旧账都翻出来了。而且她全部都推到我的头上。我还想到被她父母打的事，我父亲都从来没有打过我。我觉得H用这样的眼神看着我……我就把她的衣领往上拉，然后就用石头砸了她，最后根本看不到她的表情。

问：从吵架到杀人，一共用了多少时间？

王：从吵架到动手杀人，感觉过了很长时间，具体多少时间我说不出来。

问：你什么时候认识H的？

王：案发的半年前，第一眼看见她的时候是超凡脱俗的感觉，很难忘。一开始，H是一个很乖的女孩，她问我愿不愿和她交往，这样的一个女孩子要和我交往，我马上就答应了，她就过来牵我的手。每次出来玩，H都要征得父母的同意。她买的衣服都是很朴素的，很素的那种。叫我给她买的却是吊带，反正是比较艳的那种。那些衣服是她父母不同意她穿的，就在我一个人面前穿，穿了以后就在外面披一件外套。

刚刚开始的时候感觉H很不错，没想到认识3个月以后，熟悉了以后，她好像变成了另外一个人，刚开始的时候是很乖很乖的女孩子，后来是截然相反。

问：H在家里言听计从，在你这里，却有很强的控制欲，她应该是把你当成自己人才会那样子说那样子做，才敢表现出很真实的另外的一面。也许H的一些需要和愿望，在家里无法被满足，只能在她最亲近的人这里被满足，在最亲近的人这里撒娇，放纵，以她为尊。

王：谢谢你，H心里怎么想的我现在有点清楚了。你刚才说的这些，昨天之前，我从来没有这样想过，以后我也要多考虑别人的感受。我们两个人的性格都比较狭隘，就是……这个东西属于我，我就不会让给别人，而且一定要满足，她也是这样子的。H和朋友出去我也不高兴。我和朋友出去，是要随时随地给她报告，在哪里，在干什么。报告我的行踪，否则的话就不会让我出去。

问：你现在对H内疚吗？

王：对H，在和你谈话之前，我不知道，真的不知道，因为很多事情我以前没有考虑过，都是以我的方式在考虑，是没有考虑过对她的内疚。如果你说的是真的，H是你解释的那样，H真的是如你说，是迫于家里的压力而在中秋节失约，为什么她不跟我说清楚呢？

问：可能对A还是有些认可的，所以无法和你解释，可以解释的话H肯定会给你解释，H也不愿意说谎。

王：我感觉她在我面前没有说过谎，最多就是什么都不说，不管我怎么问她。我说她的时候，她不会回答我，也没有反应，她就这样，就紧闭着嘴巴看着你。如果她有点反应，我们就会有交流和理解，知道她心里在想什么，可她为什么什么都不说？唉……

三、理论分析

（一）心理动力学模型理论

弗洛伊德认为，人类具有很容易进行攻击型冲动行为的本能倾向，如果不适当地管理或者控制这类冲动，很有可能发生暴力犯罪行为。人类生来就容易产生攻击型能量（aggressive energy），如果这类能量不能及时得到释放或者排解，就有可能达到危险水平，这就是著名的心理动力学模型（psychodynamic model）或者液压模型（hydraulic model）。之所以称为"液压模型"是因为，攻击型能量的存在与活动就像容器中积累的压力，如果不能及时释放，就有可能由于压力过大而导致爆炸。根据这种学说，人类心理中的攻击型能量如果不能及时释放或者宣泄（catharsis），也有可能导致暴力犯罪行为。各种暴力犯罪行为都是释放或者宣泄攻击型能量的表现。

（二）心理动力学模型理论的应用

控制欲都很强的王某和 H 建立了恋爱关系（进入情感的容器）。一次王某喝多了，与当性工作者的小学同学的小姐妹发生了性关系，性工作者、性这两个高能的关键词，介入了王某和 H 的关系，增加了解决问题的难度和风险。王某将此事告诉了女友 H，希望获取她的原谅。H 是如何应对的呢？如果是和王某理性分手，问题也就解决了。而 H 有两个应对行为，第一，对王某的"手机"进行了过度的控制：

王：对我的手机就控制得更加严格，经常翻看我的手机，除了父母以外的人的电话是她接了以后再给我，认可了才给我，不认可的话就说打错电话了。一次我的手机在她那里，我爸打电话给我，她就不接，打了很多就是不接。后来就是打过来就挂，打过来就挂，我父母亲就急了，以为出什么事情了，又赶了过来，我又不敢说实话……她完完全全可以接这个电话，我的父母没有必要大老远花一个多小时赶过来。父母后来知道她在起作用，就更反感她……她也和我父母吵过。

第二，告知了自己的父母：

王：第二天她的家人就来找我，因为那天晚上的事情。我就解释，甚至哀求，她家人就是不肯原谅，我还被她爸爸打了一耳光。我很火，她爸爸凭什么打我？长这么大我爸都没有打过我，事后想想算了，谁叫我做了错事……后来，H 和她家人闹翻，这样，我和她的家人成了仇人……她家的人又把事情在我工作的单位里说了。

H 的应对行为，使得双方的父母更多地卷入两个人的关系中，变得更"拥挤"。此时，H 的父母给 H 介绍了一个顺从他们的男朋友 A，而王某和 H 的关系：

王：但我们两个人的关系也复杂，藕断丝连，断又断不了，分也分不了。我提出过分手，她不同意。案发前一天，她说如果说你真的要分手，我要你以后的日子不好过，我会来搅和你，搅得你无法安宁，唉……我有时候也是很恨她的！

　　这样，王某和 H 的关系中添加了一个第三者 A，变得更"拥挤"和危险。在一次 H 主动约王某过中秋节又爽约后，王某发现 H 居然和 A 手拉手从电影院出来，王某打了 A。王某在犯罪入狱后都不明白 H 为什么要"欺骗"他。案发前的晚上，王某以为 H 怀了别人的孩子，王某的嫉妒到了顶点。在第二天见面发生了性关系后，王某向 H 试探性地提出分手，在争吵后，H 郑重地说要和 A 订婚。王某终于彻底失去控制，实施了犯罪行为。

四、角色扮演与自我反思

_____

_____

_____

五、问题与思考

1. 王某和 H 的关系，因为哪些因素最终被"挤破"了？

2. 请用投射的心理防御机制去分析王某的犯罪心理与行为，为什么说投射是许多泄愤杀人犯罪的思维原点？

3. 特洛伊王子帕里斯拐走美女海伦引起了特洛伊战争，格尼维尔王妃引起亚瑟王与圆桌骑士团的内斗，士兵唐·霍塞迷恋上了卡门而走上了毁灭之路，强烈的性嫉妒使得男人们走上战场，相互厮杀。许多暴力犯罪，似乎背后都有女性的身影，试着分析女性在犯罪者的生涯中起着怎么样积极与消极的作用，她们的意义是什么，这又凸显出男性的哪些心理需求？

六、摘要与关键词

摘要：_____

_____

_____

　　关键词：_____

学习情境六　赵某的故意杀人案

一、学习目标

1. 掌握控制过度性伤害犯罪人概念。

2. 掌握关键词：被害性、性诱因、情绪与状态、控制过度。

二、案例导入

（一）基本信息

赵某，男，38岁，汉族，小学文化。赵某和 H（女，被害人）认识后，关系暧昧。在某旅馆房间，赵某得知 H 与其他男人有暧昧关系后提出分手，但 H 索要 3000 元分手费，两人发生争吵。争吵过程中，赵某将 H 掐死，并移床奸尸。被判死缓。

（二）访谈整理

问：看了你的案卷，发生了这样的事，你肯定有很多话要说吧。

赵：唉，就是一时糊涂，到了无法挽回的地步。其实我这个人，从小到现在，很少发脾气的，我一般都不会跟人家去吵。一些事，能过去就尽量过去。没想到发生这样不好的结果，我自己都无法原谅我自己。也是当时糊涂。她骂我妈，当时我说我妈都死了十几年了，你这样去侮辱她？这样子就生气了。

问：你非常不能接受对吗？

赵：嗯，我说我妈死了十几年了，你不应该这样侮辱她，你怎么样侮辱我都没有问题。但现在说什么都晚了，没机会了。我小学 3 年级都没有读完，法律意识太淡薄了。

问：为什么读了 3 年就不读了？

赵：家里条件不好。哥哥小学毕业，姐姐没有读过，我读了 3 年，因为家里穷。不读书后我就干农活，后来出来打工，老乡带我出来的，服装加工，在厂里给人家做衣服。一个月给一千块钱多一点。住老板的，吃自己的，唉……

问：你刚才说你以前不会和别人发生冲突，那你敢不敢杀鸡？

赵：我从来都没有做过，都是我父母杀的。

问：平时的你，本分、老实，鸡都不敢杀。但有了情绪以后，可以跨越对杀人的恐惧。有了愤怒的情绪，火起来以后，很多事情就不害怕了，杀人都不害怕了。原来为什么害怕，因为你没有情绪。同样，你杀了女朋友，去侮辱尸体，说明还有情绪，这个情绪让你跨越了侮辱尸体的界限。平时，没有情绪时，你就是一个很普通的人。

赵：都怪我当时没有控制住自己。

问：情绪控制有时是很难的，你妈妈已经去世十几年了，H侮辱你和你妈妈的情感，你当然不能接受。

赵：唉……（沉默了15秒）

问：发生了这样的事情，从情绪的角度看，能理解，也正常。

赵：不正常。

问：你现在又回归到原来的你。为什么发生犯罪行为？因为情绪。你被抓时，你就后悔了，你已经回归到原来的你，那个很普通的你。但有了情绪，你就会发生变化。

赵：……（沉默了20秒）

问：你们认识多久了？

赵：认识有一年了，去年年初的时候同居的，同居了半年。我是很喜欢她的，为她付出了很多。没有跟其他男的认识以前，她对我很好。5月份，家里有点事，我回去了2个礼拜，回来后，她和我说她和其他男的好了。我让她走，她不同意，一定要我给她钱。她就是要我的钱，我说我没有钱，钱花光了，没钱，她说没钱不行，叫我拿分手费。我说是你不愿意跟我在一起，我不应该给你这个钱，她说不行，就吵起来了。我说我口袋里只有几百块钱，你要的话你拿去，让我走。她说不给钱就收拾我，那天早上就不让我出来，我都想走了，她把门关起来，不让我走。我就跪在地上求她，跟她说你让我走，我没钱，有钱我肯定会给你。她说今天你不给钱，不是你死在房间就是我死在房间，还把我衣服搞破了。我跪在地上求她，我说我下去打电话借钱给你，我的手机没电了。然后她可能知道我想溜走，我也确实想溜走，她就用鞋子打我，打我的背，我都没有还手，唉……

问：侮辱你妈妈的那句话，她什么时候说的？

赵：我跪在地上求她时。我说你放我走，这样对你对我都不好，我跪在地上求她求了很长时间，大概十多分钟。她说，你不给钱就是你死在这里，或我死在这里，你一个大男人连这么一点钱都拿不出。后来她侮辱了我妈妈，然后我说，你不要骂我妈，我妈去世十多年了，你不应该这样侮辱她。她又侮辱了我妈妈！两个人就这样打起来了……

问：你们在同居的时候，她有没有工作？

赵：没有，都是我在做，她没有做。我们差不多同居了半年，是我租的房子，她什么都没有做。

问：那为什么后面去开宾馆呢？

赵：我从老家回来，她跟另外那个男的在一起了。我房子是租在乡下嘛，她跟那个男的到了城里，打电话叫我过去，说不给钱就找我麻烦，我就来了，就在城里了。我们两个人白天就开始吵了，晚上我就没有回乡下，开了一个旅馆，她那天晚上就去了。

问：那天晚上你和她有没有发生关系呢？

赵：没有，我开的是双床房，我自己睡一张床。

问：你当时有没有想跟她发生关系的想法呢？

赵：没有。第二天她要3000块钱的分手费，我没钱。

问：你把她杀了以后，为什么后面会去侮辱尸体呢？

赵：临时糊涂，脑子里什么都没想。

问：为什么会侮辱尸体？也许是晚上在一起时，你想跟她发生关系，她拒绝你了。

赵：没有，她睡她的，我睡我的，我没有去碰过她。那天下午我们就吵了，她下午出去玩，我就出去和老乡斗地主，后面就回宾馆了。我回房间时，她坐在床上看电视，我也没有理她，衣服没有脱就睡了。

问：你把她掐死了，她不动了，你当时是一种怎么样的想法？

赵：当时我心里特别恨她，我对她这么好，为什么要这样子呢？害我……

问：你把她掐得不动了，还不解恨？

赵：当时是这样的。

问：我慢慢地能开始理解你的行为。

赵：我自己都不能理解我自己。

问：就像你刚才说的，你对她非常好，她却这样对你。你喜欢她，又付出了很多，你希望有回报，到头来她却欺骗你。她主动去找其他男人，却还要向你要分手费。你是非常恨她的，她都被你掐死了，你还不解恨，怎么办？只好侮辱尸体。性是带有攻击性的，恨她，你才会去侮辱尸体，继续发泄。

赵：也许我当时是这种想法。

问：你把她掐得不动了，当时有没有害怕？

赵：一点都没有。

问：没有？还是恨？你的行为就容易解释了。愤怒和仇恨，可以让你这样一个很普通的人去杀人，甚至杀人后看见尸体也不怕，因为杀人还不解恨。同样，剩下的恨，又让你去做了一次看上去是变态的事情，情绪让你跨越了两次边界。

赵：是啊，我本身就特别恨她。我想了很多，我不应该这样子，应该控制自己。她再怎么做，都不应该发生这样的事，这样惨重的教训。

问：什么时候控制？当事情刚开始发生时，就要控制，这个时候容易，还来得。感觉两个人不合适时，就要及时解决，尽早抽身。等你付出了很多的时间和精力，积累的情绪就越多，就更难控制。H也需要承担很多责任，她有她的不足，导致她成为受害者。你和她一起，不是说老家回来以后才发现她不合适，而是很早就感觉她不合适吧。由于你喜欢，所以你一步一步地走下去了。

赵：唉……（沉默15秒）我早就知道我们两个人是不可能走在一起的，早就想分开了，只是没有说破而已。她跟别的男的有关系了，我说既然这样，你找他去好了，我们分开算了。她说分手哪有这么容易？说要我拿 3000 块钱分手费。

问：你们的关系，她占主动。当你真的提出分手，她不甘心了，失去了对你的控制。她不是说因为喜欢你不甘心，而是因为失去了对你的控制不甘心，以前都是她控制局面。你为什么要向她跪下呢？

赵：就是案发那天早上，我开门要走，她不让我走，我就跪下来，说求求你，让我走，我没办法，我没钱。哪怕我跟家里人说，家里人也不会给我这个钱，这个分手费不应该给你。以前在一起的时候，你要什么，钱拿去就是，我没有多说一个不字，现在是我没钱也没办法。一时糊涂啊。

问：发生这样的事，也许有你性格的因素。从小都没有和别人吵过架，说明你比较压抑自己的情绪。你对她这么好，她找了另外一个男人，你还是说算了，没有表达愤怒，像一个男人吗？女人会喜欢你这样的行为和表现吗？你还跪下了，求她。说明你是懦弱的，我这样说，你不要不高兴。你也许会恨自己，是她的错，还要跪下来求她。连你自己都恨自己，看不起自己，不接受自己。懦弱，体现在哪里？就是极度的愤怒。所以你掐死了她，你都还没有解恨，还是恨她。以前你付出了，迁就她，哪怕她外面有男人，你还求她，求她放你出去，一点原则都没有了。有多少迁就，压抑，就有多少愤怒和仇恨。所以杀人侮辱尸体也就顺理成章。还有，她有别的男人了，是她不好，反而还向你要分手费，她是不是在社会上混的？

赵：我叫她把身份证给我看看，她说掉了，其实我是不相信她说的，就是感觉我们两个人不合适。我从老家回来，电话里她说她有男人了，我就死心了。那天我求了她很多，她都不肯，说我不拿钱，两个人总要死一个在这里。

问：为什么她要这样说呢？

赵：她就是把门反锁，不给我出去，我就跪在地上，我说求求你放过我，我说我还要做人的！你这样搞得我出去做人都没法做，没有哪个男人像我这样子，丢脸啊，这个时候还要拿分手费啊。她说不行，你不拿钱我等下叫人来收拾你，在房间搞你。

问：你有没有害怕？

赵：没有，我是想溜走，被她看出来了，估计她更火了，她就不肯。

问：杀了她，发生关系后，这个恨有没有少一点呢？

赵：发生关系后，我就很害怕，就没有恨了，我就想，这个事，已经无法挽回了，这辈子就毁掉了。这一生，不管命运还是什么都毁掉了。不管是金钱啊，事业啊，什么啊，什么都……都没有了！我就想到家里去，见一下姐姐和父亲。我父亲问我，为什么又回来了？我哑口无言。我扑在桌子上掉眼泪，没有回答，我什么都没有说，他会无法接受的。我去看他们，也许是最后一面。

问：你和妈妈的关系怎么样？

赵：我还是很想她的，以前每年都会给她去上坟……

三、理论分析

（一）控制过度性伤害犯罪人概念

对攻击行为的一般性抑制是控制过度性伤害犯罪人（overcontrolled assaultive offender）概念的核心。梅加吉（Megagee，1966）提出，控制不足性犯罪人（undercontrolled offender，这些人可能被鉴定为具有病态人格）的抑制力较弱，他们规律性地作出攻击性反应。控制过度性犯罪人，只有在刺激（愤怒唤醒）足够强大以至于超过抑制时，才会出现攻击行为。因此，这些人攻击他人的行为应该是很少见的。但是，如果刺激过强的话，他们也会攻击别人，因此，在极端性的伤害或杀人案件中，这样的人很常见。梅加吉的研究结果支持这一假说，他发现，有极端伤害记录的少年被评定为更有控制力和更无攻击性，在人格测验中表现出更大的控制力和更明确的恪守常规性（conventionality），而中等程度攻击性少年犯罪人和非暴力性少年犯罪人则没有表现出这样的情况。这一观点在对精神障碍犯罪进行的一项研究中得到了进一步的支持。严重的伤害比一般伤害显然受到更多的控制、抑制和防卫，这样的犯罪人更不可能有先前的犯罪记录，也不可能被诊断为病态人格。[1]

（二）控制过度性伤害犯罪人概念的应用

赵某的爆发，就在于他的控制过度。早就知道两个人不可能在一起的情况下，赵某租了房子，通过打工维持与不工作的 H 的关系，经济上都由赵某支出（控制与压抑）；H 打电话告诉赵某自己有了新的男性朋友，他仅提出分手，没有找 H 的麻烦（控制与压抑）；H 是过错方反而向赵某要分手费 3000 元，赵某说："口袋里还有几百块钱，要的话拿去，放我走。"（控制与压抑）；赵某没有给分手费，H 不让他走，赵某下跪求 H 放他走（控制与压抑）；赵某下跪时谎称下楼打电话借钱给 H，被 H 识破而用鞋子打他，没有还手（控制与压抑）；H 第一次辱骂赵某常思念的已经逝去十多年的母亲时，赵某说："你不要骂我妈，我妈去世十多年了，你不应该这样侮辱她。"（控制与压抑）；当 H 还是不听劝阻，第二次辱骂时，赵某终于按捺不住，将 H 掐死。却仍然没有泄愤，继续侮辱尸体（攻击）。赵某的愤怒，不仅仅体现在杀人后没有恐惧感，还体现在杀人后的侮辱尸体，只有侮辱尸体后：

赵：发生关系后，我就很害怕，就没有恨了，我就想，这个事，已经无法挽回了，这辈子就毁掉了。这一生，不管命运还是什么都毁掉了。不管是金钱啊，事业啊，什么啊，什么都……都没有了！

四、角色扮演与自我反思

---

〔1〕 ［英］布莱克本：《犯罪行为心理学：理论、研究和实践》，吴宗宪等译，中国轻工业出版社 2000 年版，第 203~204 页。

五、问题与思考

1. 如何从女性的视角看赵某这个人？

2. 结合延伸阅读的周某的案例，这两个个案，什么因素起着愤怒唤醒作用？

3. 结合延伸阅读的周某的案例，被害人起着怎么样的作用？

六、摘要与关键词

摘要：_____

_____

_____

关键词：_____

七、延伸阅读

（一）基本信息

周某，男，35 岁，汉族，小学文化。周某在休闲店认识了 H（女，被害人）。一天下午，周某来到 H 的出租屋，正与 H 发生性关系时，H 向周某多索要了嫖资 300 元，两人发生争执。周某要离开，H 不让，周某遂产生杀人念头，用双手猛掐 H 直至死亡，害怕 H 未死，后又用菜刀在 H 的脖子上割了 2 刀。被判死缓。

（二）访谈整理

问：能不能说一下她向你要钱，你为什么就要掐死她？

周：当时就是搞不清楚，心里很急的，脑子里一片混乱，一片空白。就是鬼迷心窍吧，真的很后悔。

问：当时她说了什么让你感觉很气愤，做出那样的行为？

周：也没有什么，就是不让我走，她说不给她钱就不让我走。再一个，我老板刚刚打电话催过我，叫我马上去送货。心里可能急起来了，我的情绪不好吧。

问：那段时间你的心情不太好？

周：心情都还可以，那天不知道什么原因。

问：掐昏了她，你是什么样的感受？

周：人掐了是否肯定死了，当时不是这么肯定。当时她不动了，我去洗了一下。当时不知道怎么，洗好出来眼睛好像花了一下，看到她的肚皮上好像有呼吸一样，当时就怕了。就用菜刀去割了一下她的脖子，后来才知道掐死了。

问：做了这样的事情，你害怕吗？

周：做了这样的事情倒没有什么害怕，没有想过逃跑，也没有想过自首，反正就是侥幸心理，觉得我不会被抓。回去就去送货了，后面继续上班，后来就被抓了。

问：把人杀了之后，你面对一个死人怕不怕？

周：不感觉怕，不知道怎么回事，也没有想到跑，也没有想到自首，如果去自首就不会判这么重。

问：你的胆子有点大，我和很多杀人犯谈过话，他们把人杀了都是很害怕的，害怕被抓，害怕后果，害怕尸体。

周：其实我胆子很小，我好像已经麻木了。我那天杀了她，后面那两天就好像没有发生过什么事一样。后面老板说是公安局的找我，我就心里有点数了，那个时候心里才害怕，我选择了坦白，全部说了。

问：平时和别人的交往多不多？

周：交往也不是很多，每到一个地方打工，同事都合得来，都挺好。

问：你掐了她，杀了她，和以前你的恋爱经历有没有关系？

周：没有，我对分手看得很轻，不知道有没有真正爱过她们。第一个女朋友是山西的，对她真的是挺好，她回家，说是什么相亲，就再没有回来，就分手了，我心里好像也没有什么特别难过，反正我也想不清楚，也说不清楚那事情。

我们厂里的人都不相信我会杀人，我自己都不相信更不要说叫别人相信。我也没有被女人骗过，第一个女朋友也不是什么骗子，我也没有感觉出恨人家什么。我自己都搞不清楚，想不明白为什么会这么做，这么冲动。就是警察找到我的时候开始害怕，但害怕也没有用，我知道跑不了，就坦白了。

杀人以后就正常上班了，晚上送老板娘回厂里，我就下班了。之后和老乡一起吃晚饭，后面看看电视就睡觉了，没有很多的想法。

和H认识最多就一个月，之前和她发生过一次关系，H收了200块钱。（案发）那次去她出租房，一开始我也没有问要多少钱，后来她说要500块钱，是发生关系的时候说的，我就一点心情都没有了，我就下床。我说上次只要200块钱，这次怎么要500块钱了？我下床以后，我说给你200块钱好了，她说不行。那个时候我老板的电话打来了，叫我马上送货去。H可能认为我有急事，会给她钱，她就更加不让我走了。我那个时候想，老板已经在等了，也快下班了，路上都很堵了，过去的时间就更长。心里急，又有点气，她又不让我走，心里就更气。就掐了她，按在床上掐，掐死了，不动了，我就去洗了。出来眼睛花了以为她动了，就拿刀割了几刀，门一关就走了。

问：她在你们发生关系的时候，索要500块钱？

周：是啊，我也没有想到。性关系还没有结束的时候，在七八分钟的时候说的，那个时候说要500块钱，我就没有心情了。有些话我忘记了，她说着说着，就越来越难听了，加上老板的电话来了，又气又急，就那样了。后面她说了什么难听的话我记不起来了。我衣服拿在手上，她把我的衣服夺去。我要走，她又来拉我。老板电话要是不打来，还好点。

她说要500块钱的时候，感觉是有点无理取闹，好像是在敲诈。钱也没有带那么多，我总共也只有四五百块钱左右。我到现在也不知道为什么会那么做。原来是200块钱就够了，她自己说的，现在要那么多！我说就给你200块钱，多给我也不想给，本来就有点火气吧。

问：你的性格，是不是不太会拒绝别人？你第一次的时候是200块钱，后面要500块钱的时候你说给200块钱，你还算好说话，因为是在你的需要还没有满足的情况下。

周：我对朋友，请客吃饭，还是大方的。如果我袋子里有钱的话，人家说吃夜宵去，不管男女，一般都是我付钱。每到一个地方打工，几个人都合得来，可能就是因为这点，人家好像贪点便宜啊和我玩。不过我请了他们几次，如果不回请，我也不会和他们说什么，就不来往了。有时人家对我不怎么样，我也不会说什么，不会和别人斤斤计较。每到一个地方，老板啊，对我的工作还是认可的，细活我干不好，粗活还是有力气，卖力的活干得好的。

问：你30多岁了为什么没有结婚？

周：外面打工的钱，我用着都不够。我是老实本分的，说得难听点，可能就是太笨了一点。女朋友也交了两三个，好像就是不会关心她们。我也没有钱，也就请她们吃饭，又没有钱给她们用，又不知道关心人，到现在都没有总结出来经验。第一个女朋友和我住了8个月，买的衣服都是地摊上的，三四十块钱的，可能回到家里相亲找到了比我好的吧，也不能怪她。有的时候感觉自己很笨，不怎么会说话，好像不怎么喜欢跟人接触。但交朋友我还是挺喜欢的，我从来不会跟人家算计。玩得再好的朋友，要是斤斤计较，那我是一句话都可以不跟你说，哪怕待的再久，我有时候好像自闭症一样。我对朋友好，不会为了一点点小事去争啊，我一般就不争了。

问：女朋友回去相亲，就没回来，你有没有感觉不舒服？

周：有时候会有一点，虽然不是说对她很好，总的来说我还是付出了一点，有点心里不舒服一样的，是一瞬间的事情。

问：你原来的很多情绪是不是压抑着？

周：搞不清楚，可能就是我不怎么会和人家沟通一样。那几天心情还算好，工作量也不是很大。

问：发生关系到半路的时候，她提价了，你有情绪了对吗？

周：可能那个时候有点气在心里一样，后面说得难听点，就是半路上被拦下来，心里肯定不舒服的，加上后面她要钱要得那么多，老板的电话又催，心里急了。我停下来后，我衣服一拿，去洗了一下，出来给她200块钱准备走，结果她把我的衣服夺了过去，我的衣服一下子拿不到。夺了我的衣服以后她也坐起来了，把衣服扔到墙壁里，我拿不到。

问：你停下来时，是比较火的，因为性的驱动力很强，而且是在路上了，却停滞了，你产生了很多情绪对吗？

周：也可能，她要500块钱的时候我心里是有些难受的。

问：为什么是难受而不是愤怒呢？

周：要是愤怒的话，当时就可能掐死她。

问：当时的感受为什么是难受呢？

周：我说不清楚，当时她要500块钱，以前只要200块钱。我第一次认识休闲店的另一个女的也在H那里上班，我经常把车子停那里。我是通过这个女的认识了H。她们买东西，我是送货的，知道去哪里买，我就送她们去，后来就认识了。后来停在她们楼下，就去发生了关系。一次，H在窗口看见我，就叫我上去玩一下，我又没有女朋友，有时候就嫖娼满足我的需要，我们又互留了电话。留了电话的那天晚上，我就给她发了短信，她说不认识我。虽然后来说清楚了，后来就没有联系了。（案发）那天，她叫我过去玩一下，我说没有时间，等一下看看，我说有时间就过来。后来我打电话给她，知道她在房间我就过去了，200块钱还是有的。

问：你到底难过什么呢？

周：心里，就是好像被骗一样，被敲诈一样，以前她自己说200块钱的，后面说要500块钱。第一次发生了关系以后，H还叫我不要和另外一个女的说，因为我以前和那个女的也发生过关系，说了好像抢她的生意一样。总共才见了3次面，第二次就要500块钱，那心里肯定不舒服，好像被骗被敲诈一样。

问：你喜欢这个女的吗？

周：我好像没有说要娶来做老婆的意思。虽然长得还可以，我对她好感还是有的。

问：你还是喜欢她的对吗？

周：也可以这么说吧。

问：你有没有看不起她的感觉？

周：没有看不起，我在洗浴店认识的第一个女的，有35岁了，以前还嫁过老公。我和她认识的时间久一些，出于同情心和她一起，一般我会买点衣服，鞋子给她，我对她是出于情感而不是生意。她也不会向我要钱买东西，她自己也是过来人，她是做"三陪"的。我和她是朋友的关系，我们相互都不管对方，期间我还交过一个女朋友，也没有和她说，她也不管我。

问：在解决问题的方式上，你是回避的。请别人客几次以后，朋友如果不回请，你不会和这个朋友说什么，直接就不交往了。和H也是这样，她要500块钱的时候，你就不跟她多说了，给她钱就走了对吗？

周：是的，我当时是这样想的，我去卫生间洗一下，衣服穿好，给她200块钱就走了。

问：你虽然什么都不说，不沟通，但内心还是会有情绪的对吗？

周：难受倒也不会，一般的事情过去就过去了，我不会去记。我们以前是好的，这次吵了，过了就好了。有些时候，遇事我不会跟对方说，也不会跟别人说，最多就是不跟对方来往，我独来独往。

问：你可能没有感受到你的情绪，那么为什么那天杀了H呢？杀人是需要情绪的，平静的时候你是不敢杀人的。

周：我是不敢，鸡都没有杀过，会害怕。把她掐死后，用刀割过她（脖子），如果没有用刀割过，我去杀一只鸡可能还好点，不会想到什么。用刀割过她以后，如果现在去掐一个人，肯定会想到那一次。如果去杀鸡的话，第一个反应就是想到割她喉咙那一次，看见杀鸡的话肯定会想到那一次。

问：你杀 H 时，你是有很多情绪的对吗？

周：最主要的是她要 500 块钱，不让我走。老板的电话又来催了，我又气又急，感觉是被她敲诈一样，很不满，第一次是她自己说 200 块钱的。对于情欲的不满足，我没有什么不满，真的没有。她说回家没有钱，我说我只能给你 200 块钱，多给我也不可能。请客几次也是可以的，多了我也不会请。

问：很多东西还是说出来舒服一点，不说会有情绪对吗？

周：我是没有朋友的，叫朋友请客也没有意思，干脆就不跟别人交往。不舒服的东西是暂时的，过去了就会忘记。

问：你可能没有意识到你的情绪，否则不会有这样极端的行为，杀人还是需要很多的情绪。在别人的眼里你是一个老实本分的人，别人不相信你会杀人。但老实的人往往是很压抑的，也不直接表达，而放在心里，心情就会越来越不好，积累多了会爆发。

周：是的，那天没有做完，还给她 200 块钱，这样的离开是会带着很多情绪的。包括我之前那个走掉的女朋友，我本来就没什么钱，没什么本事，别人走了，我就感觉无所谓，也许是时间长了就爆发了。

问：是啊，用没什么钱，没什么本事，来合理化女朋友的离开，不是她们的问题，而是自己的问题。女朋友相亲去了，就再也没有回来了，你不会觉得有点怪吗？

周：是的，我自己也找不出来是什么毛病，自己没有钱？对她不够好？我的性格比较实在，没有什么浪漫，可能她们喜欢浪漫，她们又不说什么，我是不会买什么礼物的。

问：你有什么兴趣和爱好？

周：没有，一般就是我一个人看电视。我的房间是一个人住的，因为是司机，需要休息好。我那里有一个电视机，平时就看电视。没有人出去玩时，一般就一个人在宿舍，别人一般也不会进来。

问：这样的判决你感觉怎么样？

周：宽大了，毕竟死了一个人，我就是被判死刑也没话说。

问：有没有感觉对不起受害人？

周：感觉还是更对不起她的父母亲。对受害者反而……受害者说得难听点，她已经死了，也没有什么对得起对不起。对得起没有用，对不起也没有用，已经无法挽回了。到时候出去能赚钱时，去她父母那里看一下，弥补一下。受害者，我觉得她反正死掉了，对她说什么对不起也没有什么用。对受害者也恨不起来，毕竟是我做的事，又不是全部她错，主要还是自己的错。

问：有没有做过什么难忘的梦？

周：没有什么梦，就是做过一次，我爸爸妈妈来看我。没有梦到过受害者，我感觉没有梦到过她，也没有梦到受害者的父母。

学习情境七　孙某、吴某的故意杀人案

一、学习目标

1. 了解情绪与感知觉的关系。

2. 掌握关键词：激情犯罪、时间知觉、重量知觉。

二、案例一导入

（一）基本信息

孙某，男，24岁，汉族，初中文化。故意杀人，被判死缓。

（二）访谈整理

孙：从小学到初中，我学习成绩都很好。初中毕业时，父亲生了大病，花了很多钱，就没有钱继续读书了。

不读书了，就去福建打工，家里开始不同意，说是年龄小，后来还是同意了。去福建打工时很激动，在一个玩具公司，第一个月是900块钱外加500块钱的住宿补贴。第一件事就是给妈妈打电话，妈妈很高兴，而且给家里邮寄了500块钱。第二个月的时候自作聪明，毁了厂里原材料，被开除了，对我打击很大。后来再找工作，一直都不是很好。

福建的工作不好找，就回老家了，认识了几个老乡，是小偷。不干活就没有钱，看着几个老乡大吃大喝，我就跟去了，第一次是望风，紧张得连呼吸都困难，最后还被老乡骂胆小鬼。不久就被抓了，判了1年。

出狱后找了个女朋友，很快就结婚了，第二年有了一个女儿。为了生活，就又去打工，在酒吧赌场过日子。后来老婆来了，发现我什么钱也没有挣到，我和老婆就因为钱的事情吵架，以后怎么养女儿啊。

某月15号的凌晨，我和老婆在车站等车，那天我老婆把我一个很好的打火机给弄丢了，我就在骂老婆。事也凑巧，H（男，被害人）也是和他老婆吵架，他们夫妻2人都离开了家，各自的朋友都在找夫妻俩。和H一起的还有三个人。我呢，刚好在车站因钱和丢打火机的事情在骂我老婆，被途经此地的H和他的朋友等人听见，H以为我在骂他们，H随即将手里的饮料罐朝我扔来（法庭上的旁观证人证实，戴帽的男子，就是H，当时说了，你干吗骂我，找死啊）。我当时的感觉是，我在骂我老婆，这个时候居然还有人帮我老婆打我，而且还是一个男的，我以为他们是认识的，就更加火了。于是，我和 H 就推搡起来，当时真的是不知道东西南北。后来，H 的朋友也上来帮忙，我一看不对，就拿出了随身携带的弹簧刀乱刺。

捅了人以后，我就跑了，拦了一辆出租车。从打架的地方跑向出租车时，我感觉我跑了很久，很久，跑得很慢。跑到出租车那里，一看我老婆还没有到，我就又跑回去拉我老婆，因为很怕对方报复，就跑了。当时跑的时候，感觉周围是一片嘈杂，我当时就很奇怪，其实当时是凌晨，人很少，怎么会很嘈杂？坐上了出租车，我感觉刚刚坐上车就马上到了我住的地方，很近，其实我住的地方离案发地很远。

后来 H 死了，我也很快被抓了。杀了人以后，在看守所做过两次梦，一次是梦见 H，他拉着我，我走都走不动，跑又跑不掉，很累很累的感觉，我又看不清他的脸。还有一次是梦见 H 杀了我，刀捅在我的肚子上，凉飕飕的，一怕，我就醒过来了。

三、案例二导入

（一）基本信息

吴某，男，49 岁，汉族，小学文化。吴某在一次听戏时认识了 Q（女），两人产生了情感。由于 Q 常受到丈夫的家暴，2 年后，吴某和 Q 合谋，趁其丈夫熟睡时，用砖头砸死了丈夫。被判死缓。

（二）访谈整理

问：你把她老公杀了，当时的情绪怎么样？

吴：发抖，肯定发抖的，不是开玩笑的，当时死了以后是无计可施的，万一……讲也讲不出来，全身发抖。她叫我走，我走不动，那个脚很重很重的。那个脚不知道什么东西吊在那上面，走不动。哪里有这么轻巧？叫你走就会走，那个脚走不动，很重很重的，就这么古怪。不是说像去偷东西啊，偷了马上逃。这个东西就这么古怪，这么稀奇，一下子那个脚还拎不动。半夜的时候往哪里走？又没有车，后来是打车的。

她又给了我一个包，沾血的东西放在编织袋里，她叫我拿走，丈夫的尸体还是在房间里，她丈夫什么都没有穿。打了以后身上有血的，被单上也有，就放在编织袋里，叫我拿走，这个编织袋好像不知道多重一样的。

走出那门以后，不知道东南西北，不知道血衣扔到哪里去。心里一直在跳个不停，不知道以后日子怎么过，会不会有生命危险，我和 Q 会不会有再次见面的机会，儿子和女儿他们怎么办，等等。心里一乱，就把有血的衣服向马路边抛掉了。

问：是包重吗？

吴：包还会重吗？这个东西哪会很重？是思想负担重啊，不是东西重啊。一个是脚重，一个是袋子重，肩膀感觉重，你把这个东西放到哪里去啊？血淋淋的东西，有血的，放哪里去？看到有出租车，就随便把东西往路边一扔。

问：你当时从她家出来到路上，时间感觉怎么样？是快还是慢？

吴：反正我好像是尽快走的，没有走多少路，汗就走出来了，那都是汗啊（很惊奇的语气）！因为感觉到很吃力一样的啊，一点力气也没有。

问：是心理压力很大！

吴：是的，这个包本来是很轻的，被单是很轻的，就是说拿了这个东西感觉很重啊，感觉到这个东西很重很重，实际上是轻的。因为没有力气了，手啊脚啊都是软软的，很累很累的。看见有车来了就随便扔掉了，管它什么（呵呵笑了起来）。东西感觉重，人没有力气，一点力气都没有。

问：坐上出租车，又是什么感觉？

吴：发生了这样的事，最好是……不希望别人来问我。来问我，那肯定很头痛，最好是一点都不要问我，有人来问我，我不知道怎么回答，肯定不愿意人家来理我。我是害怕出租车司机来问我，肯定害怕的。问我这么晚了干什么呢？东问西问啊，我感觉很可怕的样子，最好是不要问了，抓到就算了。做了亏心事嘛，做了亏心事就怕人家问，有了心事，别人问就很烦了，回答人家吧……不回答人家吧也不好，怎么样回答人家呢？你怎么回答？有第一句就有第二句，肯定会有第三句，越来越难回答，就是这个道理。

四、理论分析

犯罪，处于一种特殊的需要、情绪和意识状态，则其感知觉亦会发生较大的变化。目前这方面的研究甚少。而对犯罪进行中的需要、情绪和意识状态研究较为困难。但这样的研究却非常有助于理解犯罪人的极端犯罪行为发生、发展和演变。比如，在杀人时，愤怒情绪是如何暂时掩盖了对杀人的恐惧。杀人犯罪者常说的"脑子一片空白"究竟是一种怎么样的意识状态？

在案例一中，孙某阴差阳错地将人捅了，害怕对方报复，孙某急于逃离现场，所以，短短的距离，他感觉跑了很久很久（时间知觉的变化）。凌晨相对较为安静的环境，孙某却感觉周围一片嘈杂（声音知觉），这是孙某对受害人及其朋友们反应的心理表现——恐惧。等他坐上了出租车（感觉暂时安全了），逃离了现场，却感觉一下子就到家了，而他家实际上离案发现场还是很远的。

在案例二中，吴某杀人后，因为恐惧，手脚无力，甚至连脚都抬不起来，感觉装有血衣和被单的编织袋异常沉重。从这里也可以看出，和杀人后还是健步如飞的犯罪人相比，吴某的危险性还是低的。

五、问题与思考

1. 在孙某的案例中，他急于逃离现场去乘坐出租车，短短的距离，为什么感觉跑了很久很久？情绪与需要起着怎么样的作用？

2. 在吴某的案例中，杀人后的吴某为什么连脚都抬不起来？连拿仅仅装有血衣和被单的编织袋都感觉异常沉重，为什么？情绪如何影响了重量知觉？

专题二 | 盗 窃

学习情境一 刘某的盗窃案

一、学习目标

1. 掌握操作性条件反射理论。

2. 掌握关键词：阳性强化、阴性强化、部分强化、强化比率表。

二、案例导入

（一）基本信息

刘某，男，33 岁，汉族，文盲，有盗窃前科。在 3 个月内，参与盗窃 5 次，价值 62 万元，被判无期徒刑。

（二）访谈整理

问：现在新入监有没有和家里联系？

刘：还没有，其实我也很想和家里联系，感觉联系了家里，父母会让哥哥姐姐来看我，他们会说一些很难听很难听的话。

问：会骂你？

刘：肯定会骂我，以前在社会上的时候就批评过我多少次，叫我不要和这样那样的不三不四的人来往，不要做犯法的事，叫我找一个正常的工作，我那个时候一直没有听。现在有点不敢面对他们，关键是我不想听见他们说一些不好听的话。

问：第一次出狱后，2 年就又进来了，为什么？

刘：可能是我这个人吧，有点懒惰，没有找一个正当的工作去干，没有办法，我家里的经济条件不好。另外一个，我又没有结婚，出来以后就想找一个女朋友，结婚。

问：想结婚，为什么还去犯罪？

刘：第一次释放的时候已经 31 岁了，我们老家，30 岁还没有结婚的话想结婚就难了，想找一个女朋友就很难很难，我还坐过牢。所以，我想尽快搞到钱，想尽早尽快找到一个女朋友，比较急切，就跟那些朋友在一起。这些朋友不是监狱认识的，而是我们老家的，和他们赌博，小赌，几个月后就开始作案了，3 个月后就被抓了。

问：你想尽快弄点钱结婚，来钱是快了，但你想过 3 个月就偷了 62 万块钱，迟早要进去的吗？

刘：想过，那个时候也不想做的，因为认识了一个女的，这个女的对我还可以，愿意跟我。我在家里是没有我的房间的，回家的时候，住很不方便，尤其是哥哥姐姐都回家的时候，逢年过节的时候，连住的地方都没有。吃饭无所谓，一家人一起，晚上睡觉的地方都没有，我心里很急。同案打电话叫我搞东西，我就过来了。

问：这个女的知道你的经历吗？

刘：知道。这个女的家里条件不好。来的时候，她是不知道我做这个事情的，做了几次以后，她知道了，最后2次是知道的。知道了以后叫我回老家，要么去她老家。最后一次偷了不少，我也想不做了，那个时候也快过年了。

问：你可能的婚姻就这样结束了，你什么感受？

刘：在看守所就后悔，毕竟我和这个女的在一起也有10个月了，感情还不错。另外一个是内疚，她对我也不错。像我这个年龄，30出头了，而且坐过牢，要找一个女的对我这样好，也不容易。感觉很后悔，可惜。

问：盗窃会不会有上瘾的感觉？停不下来？

刘：这个要看跟哪些人在一起，好听一点就是你这个合伙人，如果他很喜欢到外面搞来搞去，没有办法，你也必须要跟着一起去。比如说他今天没钱了，他心里很想到外面搞点钱，你要是不去的话，他会说你，说一些不好听的话。

问：会怎么说？

刘：这个要看是哪些人。有的人会说你没有种啊，怎么样怎么样。反正是每个人的说法，都不一样。我经常遇到，跟朋友一起，好几个人一起，喝酒，喝到深夜的时候，他们就提议，去搞点钱。你不去，大家就感觉你这个人，你这个朋友，没有味道，你要是去了就是犯罪，我经历过好多这样的事情。从我的内心确实不想去做了，毕竟现在有女朋友了，假如不坐牢，我会有一个很好的家。

问：你是怎么样跨过盗窃这个槛的？

刘：最关键还是经济，家里没有地方住。我家里有地皮建房子，需要我的能力去建，靠父母不行，他们70多岁了，不忍心让他们辛劳。我也经不住诱惑吧，他们说能搞到钱，我就去了，我也知道很危险。第一次作案的时候，心里是很不想去的，但是还是去了，回来很想把我做的这些坏事和这个女的说。每次偷东西，晚上，她都是在睡觉，我想跟她说，但怕耽误她睡觉就没有说。

问：你第二天可以说啊。

刘：假如说了，万一她像别的女的一样，看我搞了这么多钱，向你要钱怎么办？她在外面没有固定的工作，所以空闲的时间很多，花钱的时间也很多。她问你偷来的钱，分了多少？剩了多少？她向你要的话，我也感觉……

问：你害怕她知道你的经济状况。

刘：虽然我和她感情很好，但是对她我还是有点不放心，也担心她拿到钱跑掉。有这个想法，不多，但是有这个想法。

问：你偷到钱谁管？

刘：我偷到钱就偷偷回家，身上脏了就洗澡，洗澡洗好了就轻轻地睡觉。第二天，几个人在一起吃饭，我们几个男人就去银行把钱存起来，有一个卡，卡给她，她不知道密码。

问：有没有挥霍偷来的钱？

刘：花了也有。1000块钱的话，花个200块钱左右。我抽烟，还有老乡过生日等需要用钱，还有喝喜酒的钱。存的钱在卡里，密码她不知道，我心里也放心一点。她走了，我可以用身份证补一张卡。

问：想过从这里拿点钱给父母吗？

刘：我父母和我说过，你到外面去偷去抢，哪怕你挣到几百万，甚至几个亿，他都不愿意花一分钱。因为对他们来说，我这个钱就是赃钱。

问：第一次你们偷了1万多块钱，你分到多少？

刘：1千多块钱，当时的感觉是，每次去偷，回来分钱的时候，感觉就是……不够满足啊，就是钱太少，不够满足。

问：倒数第二的那次盗窃，有36万块钱，这次是什么感觉？

刘：我心里觉得就是……货已经偷到手了，卖也卖掉了，感觉就是……心里有一种很刺激的感觉。每一个人都有一个远大的理想，包括我也一样，平时去偷啊，几个人在一起啊偷个几万块钱，甚至10万块钱，感觉就是不满足。这下偷了个几十万块钱，心里有一种满足感，自己能做大一点的事情。感觉就是……好玩的感觉，并不是说是去做贼一样的感觉，不是小心翼翼的样子，感觉好玩，很刺激一样，也有一种满足感。

问：也有成就感？

刘：嗯！踩点的时候我也去了，看见这个房子有很多布，确实有很多布，第一个看看有没有睡人。没有人睡那里，心里就没有害怕，也没有紧张，因为当时我也知道能偷到。刚刚开始偷的时候，也没有想到能偷这么多，后来猛一下这么多，也是出乎意料的。

问：全部都偷走了？

刘：是大部，时间来不及了，已经是早上5点了，别人要起来了，来不及了。

问：这个刺激的感觉，在盗窃的什么阶段开始有的？

刘：在最后。租来的集装箱车在公路边停着，仓库在村里的公路旁边，大车进不去，我们就用偷的面包车运，一车一车拉，拉出来以后往集装箱车上放。在忙的时候，偷的时候，心里没有担心任何事情，就是一心的，好像在忙什么事情一样，好像在专心干这个事情。等做完了以后，猛一看这么多，我感觉很满足，出乎意料，我们也没有想到能搞那么多！

问：事情过去以后，有没有害怕？

刘：害怕没有，当时脑子里就是想，万一调查到我，该怎么说。

问：那你会怎么说？查到你的时候。

刘：我钱拿到手以后，我分了一万多块钱（说谎了）。案发地离我住的地方很远，属于两个地方管，心里想是不可能查到我，即使查到我了，我也说没有，抱着侥幸心理。

问：你偷多少会满意？

刘：我们平时去偷，基本上是白天睡觉，睡好了去踩点，看见了东西大概有多少，再问一下买主，问他要不要，给多少钱。说好了以后晚上来搞，用最快的速度，能搞多少就搞多少。最好是偷到一两百万块钱，最好是越多越好。

问：你说的越快越好，你们在搬东西时，做 36 万块钱的案子的时候，时间过得怎么样？

刘：偷的时候感觉时间过得很快，比平时快多了。我们是将近晚上 12 点多的时候开始，搬到早上 5 点左右。我感觉一个小时都没有，毕竟不是自己的东西，去拿，嘴上说不怕，心里还是有一点慌的，紧张是有一点的。脑子里没有想过时间啊，乱七八糟的问题，想到的就是越快越好，节省时间，就这样。

问：你们偷到了这么多，你们高兴了几天？

刘：我们基本上是这样的……比如说今天做了，明天一天或者后天基本上就淡忘了。没有说做一件事情就一直惦记着这个事情，或者做了一件开心的事情就一直惦记着。

问：36 万块钱的这次，你们感觉和以前不一样，这个感觉影响了你几天的情绪对吗？

刘：这一次案子做好了以后，第二天就确实感觉很兴奋，持续了大概有两三天吧，我们心情都很高兴，带上女朋友一起去买衣服啊，买一些东西，逛一下超市。

问：我看你们作案的时间间隔很短，是不是偷了以后，分到的钱少，不满足。会不会因为没有满足，对下一次的盗窃，就有一种期待呢？而且很快就想去偷呢？

刘：我相信每个人都是这样想的，偷啊，都想多偷一点，谁都想一下就偷个千万百万块钱，都想多偷一点。我相信每一个在外面偷窃的人，他都希望这样，如果这一次只偷了一点，就会希望下一次快一点，快一点。哪怕是今天我刚偷好，明天再去偷，里面有一个动力在这里，推着我去做这样一件事情。

问：我喜欢淘旧书，一个礼拜一次。比如这周去了，淘到的书很少，没有满足，我就非常期待下周，能买到更多的书，而且希望下周快点到，看看有没有我喜欢的书。

刘：我们也有这种感觉和想法，今天偷的钱很少，不满足，几个人吃一天饭就没有了，很希望天快点黑，快点黑，继续偷。36 万块钱这次，当时是没有想过尽快去做下一次。因为不是小事情，钱呢，也够吃几年饭了，主要是想日子过得安稳一点，安分一点。

问：想过停下来没有？

刘：这次她知道了，因为分钱是在我住的房子里，她看到了。他们走了以后问我钱怎么样来的。其实她是知道的，隐隐约约知道的。我也不想欺骗她，有一种很诚实的想法。她叫我不要做了，她说她以后怎么办。她的亲戚都知道她和我一起了，万一我坐牢了她无法对她的亲戚交代。我和她说，不做也可以，现在离过年还早，家里的年轻人都还在外面打工，现在回家也没有意思。搞了这么几次钱也没搞多少，建房子不够，我和她是用商量的形式。我想再做个几次就不做了，毕竟一个女人她也没有办法。

问：其实你走上了这条路，是停不下来的对吗？

刘：是的。第一次做的时候，就想过。第一次作案的时候就停下来了还好，有可能会停，有可能会好一点。但停下来，手上就没有钱。走下去嘛，做了几次以后想再不做，也难。你想过平淡的生活基本上不可能，因为同案会继续做，这些朋友每个人的想法不一样，你不做了他们会继续做，说不准他们什么时候给你说出来，你还是要坐牢。

问：这个我没有想到，你退出来，你的同案继续做，迟早被抓。

刘：做这种事情，是早晚的，只有每个人都不做了，都洗手了，有可能会好一点。只要有一个人做，到时候也会连累大家。我是担心这个，我退出以后他们继续做，一旦坐牢了就把我说出来了。他们万一哪一天落网了把我供出来，我还是要坐牢，还是跑不掉，所以我只有继续，而且不做了钱也没有了。

问：你做这些事情会不会有孤独感？因为你要骗你的家里人，亲近的人。

刘：确实很累，欺骗的都是最亲近的人。当然，外面处的朋友不是说都不好的，在小工厂上班的也很多，也有正常的打工的朋友，也可以和他们交流，没有累的感觉，累主要是在欺骗自己的家人，父母哥哥姐姐等。

问：你刚才说的，做大了就不是小偷小摸的感觉了，是吧？

刘：当时是有的，当时离开的时候，感觉安全了，心里感觉很好。

问：怎么样是安全了？

刘：当时集装箱的车，上了高速，离开这个地方的时候感觉安全了，在上高速的时候感觉安全了。

问：犯罪成功了，给你们的感觉是很好的，尤其做大了，有成就感。

刘：我们在做36万块钱的那个案子时候，我们在分钱的时候，我们也没有想到自己是一个小偷，好像就是感觉好玩。

问：你就更停不下来了吗？

刘：心里想停。

问：实际上停不下来吗？

刘：头几次是没有这个想法，头几次毕竟钱少。那次最多的时候，分钱的时候，女朋友知道了，劝我不要做了。当时我心里没有想退出来不做了，当时我想，再做个两次，最好是下一次，都能够做这么大，甚至比这个还要大。多赚点钱，少做个几次，以后不做了就离开这个城市。

问：实际上，你是停不下来了。因为这么做，好处很多，有钱，还有成就感，还有你的自信心不一样了。

刘：以前是小一点，还好一点，心里确实是不想做的。到后来这一次，数额大，心里有一种想法，就是依赖这个事情，好像就是对这个事情……希望今后都能做到这样，来钱快一点。以前确实想过不要做了，但从这次金额大了以后，希望以后还能搞大，就没有想过停。而且这一带这个东西（布匹）很多，这个诱惑还是很大的。就好像其他小偷，偷钱包，每个人的口袋里都有钱包，要他们放弃偷钱包很难，毕竟到处都是这个东西，诱惑太厉害了。要不是这一次，是有可能会停下来。打工能赚多少？打工也很辛苦。而偷东西，短短的几个小时就能赚这么多。

问：这是一个时间问题，几个小时，确实能弄到几十万块钱，比打工快多了。如果你思考的更远，偷了被抓，还要坐个十几年牢，这样来看那个几十万块钱，还有其他失去的东西，感觉就不一样。

刘：是啊，以前没想这么多。

问：你有没有反思过，为什么走这条路？

刘：我在家里是最小的，家里人宠我，我不想读书就不读了。我是从小就顽皮的，不去读书，我就逃学，不去学校里。犯罪，和没有文化有一定的关系。还有就是从小到大娇生惯养，好吃懒做吧，吃不了苦，我不想做要力气的活，也不想做钱少的活。

问：你和同案是怎么样认识的？

刘：打工的时候认识的，是我老乡，他喜欢找我玩，后来就去聊天喝酒，就劝我不要打工了，不要干活了，一起去搞点钱，我也没有考虑那么多。反正都是同一个地方出来的，搞什么东西，大家就是齐心一点，把这个事情，无论是犯法的也好，什么都行，只要能做好就可以。

问：犯法的事情，大家齐心把它做好，你感觉还是蛮好的是吗？

刘：唉，也是一种交流，和朋友一起。那个时候不认识这个老乡就有可能不会坐牢。第一次是偷摩托车，我几乎没有参与，没有想到是犯法。他们在偷，我离他们几十米，我看也看不见。刚开始两次，根本不知道我是在犯罪。他们哪怕被抓住了和我也不搭界的，因为我们离得有几十米远，他们在黑影里，他们能看到我，我看不到他们。假如把他们抓住，我不会被认为和他们是一起的。

问：老乡为什么会喜欢找你，让你入伙？

刘：他们个子都很大，他们之所以选我，我觉得最根本的一点就是我们在一起，要是有人过来了，我们就以打架的形式，到时可以逃掉，所以他们找到我。我的个子也大，他们也知道我喜欢打架。我爸以前找了一个喜欢武术的人，教了我 2 年多，这也是他们找我的一个原因，能打。哪怕他们比我们多一个人或者两个人，最起码我们有这个能力解决，能打，就不容易被抓住。他们会找有长处能利用的，长处用在歪道上也不一定好。

三、理论分析

（一）操作性条件作用理论

桑代克观察猫是如何尝试从迷笼中逃脱的。最初，猫仅仅是挣扎着想逃离禁闭，而且一旦某些"冲动"的动作使它们得以打开笼门，所有其他未成功的冲动便消失了，导向成功的特定冲动则因愉快的结果而保留下来。因此，猫学会了在这些刺激情境（迷笼的限制）中做出一种能够导向预期结果（暂时的自由）的适当反应（例如，抓按钮或门环）。这种学习是随着动物通过盲目的尝试错误体验到动作的结果之后，以一种机械的方式逐渐自动产生的。导致满意结果的行为出现的频率逐渐增加，它们最终成为动物被放入迷笼后的重要反应。桑代克将这种行为与结果之间的关系称为效果律：跟随着满意结果的反应，以后出现的概率会越来越大，而跟随着不满意结果的反应，以后出现的概率会越来越小。

斯金纳接受了桑代克关于环境结果对行为有着强烈影响的观点。斯金纳发明了一种能让他操纵行为结果的装置——操作箱。当实验者定义的一种适当行为出现或出现以后，如老鼠按压杠杆，该机械装置释放一粒食丸。这种仪器允许实验者研究让老鼠学或不学，他们所定义之行为的变量。例如，若只有当老鼠先在箱中旋转一圈，然后再按压杠杆时，食物才出现，老鼠则会迅速学会（通过后文将谈到的，被称之为塑造的过程）每次按压杠杆前先转圈。

假设你现在迷恋上一个如何让你的宠物鼠在笼中转圈的想法。为了增加转圈的可能性，你想使用一个强化物。强化物（reinforcer）即与行为相倚的——随时间的推移能增加行为出现可能性的任何刺激。强化即在反应之后呈现强化物。

强化有阳性强化和阴性强化。当某一行为之后伴随着喜爱刺激出现时，我们称这一事件为阳性强化。当某一行为之后伴随着讨厌刺激的解除时，我们称这一事件为阴性强化。如汽车安全带蜂鸣器就具有阴性强化的功能，它那恼人的叫声直到司机将安全带系好才会停止。阳性强化和阴性强化都能增强在它们之前出现的行为反应的可能性。阳性强化通过继反应之后呈现令人喜爱的刺激而增强行为反应的频率。阴性强化则相反，它通过解除、减少或阻止反应之后出现讨厌刺激来增强行为反应的可能性。[1]

强化可以连续强化，也可以部分强化——即无论老鼠转圈、按压杠杆多少次，都不会得到更多的食物，食物按一定的时间间隔提供。在消退训练开始时，那些按压杠杆行为得到部分强化的老鼠，比那些每次反应都得到奖赏的老鼠，坚持反应更长的时间，且更加不知疲倦地进行按压。

部分强化的效果使得人们广泛地研究强化程序表。强化程序表可以分为两类，比率程序表——经过一定次数的反应；间隔程序表——第一次反应后经过一个指定的时间间隔。

固定比率（FR）表：强化物在有机体做出一定数目的反应后才出现。如计件工资。

可变比率（VR）表：强化物之间的平均反应次数是预先确定的。比如 VR 设定为 10，即老鼠平均每 10 次反应后即伴随着一次强化，但强化可能是在 1 次反应后出现，也可能是在 20 次反应后出现。如赌博、彩票。可变比率表让你去猜测奖赏何时出现——你打赌它下次就出现，而不是许多次反应后才出现。可变比率表的名言就是："也许下一次就能成功"。

固定间隔（FI）表：强化物是在经过一个固定的时间间隔后，且老鼠第一次做出反应

---

〔1〕〔美〕格里格、津巴多：《心理学与生活》，王垒、王甦等译，人民邮电出版社 2003 年版，第 173～180 页。

时出现。如按月支付薪水。

可变间隔（VI）表：平均时间间隔是预先确定的。VI 设定为 20，则平均每经过 20 秒就出现一次强化物。如果课堂上常有临时、不规则的突然测验（突击检查），你就已经体会过可变间隔表了。你每天上课前都复习笔记吗？

比率程序表比间隔程序表的反应速率快。其中可变比率程序表产生的反应速率最高，抗消退能力最强，尤其是当 VR 值较大的时候。

（二）操作性条件作用理论的应用

刘某 3 个月内参与 5 次盗窃，价值 62 万元，且倒数第二次盗窃，一个晚上就得到价值 36 万元的赃物。按桑代克的效果律——跟随着满意结果的反应（盗窃），这个反应（盗窃）以后出现的概率会越来越大。就如刘某所说：

刘：以前是小一点，还好一点，心里确实是不想做的。到后来这一次，数额大，心里有一种想法，就是依赖这个事情，好像就是对这个事情……希望今后都能做到这样，来钱快一点。以前确实想过不要做了，但从这次金额大了以后，希望以后还能搞大，就没有想过停。

而且不去盗窃就没有钱，则更凸显了盗窃的好处——满意结果的反应。刘某以前确实想过不要做了，为什么？因为偷到的钱少，不满足。也就是跟随着不满意结果的反应（盗窃），该反应（盗窃）以后出现的概率会越来越小。理论上如此，现实是这样吗？对于刘某来说，不盗窃，意味着没钱生活。又因为从小到大娇生惯养，好吃懒做，吃不了苦，不想做要力气的活，也不想做钱少的活。加上盗窃的对象随处可见，诱惑极大。经历过一个晚上偷得 36 万元赃物的重口味的刺激，打工按月计算工资实在是无味了，太漫长了。所以，刘某若是不盗窃，生活又陷入一种不舒服的状况，"汽车安全带的蜂鸣器"这恼人的叫声就会一直持续，直至重新盗窃。就如刘某所说：

刘：我相信每一个在外面偷窃的人，他都希望这样，如果这一次只偷了一点，就会希望下一次快一点，快一点。哪怕是今天我刚偷好，明天再去偷，里面有一个动力在这里，推着我去做这样一件事情……我们也有这种感觉和想法，今天偷的钱很少，不满足，几个人吃一天饭就没有了，很希望天快点黑，快点黑，继续偷。

刘某走上了盗窃之路，短时间内获得巨大收益，良好的感觉，阳性强化着刘某的盗窃行为。不盗窃呢？又处于不舒服状态，为了消除这种不舒服的状态，缺乏其他选择的刘某只能继续走上盗窃之路，阴性强化着刘某的犯罪行为。从强化程序表来看，盗窃属于可变比率和可变间隔的行为反应，因而消除盗窃的可能性就更小。

以上是犯罪有利（眼前、现实）的一面，那么犯罪被捕入狱（未来）的风险和损失呢？刘某通过幻想和侥幸就解决了：

刘：案发地离我住的地方很远，属于两个地方管，心里想是不可能查到我，即使查到我了，我也说没有，抱着侥幸心理。

对于生活缺乏希望的刘某来说，被捕入狱的损失算什么呢？自然，犯罪就是一种选择！

四、角色扮演与自我反思

_____

_____

_____

五、问题与思考

1. 经典条件反射理论对狗有什么要求？这个要求对我们理解操作条件反射理论中犯罪行为的强化有什么帮助？

2. 该案例如何用社会学习理论解释？

3. 如何用社会学习理论的自我效能感解释刘某的犯罪行为？

4. 刘某从晚上 12 点开始盗窃，一直到早上 5 点，他的时间知觉却是一个小时都不到，为什么会出现这样的状况？

5. 为什么团伙盗窃重新犯罪的危险性高？

6. 一旦走上犯罪的道路，尤其是团伙犯罪，为什么难以终止？

7. 刘某的延时满足为什么差？

8. 对刘某来说，盗窃有哪些良好的感觉（正强化）？

9. 同伴关系如何影响犯罪的心理与行为？

10. 犯罪有眼前的好处和未来被捕入狱、损失的风险，刘某如何权衡？对刘某来说，又有什么损失（后果）可以阻止其犯罪？

六、摘要与关键词

摘要：_____

_____

_____

关键词：_____

七、延伸阅读

1. 电影：［美］马丁·斯科塞斯，《盗亦有道》，1990 年。

2. 电影：［英］丹尼·博伊尔，《猜火车》，1996 年。

学习情境二　陈某的盗窃案

一、学习目标

1. 掌握自我归类理论、萨瑟兰差别接触理论。

2. 掌握关键词：恐惧、安全、信任、管束、瘾、替代、同辈群体。

二、案例导入

（一）基本信息

陈某，男，30 岁，汉族，文盲，无业。出生后母亲离家出走，父亲在其 8 岁时去世，10 岁时因车祸致残。有三次盗窃前科，最后一次盗窃被判有期徒刑 15 年。

（二）访谈整理

问：现在的睡眠怎么样？

陈：不怎么好，总要胡思乱想，控制不了。怎么说呢？我的条件和别人不同，我出生在农村，一个不幸的家庭。我从来没有看见过我母亲，母亲和别人跑了。我父亲就老是喝酒，得了肝癌去世了，我一夜之间什么都没有了，我就一个人过。后面又出了车祸，突然之间少了一只手。为了生存，什么都干，没办法。我现在就在想，出去以后，怎么办？

问：你说的这些问题，其实你早就遇到了对吗？

陈：是的，不是我不想学好，以前被行政拘留，不代表我不想学好，而是我想学好，但没有那个条件。在我们老家那个环境中，我没有条件去学好，我得生存，我得吃饭，得有地方住，没有办法。我是残疾人，还是黑户，没有户口，找工作人家不要我，好不容易找到工作，因为人口普查，查户口，加上我有一些不好的案底，就干不下去，就重新犯罪了，不是我不想学好。

问：你比一般人更渴望学好是吗？

陈：是的，那时候在外头，已经被拘留过了，不想犯法了，就想学好，我渴望过一种平淡的生活，不想过提心吊胆的生活，连睡觉都睡不好，一天三顿饭都没有保障。

以什么为生？开始靠要饭，后面什么都干，什么脏活都干，吃别人剩下的。后面岁数大了，和闲杂人员混，被带坏了。看人家，一天到晚，吃喝玩乐，什么活也不用干，还有钱花，你就会有想法。我和几个同案就想怎么样来钱最快。我们出谋划策，有第一次就有第二次，就这么简单。我们逐渐走上犯罪道路，一发不可收拾，想退都退不出来。

问：为什么想退都退不出来？

陈：按照我自己的话，就是过惯了那种生活，花钱大手大脚的那种感觉。来钱快，花钱也快。没有了你就去偷，偷了再花，反正也没有人教，也没有想过做这些事犯法不犯法。被判刑以后知道了，了解了，犯法了，也有点后悔。在社会上又没有学好的条件，也没有办法，只能一切顺其自然。这也并不代表我想偷一辈子，我也想学好，可我没有那个信心。

问：学好需要条件吗？

陈：是的，我们什么都没有，要钱钱没有，房子没有，亲人也没有，你说我怎么弄？我们几个同案，在一起生活了八九年，简直是亲兄弟一样，比亲兄弟还要亲，我们吃喝什么都在一起。和他们一起，是我童年最美好的时光。不管能否吃到饭，就是患难与共，不是一两天可以培养的。我们几个同案，后来慢慢分开了，不是我们想分开，因为有人犯法了，判刑了，也不知道他们分哪去了。有2个，学好了，找工作了，也得到了社会的帮助。为什么他们可以得到帮助，我得不到？有时候想不通。我现在就是走一步看一步，也没有很远的打算。感觉社会不公平，对我不公平。

问：有哪些不公平？

陈：我曾经找一些政府部门帮助，那时候我十六七岁，找了民政局，派出所，残联，街道，等等，都找过。但一个部门推一个部门，他们把我当成什么了？有些愤怒和不公平。所以我就觉得，靠你们不如靠我自己，只是选择的方式不同，就是触犯法律。人家问我是否后悔，我说不后悔，只是我的生存方式不一样。我活了30年了，我不知道怎么样过来的，反正我知道我活过来了，活到现在，我已经很满足了，不管用什么方法。

我非常渴望跟你们一样，过老百姓的生活，不想触犯法律，非常想过正常人的生活，比你们渴望不知道多少倍。犯罪的生活我过够了，磕磕碰碰，非常累，感觉我活在这个世界上特别累，就是那种感觉。从学偷开始，我走上犯罪的道路，我就感觉生活特别累，还不如死了算了，有这种想法，有这个心，没有这个胆，确实是想死。

问：你以前有没有自杀过？

陈：想过，买把刀，在重要部位按一刀，不敢，有那个心没有那个胆。那时候是十二三岁吧，可能是某些事触发了我，反正我是感觉很累。接触到了一些事情，一些人，我感觉特别累。他们说我心态好，嘻嘻哈哈，谁知道我内心怎么想的？我有很多想法，梦想，但是都没有实现。除了服刑就是流浪，没有时间去实现这些梦想。

这次要是不进来，我是准备结婚的，我订婚了，是上门女婿，人家父母对我都很好，什么都弄好了，房子什么都有了。还准备给我过一个生日，从小到大我都没有过过生日。我对象和我说，生日那天让我娶她，我很感动。我在没有过生日之前被抓了。你说我后悔吗？我后悔！怪谁呢？只能怪我自己。这些事情都是以前做的，我是找到了工作，不干了，我的俩同案去了，我不想去，不去就不去了。结果他们被抓，把我以前的事情说了出来，我也只能面对现实，一五一十交代了。

问：渴望和希望，如果达不到，反差大，碰撞大，反而会犯更大的罪，对吗？

陈：可以这么说。这次出去以后，基本的东西如果都没有办到，我会再犯法，会更激烈地犯法，就不是偷这么简单，性质可能会更恶劣。条件允许，我会选择过平淡的生活，但没有办法保证一定会这样。

问：你觉得你的生活什么时候发生了转折？

陈：某些事，某些人，影响了我。看见别人有父母，领着孩子过节、玩，渴望那种生活。人家都有，我们为什么没有父母？为什么这么不公平？人家有钱，为什么我们没有？为什么我们没有家？为什么别人不要我们呢？干脆死了得了，活着真累，就这样想。尤其是我，他们（同案）是健全的，而我身体残疾是长时间、永远的。

问：你内心的痛苦比他们要多一些，所以你思考的也会多是吗？

陈：对！母亲没有看见过，父亲死得早，后面又有车祸，要什么没有什么。那我应该怎么办？怎么生活？考虑很多，人家考虑3步，我要考虑6步。在社会上，也是自己管牢自己，人家要找我什么事情，贩毒或者抢啊，我就说有事，先挂了啊，就关机了。他们找不到我，我就不和这些人来往，害怕禁不住诱惑。

问：能约束自己，说明你对生活还有渴望和希望，就是你一直说的普通人的生活。如果哪天你无所谓了，你就会去贩毒是吗？

陈：是的，以后出去绝望的话，就有可能去做。

问：出去如果能联系上以前的兄弟，你的生活是否又会多点希望？

陈：联系上的希望很渺茫，为什么呢？有2个已经学好了，他们不想接触以前的任何事和人，他们绝口不提，不想回想以前的事。如果我有一天学好，我也会这样做，把所有的事情忘得一干二净。我们都清楚，我们的渴求就是有一个家，这个家在我们内心永远排第一位。

问：以后会去找你妈妈吗？

陈：不知道，以前想过，找到母亲，我可能会报复她，骂啊，打啊，甚至疯狂地报复。大了就不是这个想法，毕竟是自己的母亲。母亲离开，不知道是谁的责任，是母亲的还是父亲的？母亲能不能认我也是一个问题，唉！

问：以前的兄弟，已经慢慢退出了你的生活，母亲就很重要，需要她来替代他们。

陈：我现在是理不出一个头绪。

问：你犯了罪，背后有哪些教训，能说说吗？

陈：为了生存，我们选择犯罪，除了犯罪生存不了吗？在我们那年代，我们那边，除了犯罪，我们真生存不了，没有什么别的方式可以让我们几个人立竿见影地都能生存下去。第一次偷了钱，挺后悔的，为什么后悔呢？虽然不知道是犯法，但知道是在偷别人的东西，是不对的。做完第一次了，感觉就变了，这个来钱真快，又换了一种想法。所以，又选择了第二次，就有了第三次，第四次，后来就越来越多，逐渐拔不出来了。想退都退不出来了。

有的人，偷东西不图东西，找寻一种刺激感，就为了要那种刺激感，其实他家里很有钱，就要找这种感觉。我们岁数大了，十八九岁就偷东西，对一些东西就不是太在意，无非是寻求一种刺激感，已经形成了一种规模了，已经形成一种模式了，替代不了了。所以，有时候你不去做吧，你还感觉少点什么。何况偷了这么多年，我也偷了有十几年了，结果到头来，除了服刑就是服刑，伤痕累累。

问：你说的伤痕累累主要是内心受到的伤害吗？

陈：对。在社会上，在偷之前，什么苦我们都吃过，在社会上，让人欺负，被打得头破血流。从我第一次被打，我的脑袋被砖头砸了7个窟窿眼，送到医院，抢救过来。从那天开始，我就发誓，永远都是我打别人，不得让别人碰我一下。哪怕付出我的生命，我都不得让别人碰我一下。

问：当时被别人打，是什么感受让你发了这样的誓？

陈：特别火。同样都是在社会上流浪的人，为什么人家能来欺负我？为什么我们要遭这个罪？我们想反抗还反抗不了，为什么？那次被打，是因为我们讨钱，讨到了一些钱，人家来抢，我们不给，他们就用砖头拍，在我的脑袋砸了7个窟窿，送医院了。从那天开始，我就和同案说，从今天开始，我发誓，只有我打别人，没有别人打我，宁可付出生命，我都觉得值，都觉得这个代价值。他们也发生过类似的事情。所以，我们一直的想法就是，宁可我们去欺负别人，去打别人，也不能让别人来欺负我们。社会就是这样，现实就是这样，弱肉强食，能生存下去，不管用什么方法，你能生存下去你就厉害。

问：我的理解是这样，为什么要发誓，要打别人？你们会觉得自己已经失去父母了，已经很可怜了，现在还要受到别人的欺负，就会非常愤怒。愤怒的基础就是对自己的怜悯，有多少自我怜悯就会有多少愤怒。

陈：当时是这种感觉，90%的感觉是到你说的这种地步。我们当时已经感觉自己够可怜的了，而他们，还要欺负我们。

问：很多犯罪人，已经处于社会的底层，如果受到不公平的待遇，受到欺负等，就容易爆发，爆发的基础就是弱者对自我的怜悯。你觉得你们是这样吗？

陈：是的，我们可能也是一样的。

问：你刚才说十二三岁以后有事情让你触动，感觉累，是否和异性有关？不仅仅是生理，还有情感的需要。

陈：是的，确实这样，特别关心异性。

问：由于家庭情感的缺失，对异性的关注和渴望就更强烈吗？

陈：特别强烈！

问：你觉得累，还有没有其他的原因？

陈：生活的累，具体是很多方面，过不惯这种生活，一些话我还不会说，不会形容。

不光是你说的，异性啊，母亲啊，身体残疾啊，等等，都压在心里。很多事情都导致我活着累，特别累，感觉没什么自尊。

问：你母亲不认你，也许是她有顾虑，毕竟30年没有见面了。你又多次进监狱，她的顾虑就更多了。

陈：我19岁那年，压得我心里很沉，当地的派出所已经找到母亲了。我让派出所的人转告母亲，告诉她，我就是想解开我心中的疑问，为什么离开父亲？离开家？离开我？然后，你爱上哪里就哪里，认不认我都无所谓。他们是原封不动地转达了我的话，我母亲说不认识我这个人，没有这么个儿子。不认我，为什么生我？让我遭罪，还不认我，何苦呢？为什么生我？我不知道母亲是怎么样的人。

问：原因谁也不清楚，也许她无法面对，你过得好，她还可以面对。你过得越痛苦，她越难以面对。

陈：也许是吧。我有一次在组里和组长差点因一句话打起来，写个人材料，有家庭住址，我没有写，因为我没有家庭住址，我怎么写？组长就骂我了，问我为什么不写？我就恼了，我连家都没有怎么写！是一下子戳到我的伤疤上面去了，我自己绝对清楚，有些东西我很避讳。

问：组长说了这句，是无心的，如果是故意的话，就更难容忍了。

陈：是的，都是无意的，也就相互道歉了。我怕管不住自己，忍一下，过一天是一天。你上次说还要找我谈心，我不相信，结果今天说有人找我，我想是你。我对你的信任，原来是50%，现在提高了很多，可能是80%，对政府的想法改变了一些。有一些东西我相信了，不代表每个人我都相信。对待你，是相信，还没有达到百分之百的相信，毕竟受到过伤害。

问：是的，需要时间。犯过罪的人，由于自己的经历，或是看见他人的经历，都可能会对人的信任度下降，影响他的人际关系。

陈：是的，我过独立的生活，过得太长了，不适合……我想融入这个大家庭，又融入不进去，我只能努力，尽可能融入这个大家庭。在外面我也是这样，跟朋友都不合群，我是尽可能融合到群里面，一起交流。但是改变不了，我还是喜欢一个人。

问：人际关系能提供物质、情感和智力帮助，能帮你想办法，选择性就多了。什么叫我也没有办法？就是身边没有人帮助了。

陈：对我有用的人，我会记在心里。我现在不像以前，小的时候非常冲动，稍微有一点火就动手，啪的一下，打过去，就被判刑了。对这个社会，我们从释放以后，服完第一次刑后，我可以这么说，我百分之百对社会不抱任何希望。为什么说不抱任何希望呢？我们老家那边，不是你们这边，我对任何人都不相信。你们就根本没打算帮我，对你们来说，有我没我无所谓。但能帮我的那些人，他们不帮我，反而寻找种种借口，还要欺骗我。

问：怎么欺骗？

陈：比如办身份证，我释放后，去我们那边的派出所，说办不了，我说为什么。他们说，我们这里有几份档案，你看一下，我就懂他们的意思了。意思是只要我帮他们抓到其中的一个人，身份证立马就给我办了。我当时真的动心了，真想去抓一个，因为那个时候真想学好，我真想交代，去抓其中一个人，然后拿一个身份证，去找工作，老老实实过一辈子，学好。可是我猛一想，听小道消息说，身份证最起码要一个月才可以办好，不可能马上拿，我感觉他们是骗我，我就走了。我后面了解到，是要一个月才可以办好，有必要骗我吗？他们欺骗我，一次两次三次，一次次就绝望了。我之前还安慰自己，他们不会骗我，从那以后就不相信了。

真心动了，身份证给我的话，我的良心也不安，不平静。现在岁数大了，想想当时要是做了，我会后悔一辈子，毕竟生活在一起的那么多年的兄弟，感情一直都挺好。

问：假如那天办案的民警说，要是帮我们找到人，身份证一个月给你，你会怎么办？

陈：那我也不答应。说实话，有可能我会考虑，不会立马答应，会回去想，这个事情能不能做？会给他们带来什么，给我带来什么？如果是立马把身份证扔桌子上了，说把人抓到了，身份证就给你，这个诱惑就太大了。

问：眼前的东西，诱惑就大，做了就无法面对。就像你母亲做错了，她也无法面对。

陈：我是能理解母亲，说出来了又理解不了。我去派出所找她，不理我，我自己找，去她工作的地方找，喊她的名字，看见一个女人，她跑了，人家说，那个就是你母亲。为什么不理我？难道还要我跪那里？母亲是压在我心里最大的石头。我知道如何改造自己，了解所有的改造模式，什么事该做，什么事不该做，怎么样可以加分，怎么样不扣分，我现在不考虑这些。我现在唯独考虑的就是母亲这件事，压在我心里，永远都是个结，永远都解不开。我想去解决，解不开，需要一个说法。本来可以找父亲求证，可是父亲不在了。

虽然和你谈心的时间不长，但有些东西说出来，心里特别舒服。没有这两次谈心，压在心里，我不知道会怎么样。跟你有些东西我敢说，跟其他警官我不敢说，忌讳一些。

问：谢谢能对你有所帮助，从你这里也听到了很多。刚才你说的，引出了很重要的问题，办身份证时，你一方面遇到了诱惑和希望，办身份证，想学好，去工作。另一方面是情感，和兄弟的情感，这里面有冲突。是否犯罪的生活也是如此呢？犯罪给你带来了提心吊胆、累，让你品尝了生活的酸甜苦辣，你想过普通人的生活，而且这个想法越来越强烈。但你又不得不走犯罪的路。这样的冲突，你是什么感受呢？

陈：有些词我不会说，形容不出来，立马说我说不出来。为什么偷？为了生存，不择手段。上次谈心的时候，我就跟你说过，我这么做，并不代表我想去偷，可是有些东西我控制不了，再加上我要寻求生存，还有寻求一种刺激，它已经形成一种习惯，它养成了，短时间之内，它改不了，需要时间，需要时间去慢慢推。

问：这个"推"字很好，就是用其他东西来替代它，推开它对吗？

陈：对，目前没有东西来堵住我心里的那个位置，把盗窃给堵住。我要学好，我需要时间去推移，把盗窃这个空缺，堵上。然后找另一件事情，或什么东西占据它的位置，这样，我能学好。

对偷，已经形成一种模式了，已经养成这种习惯了。有时候你看这个东西太好了，手痒痒的，想要。为了生存，为了以前找到过的那种感觉，偷的欲望特别强烈。刚开始偷，是为了生存，一两年以后，就变了，后面就寻求一种刺激感，因为喜欢上这种感觉了。然后你不去，你就不知道干点什么。

专门偷的人，不用说时间太长，五六年他就有这种感觉。偷过五六年，不管做了几次牢，都有这种感觉，控制不了自己，就想去找这种感觉。去找这种感觉，之后就被抓了。我是想学好，和政府保证，一定学好，两年多，一次没偷，就这一次学好了。

问：什么样的力量让你把瘾给控制了？

陈：大部分是工作、对象、对象的父母，我想这三点，很重要。几乎是百分之百，占据了我心里所有的位置，让我克制住自己不去做这些事。有2年5个月，我跟我所有的哥们儿，所有的朋友，社会上以前的兄弟，全断绝关系。我拿的是对象的手机，我对象把我的手机扔了，给我买了一个新的。

问：在这2年5个月中，去偷的想法有没有冒出来过？

陈：没有，一次都没有。我可以说，我这一辈子，过得最开心、最安心、最舒服的就是这两年。一天到晚，什么事都不用想，不用担惊受怕，一觉能睡到天亮，没有什么担惊受怕的事情。以前在外面睡觉，稍有一点动静，哪怕别人就碰一个玻璃杯，我都会醒，有那么一点点动静就醒了。哪怕我特别困，特别困，躺在床上吧，眼睛都睁不开，就是睡不着，不知道怎么回事。我在网吧里玩，眼睛都睁不开，看不见了，就是睡不着，没有办法，你还得硬挺着。怎么说呢，是一种高度戒备的状态，神经绷紧。反正稍有一点动静就醒了。起来看有没有事，然后就是迷迷糊糊的，就是高度戒备的这种感觉。有心事，你还不知道这个心事是什么，非常不安，可以这样说，你又找不着原因，到现在都没有找到，这么多年了，我都没有想出来。有点动静就睡不着，惊醒的感觉。想睡又睡不着，闹心的慌。人家都在睡觉，我们几个大眼瞪小眼，睡不着，想睡睡不着，一下子就惊醒了。这么多年了，从偷到现在，失眠的状态没有改变过，一直这样。入监后是好一些了，但这种东西还有。

和对象在一起，就没有了，一觉睡到天亮，那种感觉从来没有过，我特别留恋这种感觉。谁知道，同案出事了，把以前的事交代出来。公安来抓我，我说走吧，我就知道是什么事情了，什么都说了，没有必要瞒了。这样，对象没有了，工作没有了，出去以后怎么办？我为什么要寻死，不就是因为这些原因。

问：用死亡来替代失去的这些东西吗？

陈：是的，经过看守所警官教育，还是想活下去，我选择生，好死不如赖活着。父母把我带到世界上，父亲养我到8岁，要对得起我父亲。出去又感觉累了，我现在身上压的东西，就像压着大石头，在一块块搬，但是不知道搬哪一块？

问：以前一个犯人和我说，在社会上，跟一个女人分手，还可以找另外一个女人来替代。而在监狱，没有什么东西可以拿来替代，所以，以前的东西，过去，因为没有东西可以替代，反而变得更清晰。

陈：对，我也是希望通过这次改造，能把自己彻底控制住，把错误的东西从心里挤出来，彻底改变，我会去寻找这些替代的东西。母亲要是沟通好了，认我了，我心里很多的结，都解了，我就不会偷，母亲就可以把偷挤出去，我把母亲排第一位，把偷排第二位。母亲不认我，我就不知道会怎么样。有些东西不是自己可以控制的，我也想学好，但有些东西真不是自己可以控制的。偷挤不出来，就白改造了。

问：你想过没有，为什么工作、女朋友、女朋友家里的人，会有那么大的力量，让你2年多不偷？

陈：不说工作吧，对象和她父母，让我体验到什么了，你知道吗？家的感觉。这是我最渴望的东西，我体会到这种感觉。所以，我宁可放弃一切，也要这个东西，护着。有人欺负我心上人，我就是认死理，赔上自己一条命，我都会去报复，这是我的想法。有一次，她给我打电话，说有人骚扰她，我就去了，什么话就不说，直接就打，有时候打不过人家，我还打。宁可自己遍体鳞伤，为了心中的一种东西，一种感情，就是要维护她，哪怕搭上命也要维护她。就像她父母也是一样的，她父母有什么事情，我也会……

问：她的父母也填补了你父母的缺失吗？

陈：我是上门女婿，他们对我特别好，什么事都不要我做。到他们家里就看电视，想吃水果那里就有，我感觉浑身上下不得劲，那感觉就好像自己在人家家里是大爷一样。我条件不好，还是自己去找人家的，人家对咱这样，我感觉是找到了父母的感觉，找到我是孩子的那种感觉。我就特别渴望这种感觉，宁可放弃一切，也要去维护，就是这样。

问：他们知道你的过去吗？

陈：知道，我是一五一十说的。我刚处女朋友的第一天，我把我所有的事情都说了，我说我现在学好了，你要是和我处不了，我们就立马分手，现在还来得及。我对象和我说了一句话，以前的你是以前的你，现在的你是现在的你，我喜欢的是现在的你，不是以前的你，以后学好就可以了，我就记住这句话。我以前的朋友，同案找我，给我打电话，叫我聚一下，或者有些案子做不了，叫我去，平分，我说不去。那时候，考虑到她、她父母，会对不起人家。我对象和她父母就是拉我的人，把我拉出来，不知道这次放我出去有没有人拉我出来。

问：为什么可以把你拉出来？因为你的内心有这种需要。

陈：对的。这次要是没有学好，就破罐子破摔，反正一辈子就这样了。

问：会比较极端。一方面很想学好，但是达不到的话，就会走向另一极端。

陈：而且是极端的方面会特别大，我敢肯定地说。我是想找什么东西把心里的那个空缺给堵了，替代，再加上一些人和事情，帮我一下。

问：你很想过正常人的生活，但假如好人做不了，出于赌气，出于怨恨，去做坏人也行，去认同坏人，归属这个群体，也有归属感。

陈：有过，如果说我好人做不了，就像你说的，我就奔着坏人去，我不做好人了。宁可去做坏人，我不做好人。夹在这个中间难受，最不好的就是在中间。你想往这边走吧，你过不去，往另一边走吧，你又走不过去，很难受。我就是属于这种。我想学好，我又过不去，我又不想再继续干，我又不得不去干。我左右为难，两面都为难，都不讨好，难以自拔，动弹不了。要有人拉你一把，才能把你拉出这条线。

问：以前有没有一个阶段，你觉得自己是站在坏人里面的？

陈：有！特别糟糕，感觉是特别坏。

问：这个特别坏，特别糟糕，和中间的状态，你愿意选择哪一个状态呢？

陈：其实啊，说句良心话，我宁可选择坏的那一面，我不站在中间。如果是好人和坏人让我选择，我选择好人。如果好人我站不了，我会选择坏人，我不会选择站中间。因为那种感觉，太难受，特别纠结，怎么弄？横竖也不是。要我说啊，就是里外都不是人。

问：你刚才说站在坏人这里感觉比较糟糕比较坏，但是会感觉比较彻底，比较心安，是这样吗？

陈：对！就是感觉我心里的一块石头，放下了，落地一样似的。不管是做坏人也好，做好人也好，我不愿在中间，中间的感觉不好受，毕竟夹的不好受。

问：我这样说对不对？为什么宁可站在坏人那边，因为你对社会有不满，宁可做坏人，也不愿意去做社会希望我们做的好人。你偏要去做坏人，也是对社会的报复。而且大家也不理解你，不宽容你，不原谅你，不帮助你，你更有理由做坏人了。

陈：是的，我对这个社会有愤怒的情绪在里面，所以宁可站坏人这里。有一句话说得好，好人难做。为什么好人难做？人家不认同你。就像我这样，想去做一个好人，做不到，人家不要我做，不让我去做。不让我去做，我就会有怨恨和愤怒，那就宁可站在坏人这里。所以我去做某些事情，我就以坏人的标准。我既然已经是一个坏人了，为什么不可以做呢？

好人呢，我达不到那个标准，做坏人呢，我又可以做好。像我们，从监狱出来，想学好，想做一个好人，可是因为种种原因，我做不了好人。既然你们不让我做好人，我就去做坏人。坏人我肯定做得非常好，就是更坏，更彻底，堕落到最低谷，堕落到坏人的最低谷。就是你想好，你一时也拔不出这个圈子，跑不出这个圈子，你想出去也出不去。就像我们，想出这个圈，难！在我们老家那里，派出所，没有人不认识我。我就在这个小圈里头，我就是想出来也出不来，在他们的眼里，我就是圈里的人，永远学不好了。你们都这样了，我还干啥呢？

做好人难，其实，做一个坏人更难，更痛苦。我去做一个好人比较难，可我觉得做坏人更难更痛苦。做好人没有什么痛苦，做坏人痛苦的东西多，别人不认可你。我释放后，我们老家，不认可我这样的人，不接受我这样的人，因为我身上有污点。我过得是人不人、鬼不鬼的生活。一天到晚担惊受怕。在外头，我的睡眠，哪怕有一点动静，我就醒了，就惊醒了，醒了以后就睡不着，就失眠。一般情况我不吃药，是药三分毒，坚持不住了才吃药。我们的痛苦，你们理解不了。我也难以形容这些痛苦，就是感觉活着很累。

问：你已经好几次说到了累，痛苦。

陈：是的，累得要命。哪怕我一闭眼就过去了，我都愿意，我就感觉解脱了。自杀需要非常大的勇气，我做不到。我们的背后有很多的痛苦，社会不认可我们，找工作，人家知道你是释放的，人家不要你，不认可你，害怕你，看不起你，你就又有另外的想法。一次我在网吧工作，老板对我不信任，我心里感觉不得劲，不干了。当我去那个网吧玩呢，老板也就没有这种戒备了。别人有了戒备，就不相信我，就无法融入这个圈子里。我们老家那里，我融入不进去，我就换一个城市。我再走回头路我就彻底拔不出来了，如果再走一次，我就感觉这辈子完了。就破罐子破摔，爱怎么地就怎么地。

问：出去再走这样的路，也就意味着你控制不住自己，对自己失望和愤怒。

陈：不是对自己失望，要是再犯罪，对我自己的愤怒没有了。这次释放以后，失控的话，对自己就没有愤怒，全都是对外了。对一个想学好的人，明明能办的事情你们不办。

问：是否可以这样理解，想学好，内心对自己还有约束和控制，就会对自己有期待。去犯罪，就是失控，就会对自己失望，自然是愤怒的。不想学好，对自己就没有约束和控制，哪怕再犯罪，因为没有失控、失望的说法，自然对自己也就没有愤怒。对自己的愤怒越少，实际上是因为对自己的约束和期待越少。

陈：是的，再走这条路，反正就是一死，一条命。我幻想过，这条路，是极端的路，下场非常惨，想想都感觉害怕。

问：一次次牢狱，里面的痛苦，使得你对自己有一种怜悯，你也不想对自己再有什么约束和要求。因为自己已经这么可怜了，干吗还去约束自己呢？

陈：对，我感觉自己很可怜了，我还去约束自己干吗？自己何苦来呢？做给谁看呢？我是这样想的。

问：你说的，做给谁看呢？学好，是为了自己，还为了心里的那些人。心里如果没有人了，自己也就不存在了，就不需要学好了。

陈：对，人，就像是阀门，你把这个阀门拿开了，水就流了。我现在就是这个样子，约束、挡我的东西没有了。

问：你以前感觉生活恐惧，睡觉睡不好，究竟怕什么？

陈：除了公安抓，害怕什么还真说不出来，稍有一点动静就惊醒了，我自己都不知道，确实是不知道。我的几个同案也这样。到底害怕什么，谁也说不出来，心里就有一种害怕的感觉，惊醒以后，睡不着，就像做噩梦的感觉。我最近一段时间做噩梦，梦到判我死缓，因为我偷东西，把人给杀了。醒了以后，脑门全是汗。

问：犯罪，对别人是一种伤害，你信不信报应之类的说法？

陈：有过遭到报应这样的想法，但不是太强烈。具体害怕什么说不清楚，我只能说清楚50%，剩下就是空白。到底害怕什么？说不清楚，害怕越来越多。良心的谴责也好啊，就是说不出来，你就不能把其余的 50% 翻开来。

问：你说的翻开来，很形象。

陈：到底害怕什么，我自己都不知道。对我来说就是一个谜，我解不开。有可能时间长了会慢慢想清楚，需要时间。学好了以后，我想可能会翻开。我一直在这个圈子里，可能没有机会，要是我跨出这个圈子，我可能知道害怕什么，到底是害怕什么玩意儿。

问：你接触的人，什么样的人都有，吸毒、杀人、抢劫，等等，可能和缺乏信任感和归属感有关对吗？

陈：是的，没有安全感，我现在就没法和别人交流，交流不到一块去，很难沟通。我逃避他们，很避讳。做了不好的事情，怕被人说。我感觉生活在一个黑匣子里，走不出来。

问：你用了"黑匣子"，说明你是恐惧的。

陈：我就害怕生活在黑匣子里。孤独肯定是的，毕竟一个人生活了这么多年，不合群，孤僻。以前岁数小，很多事不懂，现在大了，慢慢懂了，不会破罐子破摔。说句心里话，服完这次刑以后，我再也不想服刑了，再也不想进劳改部门了，任何劳改部门我都不想进了。如果我下次让自己彻底失望了，我不进劳改部门了，我会选择不改造，我会选择一个人，去死，不想被抓了，我接受不了这个事实！

问：犯罪行为也是自伤。就像你，不想再进来了，就选择死，但是你自己又下不了手，就选择外在的力量，如法律，来惩罚你，解脱自己。就会做大的、极端的案子，用判死刑来实现自杀，间接完成你的想法对吗？

陈：是的，我的这个想法非常强烈，我宁可自己死，也不愿意再进来，因为我接受不了这个事实。

问：恐惧，也源于不安全感。从小，你的母亲抛弃了你，这种恐惧是最原始的。父亲生病去世，你无能为力，包括后面手臂没了，也是你无力控制和改变的。无力控制和改变的东西，都会让我们心生恐惧，你发现生活中还有很多东西无法控制，失控，所以恐惧，是这样吗？

陈：是的，我也想过，我要是岁数大一点，能不能接受这些事实？一夜之间什么都没有了，父母没有了，房子没有了。岁数大的话，我会选择死亡。那时岁数小，还不懂，逐渐挺过来了。

问：恐惧，和你被抛弃，肯定有关。恐惧不一定全是犯罪带来，本身的生活经历，生存的恐惧，让你不安。入狱了，你发现自己是渺小的，也会恐惧。

陈：这次进来，女朋友提出分手，我也有种被抛弃的感觉。

问：女朋友提出分手，感觉被抛弃，会让你回想起被母亲抛弃的感觉，有点类似。

陈：对！牵扯到了以前的东西，怕被抛弃，或者怕被别人欺骗。跟对象的事情，容易牵扯到以前的事情。现在想通了，还是分开好。

问：你的生活中，除了女友，还有什么人让你印象深刻？

陈：收养我的人，感觉社会上还是有好人的。收养我的是一个女的，没生育能力，她开了一家小超市。她看我在乞讨，就收养我，她对我好，要什么买什么。让我给她看超市，她几乎就不管了，就叫我管，那里有服务员，我就收收钱就可以了。

还有一个就是我会有看不惯的事。火车站那里有很多孤儿，有一个男人控制他们，他也就是二十来岁，打这些孤儿，叫他们去要钱。有一次，那个男人看中了一个小女孩，想占小女孩便宜，女孩不肯，就一顿打。我们中的一个拿了刀就过去砍了，我们一看就跟过去了，和他们打了起来。派出所知道事情后，就把我们放了。后面女孩就和我们走了，到我们老家这里。后来，我看不惯的事情多起来了，为什么都是人，却做这样的事情？所以感觉不公平，尤其是对弱势的人，就会有想法。

问：什么样的想法？

陈：就是自己要变强，具体我说不好，变到什么地步说不好，要变到别人不敢欺负我这个强度吧。

问：后面你和收养你的那个女的怎么样了？

陈：当时是我跑了，要是没有跑，我的路就不一样了。我的干妈，她的超市就是我的了，很后悔当时跑出来。就像我和你说的，我们几个人过惯了自由自在的生活，过惯了这种生活。有约束的话你受不了，接受不了。我干妈不准我出去，要么在家里，要么在超市。在外面散惯了，玩惯了，一下子有人管，就好像脖子有一根绳子勒着，喘不过气来。实在不行，就跑出来了。我和干妈住一块儿，那时候有一种家的感觉，母爱的感觉。这种感觉，让我克制了一年多，实在是克制不住了，就跑出来了。干妈找了我好几次，我都不回去。我和干妈就实话实说了，我说在外面惯了，干妈说我不约束你，你想干吗就干吗，我还是没回去。

问：为什么你体会到了家的感觉，母爱的感觉，你还出去了。这种自由自在惯了是什么样的感觉？

陈：一个人在外面，你想干吗就干吗，想做什么事情就做什么事情，没人管你，你想怎么地就怎么地。你想几点睡觉就几点睡觉，想去干活就去干活（偷），时间长了，过惯了无拘无束的生活。唉！当时年龄小，年龄大了就不会了，小孩喜欢玩，我是后悔的。

问：最有力的能拉你的，是你自己的家庭，孩子，妻子，对吗？

陈：是的，以前我从来没有想过结婚，就是处了这个对象以后才想，头一次。玩了这么多年，混了这么多年，第一次。我感觉很幸福，非常强烈，婚纱照也拍了，房子也弄好了，装修好了。我是快过生日的时候出事了。我就和她讲，希望她以后结婚成家，有自己的孩子，她笑了，这是我的美好的回忆。

问：你出事情，因为偷而被抓，这个偷是在和这个对象交往了以后去偷的，还是和这个对象交往之前偷的？（开始陈某说和对象处了2年多，就没有偷过，被抓，是以前的旧案。通过后续谈话发现，和这个对象相处后还是做过案）

陈：是相处以后，我对象出差，没有人管，同案来找我，说挺大的，我说不去，他就劝我去，有好几十万块钱。

问：是不是因为瘾，手痒就想去了？

陈：我不是手痒，偷就一个目的，偷一些钱，给我对象，让她过好一点，不是手痒去的。有几十万块钱，也可能有一百万块钱，几百万块钱，诱惑力很大。

问：你考虑过后果没有，有可能把好不容易建立起来的幸福毁了，你当时如何权衡？

陈：我也是抱着侥幸心理，我的同案不可能出卖我，唯独这点我没有想到。他们知道我快结婚了。后面我眼皮老跳，就感觉要出事。我被抓的时候，我都没敢和对象说实话，我就说去公安那里证实一点事情。做这个案子，我是保证肯定不会出事，他们不把我供出来，我就可以闯过去。没有想到他们会把我供出来，他们两个因为做其他的案子一起被抓，结果把我们3个人一起做的案子也供出来了。也是我没有管住自己，有侥幸心理，我感觉是天衣无缝的。就是弄点钱给对象，结婚以后，到底能过得好一点，不能老让她父母出钱，就是这样，哪怕就是冒生命危险，我也要去弄这些钱。

问：你考虑过后果没有？一旦被抓，你把自己就毁了。

陈：没有往这方面想。

问：坏的方面想得少，都往好的方面想了吗？

陈：我想肯定出不了事。宁可拿不到钱，也不能出事，大不了不偷了，跑。

问：侥幸心理是幻想，一厢情愿的幻想，往好的方面的幻想，把不好的东西弱化。说白了，是否去偷？你的内心早已知道，你肯定要去做，只是还少个理由，少了一个安慰自己的理由和借口而已。

陈：也可以这么说。要是对象在的话，就会不一样了。我对象不在，没有了压力，没有人管了，去了就去了，谁怕谁。

问：最后偷了多少？

陈：150多万块钱，都是金货，黄金，金条，金锁和金项链。我分到了50万块钱，我没有花多少，我花了不到5000块钱。当时非常紧张，开心也有。因为案子大，我怕不能保住这笔钱。所以，没有开心几天，紧张了一个月。我没敢花，因为这么多的钱，公安在查，要破案。我们老家那里，很多人认识我，大手大脚花钱，人家一看，哪里来的钱？突然有钱了，就会去调查，不敢花了。不敢大手大脚，只能一次花几百块钱，试探一下。还有公安的眼线，又不能存，我又不敢到外地去。短时间内不敢轻举妄动。

问：这样也比较痛苦。

陈：是啊，50万块钱，一个月花了不到3000块钱，还不敢花，心里痒痒的，忍着。大案，公安机关肯定重视。我和朋友说，不要大手大脚花钱，结果他们两个不是这样，去赌博了，第一次就输了10万块钱，周围的人就感觉不对劲，哪里来的这么多钱，我们那里地方小，这个消息传得很快，而且还有眼线，公安很快就盯上了。

问：还想和你聊聊，以前经历过生死，对生活有什么影响？你对生命的理解是什么？

陈：感觉生命珍惜，生命可贵。一个人一生有多少长时间啊！特别短暂，应该更加珍惜。我经历过3次生死，第一次是小时候的车祸，差点死掉。第二次是生病，医生说晚送几分钟我就不行了。最后一次是打架，被捅了一刀。我就感觉生命特别宝贵，我要好好活，什么是好好活呢？就是过平淡的生活，不想提心吊胆。

问：你更想过有钱人的生活吗？

陈：是的，更想，如果说不想，是假的，谁不想过有钱人的生活？你得有那个能耐，但我没有那个大能耐。我也想过得心安理得，良心上过得去。但每盗窃一次，心里就会不得劲，七上八下，特别不舒服。

问：不舒服了，就尽量让自己过得舒服一点，享受一点，尽可能如此，对吗？

陈：对！哪怕是做坏人，也要过得开心一点，开开心心的。人都想过舒服一点。我的内心是有一层层的东西压着，累，常年累积下来的压抑，七上八下，压抑！所以，我的想法非常强烈、非常强烈，一个是过有钱人的生活，一个是过普通人的生活。我现在不想过有钱人的生活，因为要付出很大的代价，这个代价太大了，也有可能付出我的一生。我就选择过普通人的生活，也非常强烈，压过了过有钱人的生活。

问：经历了生死，你更渴望过普通人的生活，当这些得不到时，反而加速了你的放纵是吗？

陈：是，可以这么说。就像我们偷似的，反正我们已经偷了一起、两起了，也不差三起四起，对不对？

问：当你的犯罪行为越来越多的时候，你感觉自己的这条命越来越不值钱吗？

陈：对！我会，可以说从偷开始，到17岁，我感觉自己都是烂命一条。但服完了第一次刑以后我不是这么想的。

问：为什么？

陈：应该是监狱警官的教育，耐心教育。具体是什么，时间太早了，记不起来了。是我第一次坐牢，坐了四年，在老家的监狱，被关禁闭了。出狱以后，感觉生命越来越重要。以前不怕死，后来我就害怕，打架怕死，人家拿刀砍我，我会害怕，会跑，不像以前，会拼命。

问：犯罪的生活很矛盾，一方面在犯罪的痛苦中感觉生命的可贵，另外一方面，又伤害自己的生命。矛盾，冲突，焦虑，自然累。

陈：是的，又没有办法不去，我左右不了，我还是选择了错误的做法。还有就是这个社会太不公平，其实老天爷是公平的，只是人们对生命含义的理解不一样。

问：其实生活也给了你机会，你的干妈，还有女朋友，但你没有抓住。

陈：老天爷也是公平的，就看你怎么样去看了。有些贩毒的，赚了很多钱，被抓了，什么都没有了。钱多了不是好事，钱少了也不是好事，够用就可以了。

问：还有，盗窃的时间久了，你会有刺激的感觉，那究竟是怎么样的感觉？

陈：给你打一个比方，就像吸毒，不吸毒了，身体就像缺东西，感觉身体很难受，身体里好像有蚂蚁，咬你。我也可以这么说，我要是不去偷，我也感觉身上缺东西，也会不舒服，浑身上下不舒服，在哪个地方缺少什么东西了，特别不自在。偷完一次，偷了，不管偷了多少，就舒服了。当然，还可以满足虚荣感，有可能这样说不恰当，偷能满足虚荣心，物质上的需求。

问：你几岁开始偷的？

陈：8岁多一点。第一次是偷别人放在门口的铁块，第一次作案，想不到就这样"成功"了。我们生活的环境不一样，我满社会溜达，什么样的人都看见，什么样的事情也会听见，也会动心的。因为过惯了无拘无束的生活，顺手来钱，花钱大手大脚，过惯了这种生活，冷不丁想改，需要时间。回归社会以后，不犯了，嘴上是这样说的，但是需要很多实际的条件。能否管住自己，不是自己说了算的。没有饭吃，怎么整？没有房子没有地方住，怎么整？为什么人家有钱，自己没钱？我就会老是跟别人比。

问：你会和哪些人比？

陈：我很少和我认识的人比，一般都是老板，有钱人，还有普通老百姓。不过跟普通老百姓比得少。老百姓的平淡生活，有钱人的有钱的生活，为什么我都得不到？就感觉特别沮丧和不平衡。每个人都想过有钱人的生活，谁不想自己有钱？我的一半的人生都在这里，我一无是处，要钱没钱，要房没房。看有些人花钱不当回事，而我们一天到晚为了钱，累死累活，就感觉不平衡，这种感觉特别重，所以我就喜欢偷有钱人。

问：有人说，偷难戒，因为能偷的东西到处都是，每天都能看见，是这样吗？

陈：是的，不偷手痒痒。还有，拿认识的人和不认识的人的东西，感觉不一样。认识的人没有那种感觉，不认识的人有那种感觉。拿认识的，相互熟悉的，不用偷，不刺激。把不认识的人的钱包拿走，偷偷拿走，别人逮不着，感觉我的技术有长进了，或者说偷的技术高明了。我以前也偷过钱包，后面不偷了，是九岁十岁的时候偷过，我们是擦着身过去的时候就拿走了。我们跟着大人学，看他们怎么偷。我们就做实验，来回做实验，反复做，反复练，有时候一天做几百次，一擦身过去就给你拿走。有时候我的香烟、钱包被他们拿走我都不知道，不知道是谁拿的。我拿他们的，他们也不知道，大家觉得也很好玩。偷钱包来钱太少，不过瘾。后面感觉不够花，来钱有点慢，就选择入室盗窃了，钱包就不偷了。以前我们偷一些小钱，几个人，最多一个晚上作案十多起。当然，入室盗窃相对风险也比较低，不太会碰到人。

问：放弃偷钱包，是因为偷的都是小钱，不满足，是吗？

陈：对，不满足。做了十多起那次，连续的，天一黑，八点多，偷到第二天早晨四点多，偷的满足不了我们。偷个几百块钱不够，我们需要几万块钱，做了十几次，也还是没有满足。特别失落，忙活了一晚上都没有满足，感觉特别失落。

问：失落感推着你继续去偷，满足感也推着你，效果是一样的。两者也有区别，满足的推动力，是指向将来，是幻想的材料。而不满足，则是指向最近的行动，马上就想去偷，是吗？

陈：是的，第二天，休息到晚上八点，又去了。我们偷的时间太长了，很难戒，放弃偷，用什么东西来补充呢？

问：你说过，你不喜欢被别人管，约束。所以，你的婚姻，会增加对你的管束约束，工作也是，是这样吗？

陈：也可以这么说，但是我的对象对我过问不多。

问：婚姻会给你约束，但你和女友订婚后，你还是去偷，哪怕真丢了婚姻，你也能接受。工作也是，也有约束，有时候不是说找不到工作，而是不愿意接受那个约束。工作了，又要受管了，几点上班下班，有人管理。正常的生活约束相对比较多，而你的生活却是约束比较少，从小很少有人管你，其实你8岁以后就没有人管你了，你的习惯会更强烈，更习惯无拘无束的生活模式，是这样吗？

陈：可以这么理解。还有就是不劳而获，老想不劳而获，不付出就想拿到这些东西，形成习惯了，形成模式了。从偷一些小钱，逐渐形成一种模式，按这个路线走了，没有任何人管你，没有约束，不管是我干妈也好，朋友也好，对象也好，都没有管住我，或者说很难真的管住我。我养成了一种习惯，想改也改不了，在外面是自由惯了，受不了这种约束和压力，这种感觉，所以我选择自己逃开了。

问：甚至有时候你都不愿去约束你的情绪对吗？

陈：就不去约束，几乎就没有约束，情绪想怎么发展就怎么发展，个人的情绪就顺其自然，走一步看一步。在监狱里面就不能这样。

问：干妈也好，婚姻也好，都是你改过自新的机会，也是约束。你过惯了自由的生活，过普通人的生活不仅仅需要物质，还需要有管束自己的心理因素。

陈：是的。干妈管我，是需要我慢慢接受的，但我接受不了，还是扭头就跑。婚姻也是，没有管住我，经不住钱的诱惑，怨自己。想出去吃饭，就给朋友打一个电话，想干什么就干什么。没有钱就偷，去拿，我们不叫偷，叫拿。拿了再去玩，没有再去拿。感觉是非常……特别的好，喜欢这种感觉，衣来伸手饭来张口，来钱快花钱快，没有钱了出去转一下，钱就来了。开始会有害怕，会有内疚，但越来越少。

问：想过正常人的生活，就会有人管，有规则和责任约束，和你想过的自由自在的生活是矛盾的对吗？

陈：是的。我最大的原因是家庭，母亲离开了这个家，在外面看见有母亲拉着孩子的手，我看见这个……当时要是我能看见母亲，我可能会捅了母亲。人家的父母带着孩子，上哪里玩，开开心心的，我当时都在暗地里哭。

问：母亲不在或不认你，父亲也不在了，你就可以彻底地犯罪，没有牵挂，无拘无束了对吗？

陈：是的，无牵无挂，大不了一死，无所谓。

问：这个时候对母亲没有恨了吗？

陈：是的，无所谓，有她没她都无所谓了，也就不恨了。没有她，我要过得更好，我选择了犯法。别人都说母爱是最伟大的，但我体会不到，最重要的东西没有体会到，我白活了。这个对我是意义重大的，为什么不给我回信？不认我？我无法原谅她，她在我脑子里是很模糊的。要是出去了她还是不认我，我就彻底从脑海里抹去她。

问：母亲对你的生活影响很大，她对你产生了怎么样的影响呢？

陈：改变了我的性格，让我封闭自己。再加上在社会上受过欺骗，朋友啊，小姑娘啊，我都被骗过，感觉世界上没有什么人可以相信，没有任何人可以相信。

问：缺乏信任感，是因为母亲都可以抛弃你吗？

陈：是的，自己的亲生母亲都可以抛弃自己的儿子，还有什么不可以抛弃？加上经历过的事情，她都不要我了，还有什么人值得我去相信？就像一扇门，本来这扇门是开的，对外，对所有人都是敞开的。可是，从那次以后，就关上了，加上以前被欺骗的事情，彻底关上了，永远不开了。

问：门里面有没有你的兄弟？

陈：没有，因为也吃过他们的亏。怎么说呢？我不愿意说这些事情，为什么？有几个，心不一样，利用我，把我出卖了，为了检举立功，出生入死的兄弟能出卖我。以前的对象（不是最后一个）可以欺骗我，朋友之间相互利用，出卖，欺骗，都对我的伤害很大，这扇门就慢慢关上了。这个大门没有对任何人开过，任何人！没有信任。我干妈对我最好，我对她也没有打开过，为什么没有打开过？可能是过去我受到的伤害太大，不想接受，不敢接受，不想再受伤害吧，害怕接受不了，所以，这些事情我不想去说。

问：这也是一种孤独。

陈：为什么不想说，烦，闹心，就不愿说，说完就烦，越想就越烦，受不了。兄弟都可以出卖我，在一起十来年的兄弟。我想不明白，出卖我，换取……我们是一年365天都是在一起的，比亲兄弟还亲。这个圈子勾心斗角，我其实不想在这个圈子里，在这个圈子里都是相互利用的，可以这么说。

问：里面总有不一样的人吧。

陈：都是相互利用。小时候还可以，十一岁以前还行，开始的五年还可以，后面就不行了。我们都共患难过了，一年365天，天天在一块，比亲兄弟还亲，但到后面都是相互利用，看你没有利用的价值了，就把你踹了，没有利用价值了，就卖了你。我是没有完全相信过人。我会相信我对象，最后的对象，为什么我相信她？她平时都不过问我的事情，有事情都和我说，我出去了，我瞒着她，她也不过问。

问：最后这次婚姻还是很可惜的，快结婚了还去盗窃，结果进来了，是吗？

陈：可惜是可惜，我出去以后，就不好找对象了。找这样一个女的，简直是大海捞针，不好找。我长这么大，很少相信人，但是我相信她，她不会糊弄我，不会骗我。我以前说过，我不想她跟我吃苦，这是我最后还去偷的主要原因。这次去偷有一百多万块钱，这是主要原因。犯罪的后果我想过，我必须拿到这笔钱，不能让她吃苦，就是这样。我看她开心的样子，很开心的笑，我也开心，我自己也没有做过什么开心的事情，我进来了也不后悔。我被出卖的事情多了，没有想到是朋友出卖我了。到这个地步，感觉是地狱，生不如死。

问：地狱，生不如死，具体是什么感觉？

陈：比如我长时间的失眠，圈子里人与人的利用，勾心斗角，还有提心吊胆，都包括在内了，我感觉活着很累，我在这个圈子里活着很累，做人很累，我不想在这个圈子里。我想换一个地方，简单一点，不要勾心斗角。我不想过这种生活，过简单的生活，一天到晚，你掖着藏着，我也掖着藏着，相互算计，算计我的钱，算计让我出事情，我也就防着他们。我的感觉是越偷越厉害，案子越做越大，感觉是要走到头了。我是希望母亲给我一颗定心丸吃，我渴望母爱。出去都40多岁了，在母亲面前，我还是孩子，希望母亲给我动力，定心丸。

问：母亲是根对吗？

陈：是的，是根。没有母亲，可能会找干妈，或者对象。对象已经有自己的生活，不知道到那时还能说什么。干妈有2年没有联系了，不知道电话是否可以打通。

问：想学好，母亲、干妈和对象可以帮你，如果想学坏，这些人就是阻碍了。你越痛苦，"母亲"就会越重要。

三、理论分析

（一）自我归类理论

自我归类理论包含个人同一性和社会同一性。个人同一性指的是个人认同作用，或"通常说明个体具体特点"的自我描述，或者个人特有的自我参照。而社会同一性则指社会的认同作用，或是由一个社会类别（种族、性别、职业、民族、团体以及其他组织）全体成员得出的自我描述。

特纳（Turner）认为，个人同一性与社会同一性代表自我归类的不同水平。这一论点基于两点假设：其一，行为的基础是认知—知觉性的；其二，一组社会分类时时刻刻与自我一起使用。自我分类是把一组刺激当作完全相同的而与其他组区别开来。

个人同一性指的是自我分类，它根据个人与他人的不同而把自己定义为唯一的个体。社会同一性是指对自己和他人的社会分类。社会的自我分类则根据他或她与特定社会类别成员所共有的相似性定义个人。因而，社会同一性更正式地从属于共享的社会分类自我（我们对他人，群体内对群体间）。

这个理论认为，在某些时间内，自我被界定并体验为与其他相对社会阶层完全等同或相似的个体。因而，我们是依照他人来定义自我，自我可以作为一个社会集体而被有效地界定或主观地经历到。由于共享的社会同一性变得很突出，自我知觉便趋于去个性化。也就是说，个体趋向于把自己更多地看成是一些共存的社会类别的成员，而很少把自己作为一个不同的个体。例如，当有人将自己归类为女性时，那么，她就会主观地倾向于加大与其他女性的相似性（减少与其他女性的差异性），提高知觉上与男性的差别。

自我归类的情景依赖性。自我类别是个人的社会定义，从与他人的相似性和差异性社会关系来说，他们代表了社会方面的知觉者。自我类别表示情境中的个人的社会方面，它们随着情境而变化，而不随个体特性而变化。它们是知觉者对社会背景进行的界定，是根据他/她的背景性质作出的个人定义。自我类别的意义与形式来自知觉者与社会情境的关系。自我类别是实实在在的，它们的改变与社会现实的改变有着系统的联系。自我归类是比较的、天生可变的和依赖情景的。那么，自我就不是一个固定的心理结构，而是表达了动态的社会判断过程。[1]

（二）自我归类理论的应用

几乎是文盲（小学读了1年多）的陈某，直至犯罪被抓，没有求学、就业的经历，没有婚姻和孩子。陈某的生活从社会角色的角度来说，是简单的：

陈：除了服刑就是流浪，没有时间去实现这些梦想。

因为社会角色缺乏，陈某的自我归类也简单，简单往往意味着极端——好人和坏人，甚至对他的分析也变得简单。陈某的自我归类，是将自己归于坏人，站在坏人这里。因为犯罪生涯中的恐惧、不安和反复出现的"累"，陈某渴望过普通人的平淡生活，甚至比普通人更强烈。却由于不犯罪难以生存，犯罪的自由、刺激和快感，不愿被管束等原因，陈某难以回归普通人的生活。若是处于这种"中间"的冲突状态，则十分难受！

陈：我就是属于这种。我想学好，我又过不去，我又不想再继续干，我又不得不去干。我左右为难，两面都为难，都不讨好，难以自拔，动弹不了……因为那种感觉，太难受，特别纠结，怎么弄？横竖也不是。要我说啊，就是里外都不是人。

最终，陈某说了一句实在话：

陈：其实啊，说句良心话，我宁可选择坏的那一面，我不站在中间。

他做了自我归类、站位和认同。为什么做这样的自我归类？

第一，对于陈某这样经历的人来说，哪怕过一个普通人的生活也不简单且不易，需要很多的学习（社会适应），需要很多的艰辛、坚持和努力，还有很多的责任和约束。

第二，出于报复社会的情绪。陈某过不了普通人的生活，需要难以被满足，则从生活中找理由（外归因），就会将难以满足的需要所产生的情绪转为对社会的愤怒。就如陈某所说：

陈：不让我去做，我就会有怨恨和愤怒，那就宁可站在坏人这里。所以我去做某些事情，我就以坏人的标准。我既然已经是一个坏人了，为什么不可以做呢？……坏人我肯定做得非常好，就是更坏，更彻底，堕落到最低谷，堕落到坏人的最低谷。

第三，圈子。陈某的圈子，一个是他自己内心的选择，还有一个是他人给予的：

陈：就是你想好，你一时也拔不出这个圈子，跑不出这个圈子，你想出去也出不去。就像我们，想出这个圈，难！在我们老家那里，派出所，没有人不认识我。我就在这个小圈里头，我就是想出来也出不来。在他们的眼里，我就是圈里的人，永远学不好了。你们都这样了，我还干啥呢？

归了类，他心里的一块"石头"放下了，落了地。在该案例中，选择了自我归类理论而没有选择标签理论来主解陈某的行为，是因为自我的归类理论比标签理论更贴合案例。

---

〔1〕 ［英］艾森克：《心理学》，阎巩固译，华东师范大学出版社2000年版，第528~533页。

对陈某来说，老家那里的标签——大家都认识他，是容易逃避的，可以远离家乡，到一个无人认识的地方。而内心对标签的认同和自我归类、无形中的公安联网信息（身份）、内心的恐惧和绝望，却是无法逃避的。

当然，该案例也可以从萨瑟兰的差别接触理论去解读。萨瑟兰发现，现代社会存在着各种各样正常的冲突，这些冲突同时也反映在民众对待违法的价值观和对待守法的价值观上。由于人际互动，人们经常暴露在不同的文化信息中，不同的文化信息，影响人们守法或违法态度。

犯罪这个学习过程可以用以下九个命题来表达：犯罪行为是学来的（与天生犯罪人的说法正好相反）；犯罪行为是在与他人沟通互动的过程中学来的；学习犯罪的主要部分是从比较亲近的人那儿学来的；学习犯罪行为的内容包括：犯罪技巧、犯罪动机、驱动力、合理化技巧、犯罪态度等；犯罪动机的取舍，主要来自学习守法与违法哪一个对自己比较有利；一个人之所以成为罪犯，是因为他觉得违法比守法对自己更有利；"差别接触"取决于和罪犯接触的频率、持续性、重要性、强度；犯罪学习过程与其他一般行为的学习机制或过程无异；虽然犯罪行为是一般需要和价值的一种表现（如致富、功成名就、泄恨等），但却不能用一般需要和价值来解释犯罪，因为非犯罪的行为也同样是需要和价值的一种表现，换句话说，一般人面对这些问题不会随意以违法来表达这些需要。

与违法者或违法态度接触得越亲密、越长久、越频繁的结果是让人们习得犯罪行为的技巧、态度、动机，并易于合理化自己的犯罪行为。差别接触理论就是指个人长期习得违法的态度，或长期暴露在反社会行为中，认为反社会行为是一种对自己比较有利的行为。一旦对犯罪行为产生这种定义，人们就会从事犯罪。[1]

从 8 岁失去父亲开始，陈某便开始进入社会，与几个同是孤儿（比亲兄弟还亲）的同案一起，开始盗窃。从接触的起始年龄、频率、持续性、重要性等特征上看，陈某都是深度介入。并相互学习、练习盗窃的技巧，从中体会到了犯罪的好处（来钱快、深度的盗窃成瘾）。然而，盗窃也给陈某带了难以言说的恐惧，加上同案的背叛等因素让陈某多次表达了盗窃之"累"，比普通人更渴望过普通人的生活。加上干妈与未婚妻的温暖，给予了陈某希望和机会，逐渐回归普通人的生活。即便如此，陈某希望未婚妻开心，不希望她以后跟着他吃苦，陈某还是用他的方式——盗窃（一般人不会用的违法方式）——解决。验证了上面的那句话："差别接触理论就是指个人长期习得违法的态度，或长期暴露在反社会行为中，认为反社会行为是一种对自己比较有利的行为。"

陈：如果是好人和坏人让我选择，我选择好人。如果好人我站不了，我会选择坏人，我不会选择站中间。因为那种感觉，太难受，特别纠结，怎么弄？横竖也不是。要我说啊，就是里外都不是人。

干妈和未婚妻，给予陈某两次机会，尤其是未婚妻，陈某还是有意无意地毁掉了这段

---

[1] 曹立群、周愫娴：《犯罪学理论与实证》，群众出版社 2007 年版，第 142~143 页。

感情。婚姻对陈某来说，有是最好的，没有，并非不可接受，并不是非要不可。一个内心对生活有些绝望的人，婚姻似乎还不足以让他持久性地稳定，他是一个容易放弃的人，他还是做出了自己"选择"。选择的背后，还是那个令人绝望的自我归类，那个身份的限制。

四、角色扮演与自我反思

_____

_____

_____

五、问题与思考

1. 如何用标签理论（H. S. 贝克尔）、操作条件反射理论（斯金纳）、归因理论（海德）、社会过程理论（查尔斯·霍顿·库利）、漂移理论（戴维·马茨阿）解读该个案？

2. 陈某如此渴望有一个家，为什么最终还在结婚之前选择再次犯罪？在渴求普通人生活与犯罪生活之间，他真的有选择吗？他又做出了怎么样的选择？为什么？

3. 从俄狄浦斯情结的角度，如何看待陈某和母亲至今尚未解决的关系？这对其今后的各种关系产生怎么样的影响？

4. 同辈群体在缺乏家庭温暖的陈某生活中起着怎么样的作用？可以从亚文化理论、社会学习理论、依恋理论的角度分析。

5. 陈某为什么从原先的扒窃钱包转为入室盗窃？

6. 陈某对盗窃成瘾中身—心关系的描述给我们什么启示？

7. 陈某对盗窃的成瘾可以从哪些方面进行分析？

8. 犯罪是一条界线，不犯罪痛苦，犯罪也痛苦，如何理解这句话背后陈某的情感？

9. 陈某的恐惧，在其犯罪生涯中起着怎么样的作用？

10. 案例中，哪些因素影响了陈某对人的信任感和安全感？

11. 什么是侥幸心理？由哪些要素组成？对犯罪心理与行为的生成有什么作用？

12. 陈某的身体缺陷，这一稳定的特征在他的犯罪生涯中起着怎么样的作用？

13. 初次越轨的年龄与犯罪有什么关联？为什么？

六、摘要与关键词

摘要：_____

_____

_____

关键词：_____

七、延伸阅读

1. ［美］津巴多：《路西法效应：好人是如何变成恶魔的》，孙佩妏、陈雅馨译，生活·读书·新知三联书店 2015 年版。

2. ［哥伦比亚］加西亚·马尔克斯：《百年孤独》，黄锦炎、沈国正、陈泉译，上海译文出版社 1989 年版。

学习情境三　张某的盗窃案

一、学习目标

1. 复习操作条件反射理论。

2. 掌握关键词：替代、朋辈关系、信誉、"栓"、紧急事件。

二、案例导入

（一）基本信息

张某，男，25岁，有三次盗窃前科。因入室抢劫罪被判有期徒刑8年。

（二）访谈整理

问：今天找你谈话，想了解你为什么走上盗窃的路。你"技术开锁"从哪里学的？

张：（没有直接回答）我碰到一个老乡，他是做娱乐的，后来我就做娱乐方面的事，就是做娃娃机，办的还可以，我好多地方都在放。大概有两三万块钱一个月。我放得多，收入不错，但用的钱也蛮多。一年也有十几、二十万块钱用掉了，一年剩个十多万块钱。去年认识一个理发店老板，让我去打牌赌博，结果输掉了。去年三个月时间输了四五十万块钱，又欠了十一万多块钱的债，天天逼债，逼债。我就把机器，车子都卖掉，又还了钱，还欠了七八万块钱，后来被逼债没办法，逼得太紧了。老乡有这个"技术开锁"，他给我看了下，后来我就网上去买了嘛。

问："技术开锁"是种工具吗？

张：是的，钥匙是平的，没有槽。锡是软的，放到钥匙上面，拱起来，鼓起来，塞进门里，晃动几下，弹子推上去，就跟那个钥匙一样，那样就开了。

钱输掉了以后，我老婆身体也不好，结婚好几年也没有小孩。我把车子卖掉，还人家钱的时候，我才跟她说我钱输掉了，外面还欠了人家十几万块钱，她一下子接受不了，就提出离婚，后来我想想她也没有生育能力，当时结婚的时候也不知道，我就同意离婚了。

问：赌博什么时候学会的？

张：反正小时候没事干就打扑克嘛，喜欢打牌，上小学四五年级的时候。以前打打小麻将，玩的都很小。就去年一个理发店老板带我去，他输钱了，非要一起出钱买一组赌博用的工具，要三万块钱。刚开始我没答应，他就天天来磨，我就拿了一万五千块钱给他，说是去赚钱，去杀猪啊什么的。开始我也不想这么干，因为打麻将也就输个几百块钱一天，也吃得消，因为一天的收入也有一千多块钱，无所谓的。后来他硬要买这个东西，去了一个棋牌室，开始也赚回来两三万块钱，后来人家也用一种手法把钱弄回去，我们还倒输了几万块钱，我火死了。后来我就不用这个东西了，他天天拉着我到那些大一点的地方去赌，几个月就全部输光了。

问：是什么让你停下来了？没有继续再去借钱赌。

张：因为到那时候已经借不到了，本来我手上就几十万块钱，后来欠了十多万块钱，也还不上了，人家也不肯借了，就没赌了。

问：那你没想过，为什么从2000年到现在会有那么多的犯罪次数？

张：第一次坐牢，是因为打工的时候，跟别人有点小矛盾就没做了，身上就没有钱。那时我身上有把摩托车钥匙，转来转去转到一个小区楼下，看见停了辆摩托车，我就用钥匙试一下能不能打开，那摩托车也不是很新，时间长了，锁也不是很好，结果打开了，就骑走了。第二天就被抓了。

问：当时胆子为什么这么大？

张：当时真没钱了。

问：你的文化程度是初中？

张：初中没读完，初二刚开始读就没读了。小学一至三年级的时候成绩很好，当时老师说我能读大学，后来越读越不行。学校附近有台球、溜冰场，我经常去玩，玩的时间多了就不喜欢读书了。

问：到外面去溜冰，打台球，交的朋友也不一样了对吗？

张：那是的，家里也没怎么管，说也会说，但我也不怎么听。跑出去玩，心收不回来了，因为外面好玩，读书比较辛苦。后面就出去打工了，打工赚的钱基本不够用，反正每个月基本上用光，抽烟、喝酒、到处玩。

问：你去偷，是不是为了刺激？

张：没有，还是为了钱。第三次出狱以后确实没有偷，坚持了四年多，一般有正常收入的情况下也不会去犯这些事，最后是实在没办法了，我是欠了几万块钱，就抱着一种侥幸心理。

问：你刚才说的那句话我倒认可，有了正常的收入和工作，你就不会去盗窃，因为盗窃的目的是为了获取钱财，为了生活，而不是为了刺激或者其他。如果老婆跟你结婚了，又有小孩的话，你的路可能就不是这样了。

张：我也一直在想这个问题。我家里人和朋友都在说，没有小孩，家就拴不住你。我自己也是这样感觉，没有小孩，就感觉一点负担也没有，就感觉整天没事，无所事事，天天就是吃了睡、睡了吃，也就没什么事。那个机器（娃娃机）赚钱也挺轻松，每天开车去转一下就可以了。

问：你觉得盗窃会不会有刺激、成瘾的感觉？

张：瘾倒没有，就感觉到这个钱一下子就来了嘛，很快。其实一开始别人不逼那么紧的话，我一个月收入两万块钱，慢慢还也很快还上去的。但是别人逼得太紧了，我也没办法。我有车子，别人就很想给你拿了去，那我就想，卖掉还给你们好了。那时候我老婆手上也有几万块钱，我车子卖掉，加上她拿点钱，想想我就能重新起步，但是她说要跟我离婚，我就走投无路了。她没给我钱，我也没向她要，就离婚了。为了逃避追债的，我还躲了一些时间。后来我想办法重新买了几台机器，但机器少，赚不了多少钱，只能混个生活费，一天就两三百、三四百块钱。

问：一般一台机子一天能赚多少？

张：这个也看地方，生意好或不好，一台机器放久了，大家玩的就少了，玩腻了，钱就少了。所以，这个东西还得再重新摆，一个地方只能放一个月、两个月，也很麻烦，要常换地方。后来钱赚得少，以前花钱也花习惯了……现在赚的少了嘛，一天两三百块钱，也只能当生活费，别人的钱还也还不上来。

问：以前的钱都花到哪里去？

张：抽烟基本上 100 块钱一天，三包烟，因为做这种事，接触的人就很多，我自己其实一包烟就够了。还有车子加油，请别人洗脚。有好多人觉得我还好的，基本上他们都喜欢跟着我玩，有时候就 KTV 去一下。再嘛，就是打牌，打麻将，但是赌得小。后来是被那个美发店的老板带的玩大了，输光了，被逼债，身上实在没有钱的时候就想去做了。

问：没钱就去偷了？你经历过监狱生活，有没有感觉监狱的生活不过如此？因为你两次服刑时间都很短。

张：就跟做梦一样，从进来到出去就跟做了一场梦一样，一下子就那样出去了。每次出去了就感觉像一场梦刚醒来。

问：梦里面有没有让你感觉害怕的东西？

张：也没有感觉害怕。

问：第一次从监狱出来，有没有想过，以后不要再进去了？

张：那没有想过，确实没有想过。第二次的话就想不开了，又没去抢劫，也判我两年。

问：那第二次是怎么回事？

张：第一次出来以后，也是没什么钱了，就想着……看到那边有公园，经常看到有谈恋爱的坐在那边，就想着从他们那里……问他们去要钱。另外还有两个人（同案），和他们讲，他们也同意，同意了几个人就想去抢。但是没目标嘛，在公园里转来转去，就被联防队抓牢了。查的话，三个人就讲，准备去抢劫，而且我们身上有刀，有两把水果刀嘛，就被定抢劫预备罪。因为我是累犯，关了 2 年。第三次犯罪也和钱有关，工资也不是很高，就又去偷摩托车了，偷了几辆摩托车去卖嘛，还帮别人去卖了几辆。那次抓住后又判了 3 年。

问：你对第二次的判决想不开，和第三次的犯罪有没有关系？

张：有啊，没有去犯罪，没有去做，也判刑。什么都没弄到也坐牢，就感觉想把钱捞回来一样……这2年牢也白坐了嘛，就想再去犯罪把这个钱弄回来，有这种想法。

问：就是补第二次坐牢时损失的钱吗？

张：嗯，对。那时候心里很不平衡，就感觉没做也判了2年刑。第三次出去我确实也是在厂里做服装，我做做一个月也有几千块钱，想想也可以了，就没去偷了嘛。做了一年多。过年的时候回去，经过别人介绍娶了个老婆。

那时候我在外面也在玩，也玩娱乐的游戏机器（娃娃机），感觉做那个也还不错，就跟那个放机器的人聊啊聊，后来我就从他那买了一台机器回来，研究研究，也弄懂了，后来就去买了。看准了这个以后，我就没去厂里上班了。刚开始第一年，收入低一点，低一点也比厂里收入好，一天也有两百多块钱。刚开始就一台两台机器，慢慢过了段时间，钱赚到了再买，钱赚到了再买，慢慢赚起来了，后来都一千、两千块钱一天，成本就是那台机器。有时候我们不放玩具，放玩具赚钱少了，就放香烟，我到超市买几百块钱香烟放进去，一般400块钱的香烟抓掉的话就有一千多块钱好赚。这些东西都是可以调的，你自己想少赚点的话，就调到好抓一点，让别人多抓一点。有一台机子，我一直放了半年，赚了就有十几万块钱，每个月大概有一万多块钱，两万块钱差不多。我是每天要去几次，因为香烟的话别人抓走了，你就要去动一下，不动的话就没有生意了，要马上去放。机器多的话，白天也挺忙。

问：很可惜啊，生活就这样改变了。赌，你当时有没想过，去的话可能会输掉呢？

张：那时候小赌，输了几百块钱一天我也感觉无所谓，因为有的赚的。赌大了以后，当时也没有想过一下子会输那么多。再后面慢慢输掉后就控制不了了，想翻回来。

问：和你的性格有关系吗？可能胆子比较大，会去冒险？

张：这个我没想过。

问：这么多次犯罪，你也没有去反省过为什么会这样吗？

张：以前是确实没有反省过。第三次的话我还是想了，出去也没做了（盗窃），就是我也有一技之长嘛，外面闯的方法也比较多了，随便哪个厂里一个月也给3000块钱左右。我也想安稳稳过日子。

问：你想安稳过日子了，但是有两个危险因素。一个是小孩，如果有个小孩的话就不一样了。第二个是赌博，你的兴趣和爱好，它有危险性。我觉得你的胆子有点大，有些事情你敢去做，但是别人不敢去做。溜冰也好，打台球也好，别人玩好以后还会回到学校去读书，你玩着玩着就离开了学校。缺钱，一般人不敢去偷，你却敢，你敢去迈出这一步。赌博也是这样，很多人一直就小赌，他不敢迈出这一步，但是你就敢去大赌。

张：当时在外面赌博，跟老婆离婚离掉以后，作案以后，也是在这样想，我怎么又走了这一步？想想我如果有个小孩的话，也会……也会为小孩着想。还有就是赌博，就是赌博害的。

问：是的，赌博容易让一个人遇到困境。一旦输掉，可能借不到钱，别人知道你借钱是为了还赌债的话，是不会把钱借给你的对吗？

张：是的，我刚开始赚钱的时候，向别人借，别人知道我手上有钱，而且还干正当的事，他们会给我。再后来，在赌场上借借借，借了十几万块钱了，还不上来了嘛，别人就不敢借了，就没借了。

问：赌博是个信号，反映了什么呢？很多，比如性格。多数人都在小赌，但是总有些人玩得大，他们性格中有敢作敢为的成分，冲动性都可能和普通人不一样，敢冒险。有人还想靠赌博赚大钱，好逸恶劳，不劳而获。和情绪也有关系，你去赌博，是不是和你的情绪有关系？心情不太好。如果你心情好的话，控制性也会好一点。

张：一开始，那个老板好多次让我到车站那边赌，那里赌得大，我都没去。我说我小赌就行，我也不想去赢大钱，我只是想消磨时间。但是我这个事情跟我老婆也有关系，那时候情绪确实是不好。

问：第三次出狱，四年多都没有再犯罪了，说明你比较顺，心情顺畅，生活有希望，能控制和约束自己的行为。是这样吗？

张：那时候感觉我还行，不管好坏，反正逐步走正路了，照这样下去也行。那时顺也很顺了，就想着挣钱了，就感觉没什么负担，没压力了。玩玩就玩玩，也无所谓。我就是认识的那个人嘛，一个是理发店老板，被他带到欠钱为止。还有就是一个老乡，说"技术开锁"蛮好，赚钱很快，他有好几个老乡就是做这种。我想，把赌债还掉的话，我肯定就不做了。我有两个朋友，知道我有"技术开锁"这个东西，也说过我，叫我不要去做。我也跟他们讲过，这个钱还掉，也绝对不会再去做，那时候还欠了8万块钱吧。

问：朋友很重要，影响了你。欠钱后，又是朋友，让你走上"技术开锁"的犯罪之路。但你还有规矩的朋友，劝你不要做，却没有用。归根到底还是你自己的原因，你自己的选择。所以，最重要的，不是朋友，还是你自己的选择对吗？

会不会去犯罪，还和女人有关。你老婆，如果给你生小孩了，你的路就不一样了，你碰到了一个不会生育的对象，谁也想不到，你也想不到，有些东西不是你能控制的。

张：对的，我也是实在没有办法了。

问：我经常听犯罪人说，我也是实在没办法了。没有办法，肯定是他遇到困难，解决不了。没有办法说明什么？可能人际关系破坏掉了，没有人帮你了。比如你第一次把别人摩托车开走了，是因为缺钱对不对？真没钱了，可以向父母亲借，兄弟姐妹借，还有朋友，问题也许就解决了。当你觉得没有其他办法的时候，可能人际关系都被你破坏掉了，因为情感不好，你不愿意去找他们，或者性格内向，也不愿主动去借，需要你去反省。

张：当时我刚出来，肯定不能向家里去要钱解决问题。

问：办法是有的，要么没想到，要么不愿意，或者是真没有办法。我不知道你跟父母的关系怎么样，如果关系好，遇到困难，跟父母去说是没有问题的。

张：我不一样，以前的话我也从来没有找过父母要钱。我出来，肯定不可能问家里要钱用嘛，后面我也想向家里找个几万块钱，但想想还是贷款好，利息也低，几个月过后就能还上去了。我哥手上的话也有点钱，向他借过，但是他不肯。

问：他怕把钱借给你吗？

张：恩，家里人嘛，反正就是怕。

问：为什么遇到困难会没办法？因为家里人也怕，不敢来帮助你。这个怕，是以前遗留下来的，积累出来的。怕你赌，也怕你犯罪。这次，包括前面几次，都是缺钱，家里人会有点知道，了解你，自然不敢借钱给你。导致你宁愿去偷，也不愿意向家里人借。

张：是，是这种想法，我和家人的关系是不顺的。有些事情我不想跟他们讲，讲了他们感觉……你出去了，赚不到钱，还要向家里要钱，意思就这样。这样的话，我想，哪怕我去犯罪好了，我也不来求你。每年过年，有时候我就不回去，回去了，待个几天了，我就很想出来。反正就不习惯吧，在外面习惯，回去就不习惯了。

问：回家什么不习惯呢？

张：这个我也说不上来。

问：你爸以前打不打你？

张：打，打过的。他打我，我就出去玩，不在家里，就出走。我跟我哥也合不来。有时候我就想，我有一点什么困难，你不帮我，不帮我也算了，还要讲很难听的话，所以我和我哥讲话很少的。跟父母，好一点，毕竟是自己父母。

问：那你出去打工时是几岁？

张：书不读了就出去了，16周岁都没到，就出去了，跟老乡一起去的。第一次到城市打工，当时感觉干活也累，蛮累的。其他技术又不会，只有在那里干了，干了几个月，就过年了嘛。过年回去，工钱又没给，那个钱一直都没给过。后面又换了个地方，也是做那种活。我前面几年都是干体力活，后来就到砖瓦厂。那时候赚的钱，就基本上自己用掉了，也没拿回去什么钱。后面又换了一个地方工作，干了几个月，跟别人吵架了，就没做了，就犯罪了。

问：你因为什么事情吵架？

张：其实也没什么，就是一点小事，反正吵吵，当时就不想做了，工资也很低。工资结了以后，就到市里转了几天。钱又花掉，身上也没多少钱了，就一两百块钱，就偷了一辆摩托车自己骑，当时也没想着卖，没想干吗，就是在路上骑，第二天就被抓了。

问：所以说你的胆子大，还是有跟别人不一样的地方对吗？

张：是的，我自己也感到我胆子好像是大。

问：胆子大的一个原因是你没有希望，也没有什么害怕失去的东西，也就是后果对吗？

张：是的，反正进监狱也就这么回事。

问：如果你有小孩的话，很多事情就不一定敢去。就像你自己说的，心里有负担，会有后顾之忧，就会想得多，想得远。不知道你有没有想过，你欠他们的钱，可以不偷，先记下，先回避一下，等哪天有钱赚回来了，再去还，不是说不还。

张：当时我也走掉了，到其他地方干活，靠打工还他们钱，我一直在想着还他们钱，有些是熟人，有些是赌场上的人。当时是想着去物流公司，包一辆大货车，一个月也有1万多块钱好赚。包一辆车需要2万块钱押金，当时我跟家里人讲过，说去包辆车子，请一个驾驶员就行了，一个月有1万块钱多一点，我当时想，这样还也很快。但是，家里不肯嘛，不肯的话，那个事情又闷掉了，又没了。

问：人有时候蛮有意思，借的钱，要还，不还，还难受，还怕，去犯罪反而不怕了吗？

张：对，我有些时候就是这样。

问：这也说明，你还是希望得到身边熟人的认可、信任对吗？

张：是的，我借别人钱，不还，心里总不舒服。我本来可以放钱到那个机器上，但我去了另外一个地方，突然叫我到一个陌生的地方去放（娃娃机）……再说本钱也没有。那时候，我没想到我老婆跟我离婚，在我钱输光了以后，欠了十多万块钱后。

问：她这么做，让你又多了一个困难，少了支持和选择对吗？

张：是的，我当时没想到她跟我离婚，她那里还有五六万块钱，随便给我找一两万块钱，哪怕我到其他地方去做，重新起步的话，我也起得来。但是她一下提出离婚，落难的时候提出离婚，那离就离吧，没想到她会提出离婚。

问：所以你当时感觉很愤怒？

张：那时候肯定……也就有点生气。跟她离婚后我就感觉一个人了嘛。

问：所以就更无所谓了对吗？

张：对啊。

问：父母亲这里，不肯帮你，老婆也是。你刚才说，我落难的时候，她还要这样子。在困难的时候，是能看出人和人之间的关系，这让你有些绝望，犯罪也就变得更加容易起来，反正无所谓了。

张：是的，这次本来是入室盗窃，东西已经拿到了，主人刚好回来。她回来了，我就躲在卧室，我冲出来的时候跟她撞了个正面，我就把她……就把她翻倒在地上，我就逃掉了，这样就判了入室抢劫，更重了。

问：这个结果你无法预料，如果主人没回来，或者你早点走，就不会变抢劫，情节也不会那么严重，就是另外的结果。所以，我们的命运中还有很多不可预测的东西。

张：是啊，这就是命！

三、理论分析

（一）操作条件反射理论

操作条件反射理论：见专题二学习情境一。

（二）操作条件反射理论的应用

按照操作条件反射理论，满意结果的反应（盗窃），这个反应（盗窃）以后出现的概率会越来越大。张某的 4 次盗窃，都是为钱所困。盗窃确实能解决张某的燃眉之急，在不良的人际关系背景下（糟糕的信誉），遇到紧急的困难（被逼债），盗窃甚至是"唯一"选择！所以，每次遇到紧急困难，张某还是选择了盗窃。与其他很多盗窃不同，张某并没有在盗窃中获得刺激感（并成瘾）：

> 张：第三次出狱以后是确实没有偷，坚持了四年多，一般有正常收入的情况下也不会去犯这些事，最后是实在没办法了，我是欠了几万块钱，就抱着一种侥幸心理。

张某盗窃的动机就是钱，为了生存，他的危险性相对来说不高，因为一旦找到赚钱途径（放娃娃机），盗窃很容易被替代，四年多没有再犯罪，这是笔者选择该案例作为一个学习情境的主要原因。当盗窃不仅仅为了钱和生存，还有刺激感时，就难以替代，哪怕他找到了赚钱的途径，但刺激感始终难以替代，盗窃的风险就高。

可惜的是张某的妻子没能给他生一个孩子，赌博又破坏了与家人、朋友的关系，信誉受损。又因赌博欠债而被逼债，妻子此时选择了离婚，增加了张某解决问题的难度，使得张某没有"时间"去赚钱，来不及赚钱，最终心存侥幸，铤而走险。

四、角色扮演与自我反思

_____

_____

_____

五、问题与思考

1. 仅从张某的犯罪动机来说，为什么他重新犯罪的危险性相对较低？

2. 赌博在张某的犯罪心理与行为中起着怎么样的作用？从更广义的角度说兴趣和爱好又在犯罪心理与行为中起着怎么样的作用？

3. 为什么人际关系是犯罪心理与行为分析中的一个关键词？它影响了什么？

4. 对张某不稳定的学习和工作的分析，能够提供哪些信息？

5. 有前科的犯罪人，遇到困难时为什么往往缺乏选择？为什么张某最终以"我也是实在没有办法了"这句话开启了犯罪之路？（可从家人开始分析）

6. 欠债还钱是自古至今的道理，有些钱不还，会难受甚至害怕，去犯罪反而不怕了，这说明了什么？

7. 本案例有哪些因素可以改变张某的命运？这对于重新犯罪的危险性评估有什么启示？

六、摘要与关键词

摘要：_____

_____

_____

关键词：_____

学习情境四　李某、王某的盗窃案

一、学习目标

1. 复习操作条件反射理论。

2. 掌握关键词：赌、"饥饿"、学习准备状态、"空调"。

二、案例一导入

（一）基本信息

李某，男，50岁，小学文化，盗掘古墓罪，被判有期徒刑18年。

（二）访谈整理

问：我在监狱遇到犯盗掘古墓罪的还是比较少的。

李：我们那边比较多，社会上贫富差距大，人就有一些落差。我开过小饭店，学过木工，在家具厂做过，一直很努力。后来社会风气不好，小混混很多，也是一种恶习，把我辛辛苦苦搞了十多年的积蓄都输掉了。这样一搞以后，我心里不平衡了。

从心情上面来说，以前我是一个小老板，后来一下子弄得钱也没有了，有想补偿一下的意思，就去盗墓，就这样跟他们一起去搞了，基本上就是这样的一个过程。在开饭店的时候是根本没有这种想法，那个时候想都不会去想，不会去想盗墓，挖墓葬啊。也害怕，里面有骨头啊，实际上里面没有这个东西，都是几千年的坟墓，里面就一些不会烂的东西。开始我去做的时候很怕，这种事情哪是好去做的？后面就这样去了，有点钱，心理就有点扭曲！

问：为什么说是扭曲呢？

李：就是人家钱这么多，心里总有不平衡那种感觉，好像心理有点扭曲了，不像正常人那样，有这种意思。又不肯好好地去做事情。说句老实话，想通过这样子（盗墓），多赚点钱。

问：通过盗墓来补偿一下？

李：是的，补偿一下。说句内心的话，说句良心的话，这些钱有了以后我还想再创业。我又看见了一个新行业，养牛，可以发财，但缺钱。我想通过这个途径（盗墓）神不知鬼不觉地……反正好多人在弄，弄一点钱，弥补一下，我有发展了就跳出来，不干了。有这种心理就去盗墓，现在是什么都不好说了，落到了这个地步。

还有一个就是面子。有一个人，那个时候我老婆看不上他，看上我了。那个人现在比我好多了，我们是一个村的。这个事情讲起来，我作为一个男人感觉很不舒服。我们也是朋友，关系还不错。我心里落差很大，这个事情怎么……只有通过赌了。我在入监以前已经差不多戒赌了，为什么戒掉？因为钱也输得差不多了，也要为儿子考虑，说句老实话，我本性不是很坏，也想戒赌，后面就慢慢戒掉了。赌博就是想弥补一下，想再去创业。

问：同村那个原先介绍给你老婆的男人现在过得比你好，你感觉面子挂不住吗？

李：嗯，这个感觉好像很明显，现在他车子都买了，我么……弄得这样子，想想真的不舒服。我老婆有时候也说我，说我不要好，早的时候经济比谁家都好，现在呢，把这个钱都拿去赌博了，输掉了。赌博很难劝，我听不进去，总是想翻本，越翻越输，就是这样，后面知道就来不及了。现在人家再赌，我就看一下，有时候听都不听就走掉了，现在是基本上戒掉了。

问：盗墓和你的性格有没有关系？

李：有点关系。还有一个因素就是社会因素，要是没有古玩市场，古玩市场没有这么兴旺，盗墓也不会这么猖狂。现在盗墓这么猖狂，主要是古玩行业带动了盗墓行业。像我们水平不高，总是一个犯人。反正有钱花，只要逃得过法律，只要不被抓住，我逃得出，我就要去搞这个东西，这个就属于我们水平低的。水平高的，不会用体力去劳动。我们没有办法，就去做这个事情。

问：缺钱有没有想过其他的办法？

李：其他途径好像……我是这样想的，认为这个途径快一点，就是冒险、快，有这种想法。没有想到有这个结果，运气不好，最多是（坐牢）一两年的想法。抢偷不会，因为难听。现在是我们凭体力，去挖。

问：偷国家的吗？

李：偷国家的……也没有想到，偷国家的那个时候也没有想到。那个时候就是知道老祖宗留下来的，可以卖，东西有的都是破的，盗墓的人都是这样想。知道做这个事情不对，道德上好像也不是很舒服，但是利益驱动还是去搞这个东西。

问：你能不能继续说说盗墓和性格有什么关系？

李：我这个人性格很急。我想赚钱的话，我也想快一点快一点，就有这种心理。去做这个事情，主要是利益驱动，因为利益太吸引人了，钱太吸引人了。说句老实话就是为钱，最主要的目的就是为了钱。

问：平时有没有注意这方面的信息呢？

李：电视里，对！中央电视台的《国宝档案》《鉴宝》。开始觉得这个东西有什么好看的？后来经常在电视上看讲古董的节目，知道了这么个东西能卖这么高！有这么好的事情。看来这样搞有钱。这个事情在社会上，有点普遍性，但想着真的抓住的有几个？没有被抓的更多。我本来是不做了，做木工了。原先做家具的时候留下了很多木料，现在做一些东西卖。我在家里还是很勤劳的，抓一些鱼虾卖卖，也有十多块钱一斤。我放了很多地笼，用鱼碎放进地笼，抓龙虾，我只要去收就可以了。

问：还和你的性格中什么因素有关？

李：有虚荣心，要面子，喜欢刺激。比方说我20多岁的时候，买那个录音机，感觉轻一点不过瘾，我要开的响一点，好像有一种炫耀的意思，可能是这样。虚荣好像有点驱动力，一点虚荣心没有就傻乎乎的。

问：那你觉得家庭教育是怎么样影响你的性格？

李：我小时候不是很暴躁的，我很内向，学徒的时候还很听话。后面做了小老板，脾气慢慢变了，几个人要是不去说他们，不可能给你兢兢业业弄，肯定有自己的想法。我好像有点指挥命令的口气，我叫他们怎么做他们就怎么做。我认为我就是对的，有这种倾向，慢慢就改变了，好像随便指使人，到现在脾气还是有点改不了。坐牢了就不能这样了，扣分就是这样来的，现在这个脾气还是改不过来。

问：你说你虚荣，还喜欢刺激，其实每个人都需要新鲜和刺激是吗？

李：是的，在赌博方面有。也想出人头地，给人好的印象，表现我好的东西。也喜欢挑战，喜欢刺激、新鲜的东西，我是有这个脾气的。我很喜欢换行当，我这个人没有常心，有的话，会有好的结果，哪怕就是抓鱼虾都可以出人头地。如果我开始就好好地做木工，一直做下去，是肯定有钱挣的。他们（监狱同监犯）说社会上工作难找，我还跟他们争，不是这样的，社会上到处都是钱。我这个人就是来钱越快越好，所以我走上了犯罪道路，我要是没有这个想法的话绝对不会走上这条路，主要是这一点。开始是赌博，到后来估计是想把钱弥补回来，就去盗墓了，我也知道盗墓不好，知道这个事情是不应该去弄的。

问：想越快越好的想法是什么时候开始的？

李：差不多是钱输掉的时候，我的小孩又这么大了。别人有这么多的钱，我不平衡。我就把这种东西弄一下（盗墓），我这个东西总会弄吧，就抱着这种心理就跟去了，我的运气这么差的。

问：和你的性格非常有关系，喜欢强刺激。如喜欢换行当，赌博，乃至后面的盗墓都是，对吗？

李：是的，我有这种感觉，我没有一种很安稳的感觉。这样弄弄，那样弄弄，我是闲不住的。我在村里也这样，我骑电动车，嗖一下到这边，嗖一下到那边，事情弄好了又嗖一下回来了，等一下又嗖的一下骑出去。人家说你这么忙，还以为我在干什么。我没有和他们说抓龙虾，龙虾没有多少，不能说，大家都知道了，龙虾就没有了。我知道的东西不会跟别人说，说我在做隐行，就是人家不知道的行当。我老婆叫我安淡一些，要么做木工，要么去抓鱼虾。我被抓那天都还去抓过，叫我老婆去卖。这个东西没有后悔药，有的话，我可以把钱赔给国家，然后过安稳的日子。

我还有一个缺点，比方说我们几个人赌博，假如我今天有钱来赌的话，我很喜欢坐庄。假如说今天是你坐庄，你今天钱不多，等一下我把你弄掉，我来坐庄。因为我心里感觉，这样好像很快能够解决。哪怕我输钱也是这样，比如我今天赌几千块钱，没有多长时间我的钱就输光了，也很快，就是个性的角度。做事情脑子不是用得很多，如果我脑子用得很多的话，我跟你说话不可能这么快，我说话不用太多脑子（他说话确实快）。

问：现在到了监狱什么感觉？

李：感觉比盗窃还重，感觉判得比那些杀人放火的还重。

问：盗墓时有没有刺激感？

李：搞到东西时有种感觉，又有那种新奇感，因为这个东西以前肯定没看见过，过去这个东西我们老百姓肯定看不到。又有赚钱的感觉，赚钱比什么都开心。有些事情我老是在想，这种东西无非是一种工艺品，过去的工艺品，几千年的工艺品，就值这么多的钱？我始终想不清楚我为什么会判这么重，我始终想不清楚。

问：为了阻止更多的人去盗墓，因为这个东西值钱。

李：我想只有这个道理。要是判轻点，我出狱以后肯定不会再做这个。

问：你可能不会，因为你有木工、抓鱼虾的手艺，很多人除了盗墓就没有手艺了。

李：盗墓目的就是钱，偷抢我不会去。去盗墓，神不知鬼不觉，碰碰运气呢，不会抓住的，抱着侥幸的心理。我知道这个事情违法，但严重性不知道。

问：盗来的东西，价格怎么定？

李：都是老板说了算，我们又没有什么话好说的，我们只是后面帮忙，叫懂一点的人去说。这个东西没有国家的标价，卖的次数多了，就懂一点。我们那次挖出来的陶俑，很可怕，一般人不会要，猫头鹰的相貌，人的身体，看上去像魔鬼，晚上一个人看，越看越害怕，吓坏了，是陪葬品，可能是童男童女，一共2个，这些是"地府"的东西。

问：这个事情做多了会不会慢慢上瘾？

李：那倒没有，就是钱的上面。那是很快的，来钱快，我们搞了没几个小时。那次我也想过，我跟他们说，这个不是行当，这个事情国家抓住了要坐牢。这个东西赚钱是赚钱，但有后患，哪怕不做以后还是有后患，因为你已经做了。

我被判的时间太长了，主要是太长了，18年，感觉挡不住，现在死了都无所谓，有这种想法。我出去还有什么用？都60岁了，什么用都没有了，有点心灰意冷的感觉。最大的心愿就是，比方说哪里打仗啊，我去用命去赌，赌一次，有这种想法。哪里抗洪救灾了，我用命去赌一次，赌好了，没死，我可以回家，赌不好我死在那里也无所谓，有这种想法。逃跑什么的想法没有，逃跑有什么用？逃出去目的是过好日子，结果还是去流浪有什么用？只能期盼以后的政策宽一点。像我们不是说恶性很大，第一次开庭的时候律师说，你的危险性比偷电动车的要小，只是出于文物保护所以要判重。

我想，要是年轻的时候坐3年牢，还是有好处的，出去还可以闯，现在是有心无力。我就知道钱，缺乏了情感和精神追求，脑子里没有了脱俗的东西。打个比方，过去的人，家里没有空调，又睡席梦思。到夏天了，没有空调，就要把席梦思抬下来。现在条件好了，空调一打开，一年四季都能睡席梦思，夏天变冬天了，变春秋天了，这个席梦思始终可以睡。我感觉，我好像内心里面有一个缺档，好像知识跟不上，欠缺一些什么，于是，赌博也来了，什么事情也来了，就是少了那种脱俗的追求，我们就少了这种追求，少了这个空调。

问：你说得非常有意思，人的精神就好像空调，起着调节的作用，有着稳定环境的作用，使得夏天变成春秋甚至冬天，使你的生活恒定，一件事情可以一直做下去。没有了精神的空调，席梦思经常要换。席梦思，就是你经常做的工作或者事情，就要经常换了。所以一下子木工，一下子抓鱼虾，一下子赌博，最后去盗墓，什么事情都来了。如果你有精神的空调，你要做的事情就稳定了，就不会老是换行当了对吗？

李：是啊，社会上有很多美容店，很多人去，为什么去呢？好像有这个感觉，脑子里如果有脱俗的东西，你就不会去追求这个东西。原先是生活缺少痛苦，缺少精神这个空调，想用物质去弥补。以前我哪知道知足常乐，对这句话根本没有体验和理解。我现在想，是自己不知足，不知足才到这里，我那个时候要是知足，不可能走到这一步，不可能的。

问：你为什么想到了知足常乐？

李：现在么吃到苦了。假如说那个时候知足的话就不会有现在的这种苦。现在说句实在话，在里面，肯定苦，肯定严。我们像一条鱼，社会就是一群鱼，法律是什么？是一个大地笼，很大的地笼。鱼不知道有地笼，游过去时就会游进去，我们就是这些鱼。如果鱼往房间里游，就没事。但地笼里有诱惑，鱼喜欢，就游到地笼里，就被抓了，我们触犯了法律就是我们进了地笼。抓鱼也很有乐趣，也有讲究。我被抓进来的时候学抓鱼抓了不久，要是时间久了我会把鱼的习性摸透，就很容易抓，不同的鱼放不同的东西，抓鱼很有乐趣。

我知道盗墓是错的，哪知道有这么重？现在有什么办法？心里有点抱怨，和你谈谈心里面的东西，说的都是心里的东西。这样会释放一点，稍微轻松一点。

问：你觉得抓鱼很有乐趣吗？

李：你去做了就知道很有乐趣了，我们是讲究很实际的东西，我们不是像说人家种花，只是看着好看，我们讲究实效！我抓鱼，可以卖钱，可以拿来吃，说句老实话，家里面鱼虾不断。走之前家里晒了很多虾干，那个时候氧气泵还没有买来，时间久了鱼虾要死掉。我走掉了这些东西他们都没有了。

现在就把我们放出去，我们也不会对社会有多大危害。假如说有损失，我补，哪怕我把家里的房子卖掉，卖掉全部给政府，我补偿给政府。但这样是不可能的，补偿不了，一定要服刑，最后家不像一个家，这是我的幻想。我就会有一种逆反心理，为什么我会说这句话呢？为什么会有逆反心理呢？我是赌博过的，赌博的时候，我老婆喳喳喳地说，这么吵我。你越吵，我越要去。你要是不吵，我自己也会想，不是说我们赌博的人没脑子，我们也在想这个事情。钱输掉，心里肯定不舒服。我心里本身不想去赌，这个时候她这么一说，一搞，把你吵得烦了，就把我推出去了，有这种感觉。就好像我们犯人，把我们关久了，也有这种味道。逆反心理嘛，是怨恨，爆发不出来，假如出去了，有可能就要爆发出来，有些东西要放松。

问：你刚才说抓鱼有乐趣，是抓鱼的过程有乐趣，还是卖钱的乐趣？

李：什么活儿都有乐趣，做木工也有乐趣，木工什么时候有乐趣呢？就是我学徒刚刚出来的时候，这个东西做出来了，稍微站得远一点看看，感觉哪里不对。然后重新修一下，那真的是一种乐趣。抓鱼有抓鱼的乐趣，鱼全部都进去了，好像有一种成就感。又可以卖钱，贴补家用，又可以吃，可以弄点好吃的。实际上每个行业都有这种乐趣，好多活都有这种乐趣。木工做好了，花绣好了，看看哪里不对？我再修一下，实际上也是一种乐趣。

问：很可惜你遇到了赌博！

李：是的，否则就不会进来了。我做事情是一定要把他想通，想通了我再去做，就做得好了。我也喜欢灵活一点，喜欢变化的东西。

问：你有点追求，有点喜好，所以你做的事情，木工、抓鱼、赌博，都有类似的特点，后面盗墓也是，有乐趣，新鲜。你非常讲究实用，喜欢实际。别人种花你不喜欢，因为那只是看看，你喜欢实际，抓鱼卖钱、贴补家用，还可以吃。

李：是啊，实际上都有联系的，我就是不喜欢动脑子。

问：你其实会动脑子，就想走捷径了，动小脑筋，说得不好听一点就是走歪门邪道是吗？

李：这个有的。每件事情肯定有它的窍门，我就不想动脑子，我这个人就这个毛病，我动呢是动得过来的。我就是不肯一直动脑子，这可以说是我一生最大的毛病。就像我朋友说的，做什么做你都做得好，可惜钱都输掉了。

问：有恒心一直做下去的话，你会越做越好。没有恒心，可能是你容易满足，浅尝辄止，也就经常想去换一个口味，缺少持久性。

李：这是我一生最大的缺陷。喜欢新的东西，刺激，时间搞长了就烦，没有恒心。

三、案例二导入

（一）基本信息

王某，男，48岁，汉族，小学文化，盗掘古墓，被判无期徒刑。

（二）访谈整理

问：你为什么会去盗墓？

王：我们镇上盗墓的比较多。我原来在厂里上班，人民政府一定要关掉，说有污染。关了肯定有损失，就没有其他行当了。厂关了以后就赌博，也没有什么输赢，就是混混日子，这里借一点那里借一点，欠了银行和朋友很多钱，十多万块钱，后来跟他们盗墓去。

2010年真的是第一次和他们去，就被老百姓抓住了，真的是第一次，判一年缓刑一年，我是放风的。后面一共就去了 5 次，就被抓了，判了无期。我没有想到判这么重，说我是服刑期间犯罪。

问：从厂关了到盗墓，你主要在做什么？

王：就是棋牌室里搓搓麻将，打打牌，赌赌博。经济来源是到打工的老婆这里要一点，农村里是可以混的，再借一点。后面就跟去盗墓了，开始是放放风。那次运气是真的好，一次拿了四五万块钱，我老婆叫我不要盗墓，说抓住很重的，我弟弟也叫我不要盗。

问：判的重，为什么还要去？

王：经济是主要的。还有好奇，我喜欢看盗墓的书。收文物的老板也很大方，没有钱的时候也会借给你钱，1000 块钱左右，不需要你还，很爽气。人总是有良心的，也就帮他盗去了。第一次主要还是新鲜，去了就被老百姓抓了，以前那个地方已经被盗过，老百姓愤怒的，因为坟被挖掉。真的是第一次去，老百姓来抓，我跑到山上，2 个逃掉了，我被抓了，带去派出所，判了缓刑。

问：第一次是好奇，有没有害怕？

王：没有，墓很浅，蛮干净的，其他都是文物。别人说我们胆子大，其实里面什么东西都没有，一般都是唐朝以前的墓，有尸体的一般是清朝以后。我们一般白天去，都看得见。第二次是有陶俑，有釉丝，绿幽幽的，人形的，胡子和真的一样，那个陶俑人民政府拿去拍卖的话起码上百万块钱，真的漂亮，胡子都做出来了。真是漂亮的东西啊，运气这么好啊，肯定卖大钱啊，可以还债啊，自己打老 K 牌舒服一点啊！

问：有没有刺激的感觉？盗墓，能够偷到这样的好东西。

王：肯定刺激，运气这么好，这么多钱，人要是少的话……（多分一点）。第二天卖了 40 多万块钱，好几包钱啊，心里肯定高兴的，对不对？欠别人的钱可以还掉一点，对不对？欠的钱，还是我的同案的。那次运气真好，打工 2 年都没有这么多的钱。我们去的时候已经有一帮人，先到的，我们后去的，我们关系蛮好，就一起弄了。如果他们知道这次有这么多的钱肯定不会叫我们一起。这个比抢劫还厉害，判的这么重，想想是国家的。我第一次还是缓刑，哪知道这次判了无期。

那里有很多墓，就在边上。我们只需要一个眼子打下去，有就有，没有就没有。我还会去研究研究怎么搞，我现在也挺专业。盗墓我不会盗，找还是会找的。用车床车出来的套筒，接起来找墓，套筒套起来，插下去，插到硬的砖块说明有墓了。然后确定墓的大概位置，用工具插过去来确定墓的范围，然后确定文物的位置，尸体棺木的位置，然后就在文物位置附近打眼子下去，很准。我盗墓是因为我不想打工，所以去了，一年几万块钱就够了。

问：那一次，你就拿了四五万块钱，是否想到下次再去？

王：肯定要去，我本身没有正当的行业。

问：你得到了好处，而且你还会幻想下次去有更多的收获，所以就很难停下来，尤其是缺钱的时候。再发现周围有人盗墓了很多年都没有被抓，增加了你的侥幸心理对吗？

王：是的，盗墓和抢劫盗窃不一样。判我无期，是因为我的犯罪行为比小偷恶性更强，他们判的轻，我们判的重。他们有受害者，实际上我们也有受害者，实际上是国家。我们盗墓就是偷坟墓的。

问：盗墓后和家人朋友的交流多吗？因为盗墓，做这样的事情，犯法的，有没有感觉和朋友越来越远？

王：这个肯定有，我们是盗墓，家人朋友是上班打工，跟他们肯定是脱离的，对不对？他们是每个月挣两三千块钱，我们是说不定的，半年一分钱可能也挣不到，半天挣大钱也说不定，就像赌博一样上瘾。今天去有，明天去又有，我肯定要去。我今天不去，别人去了，别人挣钱了，我挣不来，我也希望有别人的运道。我听说别人有盗到狮子，这么好的运道！我希望我也有别人这样的好运道。

我也吃过白粉，没有上瘾。第一次吃的时候，真的很舒服，比按摩好百倍，骨头好像全部散开来，想睡觉。后来吸了好几次，没有上瘾。做人也算没有白活，吸过了，有点害怕就没有再吸了，还是怕。

盗墓最终还是为了钱，鸡首壶看见过了，陶俑看见过了，心里就想去做，心里痒痒的，心里有瘾。盗墓又不要本钱，我是赌博的，赌博要本钱去赌，又要输掉，有损失的风险。其实，盗墓也有被抓的风险，都一样，刺激的东西必定有不确定性的损失在里面。盗墓真的会上瘾，真的。我喜欢文物，也看书。《鉴宝》老早就收看的，当时没有想到这么不起眼的东西居然能卖这么多钱。这个东西，我相信我也能搞到。有钱的话我不会卖，有些东西做得很好，很精致，总会舍不得。但我们都是卖掉的，肯定要卖，不可能放家里，因为害怕有证据留下，肯定是全部卖掉。政府应该宣传盗墓的严重性。那次缓刑判轻了，感觉盗墓没有什么，如果那次服刑了，第二次就不会了。

问：你想过为什么会进来吗？

王：一步错，步步错！赌博是一个因素。我不肯去打工，做小工也没有意思，也不想给别人打工，也不想去打工。赌博的影响比较大，在棋牌室里玩，里面有买文物的人，就好像你说，帮我搞一只好的手机来，我肯定要去偷一个好的手机，去搞一个。是老板叫我们去偷，而且他们告诉我们哪里有这个东西，而且这个人是大老板。同案里面有一个我是欠了他钱的，他是盗墓的，我也就跟他进入了盗墓的这些人里面。

问：犯罪和朋友很有关系吗？

王：是的。第一次好奇，没有事情就去了。《鉴宝》里的东西，估价，看看不值钱的东西就有几百万块钱甚至几千万块钱，这么值钱！我看了好几年，看《鉴宝》有几年了，看这个能发财。

问：想法是很早就有了吗？

王：是的。我欠的钱多，打工没有多少钱，打工的钱只能自己过日子。看了《鉴宝》，心思就有了，受的影响比较大，感觉这个东西能挣大钱。

四、理论分析

（一）操作条件反射理论

操作条件反射理论：见专题二学习情境一。

（二）操作条件反射理论的应用

两人都喜欢赌博，欠了很多钱，处于"饥饿"状态，就有了强烈、急切的需求，就有了动机，具备了"良好"的学习准备状态，蓄势待发。这种心理需求，会依附于什么而得到满足呢？与环境有关，也就是朋友圈和当地的环境（如丰富的历史文化遗产）。两人生于文物大省，文物量居全国前列。内心的强烈而急切的需求与当地丰富发达的文物市场一拍即合，盗卖文物来钱多且快，加上喜欢看《鉴宝》栏目而衍生出的幻想，加速了两者的结合。

一旦走上盗卖文物之路，自然是"解渴"的！不仅有大量金钱的快捷获取，还有刺激与成瘾，因没有受害人而相对心安理得，还可以回味，还有对未来的很多期待和幻想。对于一个有不良嗜好身处"沙漠"的人来说，如何能抵御"水"的诱惑呢？更何况，不是一滴滴的水，而是汩汩而出的地下水！

五、角色扮演与自我反思

_____

_____

_____

六、问题与思考

1. 在经典条件反射理论和操作条件反射理论中，为什么分别选择了饥饿的狗和猫做实验？剥夺与学习有什么关联？

2. 媒体（《鉴宝》）在两人的犯罪心理与行为中起着怎么样的作用？

3. 李某说一个人缺乏精神的追求好比夏天少了调节温度的"空调"，如何理解这个"空调"的作用？

4. 李某想创业，但缺钱，他是怎么应对的？这对其犯罪生涯产生了什么影响？

5. 结合该案例，谈谈犯罪有哪些心理与行为层面的获益？

6. 李某和王某，都喜欢赌，结合自身体验，谈谈兴趣和爱好对一个人有哪些影响。

七、摘要与关键词

摘要：_____

_____

_____

关键词：_____

学习情境五　赵某的盗窃案

一、学习目标

1. 掌握标定理论、复习自我归类理论。

2. 掌握关键词：标签、约束、"感染"。

二、案例导入

（一）基本信息

赵某，男，26 岁，汉族，初中文化。在某商场，趁被害人不注意，窃得被害人提包 1 个，内有人民币 12 万元，若干贵重物品。因累犯，从重处罚，被判有期徒刑 12 年。

（二）访谈整理

问：和家人有没有联系上？

赵：写了信，都一个半月了还没有回信，有点急。以前我家里不错的，父母做生意，但家里出了意外，背了一身债，家里来要账的人多，母亲就去带白粉，农村的人不懂法律，看见别人带，家里又是一身的债，就带了，刚上火车就被抓了，被判了 7 年。她坐牢对我影响很大。我自己呢，第一次坐牢，是在西安，也没做什么坏事，和女朋友吵架后和朋友去饭店吃饭。我和朋友面对面坐着，他把坐他旁边的人的包拿了，我看见了。我当时想，反正是你拿的，又不是我拿的，所以，我看见了也没有说。吃好了走到酒店门口的时候被抓了，人家反应过来了。警察问我，我是知道的，我说不是我拿的，他要拿我也没有办法。警察说我是共同犯罪，说我望风，他被判了 3 年、我被判了 1 年。第一次出来，我母亲已经坐牢了，我的工作也没有了，我就回老家了，村里，他们戴着有色眼镜看你，农村就是这样，对你还害怕。我感觉心里面不舒服，就跑出来了。

第二次呢，到了一个朋友这里，他是有前科的。他说，你很倒霉，不如到上海来玩，你还是跟我去做好了。我偷来的东西，你给我拿着，不要你动手。他就在超市里摸手机、笔记本电脑，推车上的包。他偷过来拿到门口，我把东西拿走。我觉得也没有什么危险，我就做了。做了四五次，后面被抓了。他被便衣跟上了，他拿笔记本电脑的时候，便衣没有抓，只是跟着他，我们一起走出来以后他就被抓了。

第二次出来，我去看我妈，我妈说，这几年我们家里够倒霉的，我坐牢不要紧，你也坐牢了，而且2次了。在外面好好找一个老婆，好好结婚吧。我爸爸给我找好了老婆，不怕你笑话，本来今年8月是准备结婚的。我爸叫我在家里好好待着，我就去了堂哥那里，一个月挣2000块钱左右，不错了。一次我和堂哥的客户，一个老板发生了争吵，吵了几句，我堂哥说不要吵，现在的生意不好做，我就不干了。出来后在QQ上遇到了原来的一些朋友，是一个村的。一次我们去商场，看见游乐场的凳子上放着一个黑色的包，就偷偷拿了，当时就被抓了，没想到里面有十多万块钱，还有贵重物品。

问：过程很简单，后果却很严重，能不能说说你的家庭？

赵：我们家里，我母亲是顶梁柱，我爸爸呢，在村里做点油和米的小生意，以菜油为主。后来出了严重车祸，赔了对方100多万块钱，还欠八九万块钱。金融危机的时候，粮油生意难做，我爸爸自暴自弃，打麻将混日子，就靠我母亲，我母亲发现拿白粉好赚钱，就没有多想，我们那边这种东西很多，就带到上海，被判了7年。家里出了事情，学校里又和同学打架，我就干脆不读书出来了。这十几年里我什么都干过，社会上混，打架，收保护费，最让我成长的是进来以后。

前面2次坐牢，我感觉是年轻，无所谓。第一次反正我没有偷，就是抱着这样的心态。第二次也不就是一台电脑吗，也就是几千块钱，无所谓，也是一年，不怕，我年轻，我能坐。我年纪轻有本钱，我已经坐过一次牢了，不怕再坐第二次，当时的心态就是这样，无所谓的感觉。第一次和第二次时间短，还没有眨眼就出去了。

问：成长的收获是什么？

赵：第一，做什么事情都要考虑后果。第二，会从内心会为家里人着想了。以前做事情只能想到表面，不能从内心，从多方面去想。以前感觉我母亲坐牢，想她了给她打300块钱，没有想到就算了。爷爷年纪大了，就邮寄一点过去，觉得家里人都可以照顾爷爷的，想的不周到。爷爷对我很好，现在最希望的就是出去还能见到爷爷，还有我母亲能原谅我。第三，会为以后考虑，为将来打算。混？还是学手艺？学什么？我是想学车床，出去有一个谋生的技能。现在我感觉一家人在一起就是最大的幸福！

现在是被判12年，我该怎么做？我该怎么样努力去争取减刑？我该怎么样和家里人沟通？怎么样把自己的本分工作做好？还有和劳改犯怎么样处好？我的脾气有时候也倔的，肯定要适应环境，想得很多。以前我像是一个长不大的小孩，不管做什么都无所谓的感觉。现在不是了，我是大人了，只是代价太大。

问：以前入狱的时间短，感觉没有什么就过去了，这次痛苦，因为时间长是吗？

赵：第一次坐牢以后，想报复社会。第一次出来时，去原来工作的厂里，全部都变了，面目全非了。第一是回去后老板不是那么亲热了，一年多没有去了。第二是朋友看我有戒备，戴有色眼镜看我，那样的感觉。既然我和你们这些所谓的好人待不到一起的话，那么我干吗不和坏人待在一起呢？干吗不和以前的同案待在一起呢？我干脆和他们去偷，我当时的心态就是这样。反正不是我偷，他们敢偷我就敢拿，就是这么简单的事情，当时的心态就是这样逆反。反正他们偷来，我就拿，分钱的时候他们多一些我少一些，无所谓。一个手机卖1000块钱，他们分600块钱，我分400块钱。他们偷来我去卖，就好了，反正我不去偷，我就是这样的心态。你们去偷好了，不是我的事情。

我去看我妈时，我妈说如果再做这个事情就不认我这个儿子了，这个话是我最怕听见的一句话。已经不是怕听到的问题，是不知道怎么面对她，到现在都不知道怎么样面对她。最大的希望就是见到我的爷爷，他82岁了。我爷爷对我最好，他和我说，最大的愿望是看我结婚，结果第二年我进来了，哭笑不得。不想没有什么，一想就痛苦，哭又没法哭，一股气出不来的感觉，不哭心里又难受。你今天找我，我说了很多心里话。

问：监狱的痛苦，使得你考虑到你的行为给自己和家人带去的痛苦是吗？

赵：是的，第二次出来的时候没有想到坐牢，没想再去犯罪。出这种事情，我也后悔。但既然别人用这样的眼光来看我，我就这样做，逆反。出去以后，我的身份就变了，和普通人已经不一样了，已经无法回到原来那个世界了。以前很好的朋友现在防着你，以前关系好的时候是把衣服脱下来时和我说，赵某，衣服里有500块钱，你给我看一下。坐牢出去以后，就不会这样说了，肯定是把钱拿走了。第一次出去的时候，我想好好过，但现实不是这么回事，不仅仅是别人看我的眼光变了，而且是说话的态度也变了。以前很和睦的，现在是怕你的感觉，说不出的滋味。看见你是恐惧的，是可以感觉到的，不是一类人了。我是什么时候找到好人的感觉呢？和堂哥一起喝酒，出去玩，在他们的厂里跟他们一起喝酒，那种感觉让我觉得我不是一个坏人，我也是一个非常平凡的人。

问：好人的感觉是什么？

赵：是心态，轻松的感觉，有自信的感觉。为什么自信呢？打工的时候，堂哥把我叫去里面，把里面的钥匙给我，把产品给我，让我带几个年轻人把这个产品做出来，然后拿去厂里，赚钱。他就这么信任我，我就一定把事情做好，我就证明自己，心里也就慢慢被感染，他们给了我一个很大的舞台。虽然只是几个月，他们让我有了做好人的感觉。

问：你第二次出狱的时候，你和你的堂哥喝酒玩的时候，你还可以找到好人的感觉吗？

赵：是的，而且还能这么放心地把厂里的设备、材料交给我，甚至叫我带他们的工人。他们信任我，给了我一个舞台，让我去改变。

问：出去的人担心的不仅仅是歧视，还有戒备，戒备了以后就无法接近和沟通。

赵：我还好，我还是有几个朋友，给了我很大的帮助，他们不会看不起我。在村里没有拿过别人的一针一线。不过吃的不一样，偷过西瓜，梨啊。歧视我不怕，别人只是说说而已，我就害怕家人。

问：有没有反思过究竟是什么让你走上了这条路？你为什么和这些朋友一起？

赵：我的朋友非常非常多，好人我也跟你在一起，你是坏人，我也跟你在一起，你是吸毒的我也跟你在一起。贩毒的，偷抢，打架，杀人的我都混。我们村里，偷的、抢的很多，还有贩毒的。靠打架为生的人我认识，本分的人也认识，我喜欢和同学朋友一起玩，有事相互帮。

问：哪些朋友和你走的近？

赵：一般是打工的，还有本分的，和偷抢这些是一般的接触。偷的抢的把手机给我，200 块钱卖给我，我就要了，然后卖给本分的人，300 块钱给他们，从中捞一些好处费，所以好的人坏的人都认识。那些出来打工的穷人，买不起新的手机，就买这样的手机。偷的抢的认识我，让我卖，肯定要给我一点好处，我一般是卖了以后再给他们钱。很多本分的人到我这里买手机。我那个时候上班空余的时间多，想找一个发财的路，就找这个。我认识的人很杂，什么样的人都有。吸毒的很多靠偷的，用偷来的钱吸毒。混社会的人，打架要找人，我会帮忙去找，找来的人都是摆架子的，吓唬吓唬别人的，不会打架。我的人际交往非常广。不过我还是希望能回到好人的生活，本身就希望做一个好人。

问：和家人一起是幸福的对吗？

赵：现在感觉想和他们一起是奢望。因为坐牢，我也很怕别人提起我母亲，感觉心烦。因为愧疚，内疚，有种对不起她的感觉，如果看见我妈我肯定控制不住眼泪的。

问：有了痛苦，你才会多思考，才会长大。你为什么会认识这么多的朋友？

赵：和性格有关系，我一是比较活泼，二是喜欢接触人，不管好人坏人，只要对方把我当兄弟我就把对方当朋友，对方敬我一尺我敬对方一丈，我这个人就是这样。为什么走这个路？我说不上来。

问：是啊，标签对人的影响还是很大的。还有一个问题，出狱以后，你会做什么？

赵：出狱后打工的很少，几乎没有。我可以和你说，多半都是做生意，办厂，找点事情干。都是买个车，跑运输，这是有经济条件的，拉拉客，做点生意，倒卖农作物。一般都是不受别人管的，因为你在这里已经被别人管得怕了，不能再受什么约束了。

问：不想继续被别人管吗？

赵：是的，因为不想被别人再管了，这个是百分之百的。去外面会给自己自由，有自己空间的感觉，这个是最起码的。在这里我是想学点手艺，加上原来的手艺，出去买车床，找几个年轻人，到我堂哥那里拿点活干干……

问：你的这个说法，出狱后不想再被人管，我还是第一次听说。

赵：是的。我现在在监狱里，也学会看书了，喜欢玄幻的小说，玄幻小说是用来保持年轻的心态的。他们问我为什么对玄幻小说这么喜欢。我说要保持一种年轻的心态。因为玄幻小说给我的脑子注入……像魔法一样的幻想，对心态有好处，感觉越来越年轻了。保持这种心态，十年出去以后我还是 20 多岁的心态，我还是有机会去感受这个社会的另外一些东西。玄幻书还让我保持一个积极的心态。书里的主人公都是坚定的，经过很多磨练，经受很多打击，才能成长，最后成为很厉害的人物。所以我现在感觉，我就是玄幻小说的主人公，我现在坐牢，就是在承受这种打击，出去以后我还会把另外的一面展示得更好。以前不喜欢看书，现在看书是乐趣。上次打电话回家，我老爸感觉我不一样了。以前是孩子，幼稚，特别幼稚，不管做什么都我行我素。

问：你以前为什么不读书了？

赵：家里出了事情，另外是我不想读书。经常和别人打架，那个打架是很厉害了，都是拿着马刀，你砍我我砍你，11岁左右开始的。家里还赔了很多钱，还被我爸爸打。14岁我出来了，3年后我才回过一次家。那个时候我已经有了自己活下去的能力，不要他也可以活下去。17岁回家的时候我说话更硬气，脾气越来越暴，很暴的，认识的人越来越广。我爸叫我少打架惹祸，我听不进，年轻啊！现在，在看守所看见砍死人的关进来，觉得怎么这么愚蠢。当时是一时痛快，代价很大，一刀捅进去，血飘出来，热乎乎的，我也有那样的感觉，不过我没有把人捅死，一刀就能赔进去一辈子，都完了。

我这次进来，也是倒霉，现在还年轻，也没有老婆，人的一辈子很快就没有了。现在的改造形势越来越好，要是累犯也可以假释就好了，能早点出去就最好。唉……要是现在我四五十岁就好了，坐牢就无所谓了。

三、理论分析

（一）富兰克林·威廉斯三世（Franklin P. Williams Ⅲ）标定理论

富兰克林·威廉斯三世将标定理论的要点归纳为十项：第一，社会是以相互有一定重叠的多种价值观为特征的。第二，任何个人行为的性质，都是通过使用价值观进行衡量来确定的。只有通过对该行为作出某种反应，才能把该行为确定为越轨行为。第三，越轨是这种反应的一种性质，而不是这种行为本身所固有的一种性质。如果没有反应，就没有越轨行为。第四，一旦行为被社会观众所发觉并被标定为越轨行为时，从事该行为的个人也会被标定为越轨者。第五，当被标定的人是那些在社会上权势小于其观众的人时，反应和标定过程更有可能发生。因此，往往更容易把社会中无权无势者的行为标定为越轨行为。第六，反应者（个人、社会群体和法律实施机构）可能会更密切地观察那些被他们视为越轨者的人，因而会在这些人中发现更多的越轨行为。所以，对以后发生的行为反应得更快，贴上的标签也会更牢固。第七，一旦个人被贴上标签，观众就会用所贴上的标签来看待这个人。被贴上犯罪人的标签的人，首先会被看成是一名犯罪人；没有包括在标签之中的其他品质可能会被忽视。第八，除了因观众而"逐渐变成"一个越轨者外，个人也可能开始把这种标签当作自我认同（self-identity）。对标签的接受情况取决于个人原来的自我概念的力量强弱和标定过程力量强弱。第九，自我概念的变化导致对越轨者的性格以及越轨者的品质的内化。第十，进一步的越轨行为（继发越轨行为）是根据越轨者的标签生活与行动的结果，往往也是越轨者亚文化群的一个组成部分。[1]

（二）富兰克林·威廉斯三世标定理论的应用

谁来标定？谁来贴标签？这涉及人际关系，是那些有交往的不同熟悉程度的人，是从小到大生活在一起的人，是朋友，是法律机构，有的甚至是亲人。第一次出狱，赵某回到村里，又回到原来工作的厂里：

---

〔1〕 吴宗宪：《西方犯罪学史》，警官教育出版社1997年版，第729~730页。

赵：村里，他们戴着有色眼镜看你，农村就是这样，对你还害怕。我感觉心里面不舒服，就跑出来了……去原来工作的厂里，全部都变了，面目全非了。第一是回去后老板不是那么亲热了，一年多没有去了。第二是朋友看我有戒备，戴有色眼镜看我，那样的感觉。

标签是什么？是词汇（坏人），是眼光，是态度（不信任），是他人的情绪体验（恐惧和戒备），是自己的心态（沉重、自卑），是味道，是身份：

赵：不仅仅是别人看我的眼光变了，而且是说话的态度也变了。以前很和睦的，现在是怕你的感觉，说不出的滋味，看见你是恐惧的。是可以感觉到的，不是一类人了。

赵某出于逆反，实际是报复社会：

赵：既然我和你们这些所谓的好人待不到一起的话，那么我干吗不和坏人待在一起呢？干吗不和以前的同案待一起呢？我干脆和他们去偷，我当时的心态就是这样。

将标签做了自我统一性（自我同一性），或者是做了自我归类，认同了标签背后的意义。然而，生活并不这么简单，赵某的生活中也有积极的被忽视的标签：

赵：我是什么时候找到好人的感觉呢？和堂哥一起喝酒，出去玩，在他们的厂里跟他们一起喝酒，那种感觉让我觉得我不是一个坏人，我也是一个非常平凡的人……（好人的感觉）是心态，轻松的感觉，有自信的感觉。为什么自信呢？打工的时候，堂哥把我叫去里面，把里面的钥匙给我，把产品给我，让我带几个年轻人把这个产品做出来，然后拿去厂里，赚钱。他就这么信任我，我就一定把事情做好，我就证明自己，心里也就慢慢被感染，他们给了我一个很大的舞台。虽然只是几个月，他们让我有了做好人的感觉。

标签、标定的过程，就是心理在至少两个方向逐渐感染的相互冲突的互动过程。盗窃，有物质利益的获取、刺激，促进一定人际交流的功能，报复社会，满足任性和骄傲等好处，对于缺乏选择和希望的赵某来说，虽然也想回归"好人"，但还是选择了"坏人"。

四、角色扮演与自我反思

_____

_____

五、问题与思考

1. 标定理论和自我归类理论有什么异同？两者的侧重点分别是什么？

2. 赵某被贴上负性标签后，有什么负面效果？在其犯罪心理与行为的发展和演变中起着怎么样的作用？试着从时间、信息加工的容量和情绪等角度进行分析。

3. 赵某为什么会产生自我认同？其背后的机理是什么？

六、摘要与关键词

摘要：_____

_____

关键词：_____

学习情境六　孙某的盗窃案

一、学习目标

1. 掌握鲍姆林德教养方式理论。

2. 掌握关键词：管教与约束、逆反、报复、抓时间、"中意"。

二、案例导入

（一）基本信息

孙某，男，30 岁，汉族，初中文化，无业，未婚。一年半之内，通过爬窗入室，窃得现金、笔记本电脑、金饰物品价值 40 万元。有两次前科（抢劫、盗窃），被判无期徒刑。

（二）访谈整理

问：你前面已经有 2 次入狱的经历，有没有反思过？

孙：我沦落到现在这样的原因很多。第一次出狱后回过家，但时间不长，1 年后又进去了。第二次坐牢出来，什么也没有了。出来这么多年，没权没钱，就不好意思回家。回家不能什么都没有，一天到晚窝在家里，吃家里用家里，感觉……最后一次做（盗窃）得大，做完就回家待着了，不做了，也快过年了，几年没有回去了。回去了没多久又出来了。

问：为什么又离开家？

孙：我爸妈还是和以前一样要管我，啰唆，我就有点逆反心理，烦！

问：你不喜欢爸妈管你吗，我看你是独子，小时候父母很宠你吧。

孙：小时候都是爷爷奶奶带，他们确实很宠我，要什么给什么，可惜他们都不在了。我爸妈在外面打工，我读小学才去我爸妈打工的地方，后来他们也管不住我。

问：我看你是初中毕业，在这个年代，父母肯定不会只让你读到初中，往往是你不愿意读了，父母管不住你了，才不读书对吧？

孙：是的，一个是他们管不住我，还有就是我爸妈本身关系就不好，我爸妈还是吵架，老是吵架，没意思！他们又吵架了，我不如不住，年也不过了，就走了。本来还想叫女朋友到我们家过年。如果这次不被抓，我也不会再去干了，我是想过安稳日子，我都退出来了，不想做了，欠父母的太多了！

问：你什么时候觉得欠父母太多了呢？

孙：第一次坐牢的时候就有这念头了。现在呢，他们年纪大了（老年得子），能不能等我出去……在我的脑子里，还是先改造，一切出去再说。我不想去想前面的事情，因为一想啊，很多都是想报复的事情，一去想，就想报复，我的报复心理也很强。因为在我心里，干这个事情，其实很多都是在报复"你们"。

问："你们"是？

孙：不公平的社会。出狱的人，有一个手艺，技能，绝对不会再犯罪。在监狱里，今天做这个，明天做那个，什么都没有学到，什么都没有掌握，出来什么都不会。减刑也没得减。出去呢，得到的帮助也少。找工作，像我们这样初中文化的，一般的厂都不要。我对物质生活不是很在意，开一个小店，可以维持生计就可以了。我作案11起，前面涉案金额少，最后一次很多。这次做完，最后一次，就收手不做了。

问：你觉得监狱里没学到什么，出来后获得的帮助少，还有没有其他原因呢？

孙：有钱和没钱的人区别太大。在外面，凭自己的能力去做，不可能达到他们那样。我看见一些人，和我们一样，不知道他们在干什么，一天到晚不干活，一天花的钱比我们一年花的钱还多。这样的人我们见过，也跟他们打过交道，但我们没有那个本钱，没钱根本滚不起来，做点小事都做不起来。

还有，在我的脑海里，被约束的时间比较长，一下子，既然出来了，很难约束自己。很难约束就是说，不喜欢别人用上级命令下级的这种态度，口气……今天叫你干这个，就干这个。老板对员工不好，老板也是能多赚一分就多赚一分，一个老板是绝对没有满足之心的，如果会满足的话就不会说这种话，就会对员工很好。我遇到很多这样的老板，就没有心情去他们那里上班。下面的管理人员也是这样。像我这样的劳改犯，坐过牢的人，坐牢时间长了的人，你这样约束我，对我这样说话，我干什么要待你那里呢？

问：你这样的感受是什么时候开始有的呢？

孙：第一次出去的时候，我受到的约束比较多，有些约束也是需要的，但是他们是……约束是对的，但是我心里觉得……有一次我去送东西，很远，几乎是不可能准时到，也要我准时到，要我想办法。我准时送到了，虽然时间达到了，他们还是嫌我送得少，老板态度很不好地就说我不行。我碰到的太多了。有钱的老板和做生意的老板，都是靠工人帮他一点一点地积累出来，老板就跟机器一样，在剥削。我是偷有钱人的。对那些没钱的，我基本上不去偷他们。在外面，像我一样没钱的人太多了，穷的时候连饭都没有吃，我会去帮他们，有时候请他们吃饭，有时候帮他们回家。

有些人是很想干活的，但没有时间给他们学，不可能一出生就会做事。现在要求都是熟练工，要工龄2年甚至5年以上，达不到，哪里有这样的时间给你学，真的做熟了是不会离开厂的。有些是年纪小，年纪小不收，没有身份证。一个人没有吃没有喝就会豁出去了。很多人没有钱，走上偷抢的路，和我一样，这些人如果有小小的帮助的话应该不会去犯罪。有的是家里父母不和，对孩子要求严格，本身也是为他好，要求高，他承受不住，就出来了。我听到我父母吵架，为了我吵架，为了我的事情吵架，就感觉我是不是不应该待在这里。我听不见，看不到他们了，我的心里会踏实一点。他们不吵，我也不会离开家。为了我吵架的话，我不需要待在家里，待在家里干吗呢？所以就出来了，出来了就基本不和家里联系了。

问：离开家，你觉得最苦是在什么时候呢？

孙：2007 年左右吧，因为小，在外面饱一顿饿一顿的。那个时候跑铁路，到处跑，全国各地。就靠火车上的一点东西，有时候是捡来吃。那个时候家里负担重，没有钱，我赚不到钱也不会向家里人要钱。

问：那个时候是一个人吗？

孙：开始是一个人，后面慢慢是几个人一起，和要饭是一个样，头发很乱，就这样过。

问：你离开了学校，离开家，有没有感觉孤独呢？因为你未成年，周围多数是大人。

孙：出来的第一年没有什么，我就在家附近，很多人都认识，没有孤独感。到外面去的时候，有过，全国各地跑的时候有孤独的感觉。车站这边又乱，晚上睡觉的时候，身上不放钱，睡着了身上的钱就没有了。衣服也被割破，睡觉就警惕了，神经就绷紧了，不像小时候睡觉安稳，所以先要把自己照顾好。

问：你当时年龄还小，看见这些乱和苦，你有什么感觉呢？

孙：当时感觉比较轻松啊，没有父母的那种约束，听不到父母吵架啊，如果这种日子能够过下去，也好。后面慢慢看到这些偷的人啊，吃好的，喝好的，能赚钱，其实也蛮好的。我们就帮助旅客上车，特别是过年的时候，他们买了车票上不了车，车走了也没有办法。我们就帮他们上车，警察来了就跑。围墙打洞，或架一个梯子过去，也能赚几块钱，挺好过的。

那次，就是因为这个坐牢了，判了抢劫。那个人买了车票，其实他不花钱也可以进去。但是我们还是要了他 30 块钱，就是这一点点。没有我们，他也可以进去。我们也不是说是好人……错就错在我们要钱。法官说，你们不是车站的工作人员，你们凭什么收钱？帮助别人可以，免费才叫帮忙。遣送站像我们这样的人太多了，什么都没有，聊得来，年纪差不多，合在一起去，就去干这些，感觉还能赚一点钱。

我也是很坏的，对有钱的人心里不平衡。我偷的基本上就是本地人，他住的房子至少是在 50 万块钱到 100 万块钱，我对他们会狠一点。有钱人一般住新房新小区，都是新式的，一看就知道是百来万块钱的，有车有房，这些人也不会在乎这点钱，对他们是没有什么损害的，没有什么很大的损害，最多就是损失一个月的钱，何况这些钱也是打工的人辛苦给他赚来的，对他们这些人从来不会有同情。

问：你怎么偷呢？

孙：我作案地点一般是高层建筑，摔下来的话基本上是一次性解决。不愿在下面（低楼层）做（偷），如果一失手，摔一个半残，更麻烦。因为一次从（矮的）楼上掉下来，我感觉那个时候死了比较好，痛快一点。半身不遂的话又是欠着家里面，又是难过，又要向家里拿医药费。所以，我一直……我也喜欢刺激一点，要么来险一点的，比较刺激一点的，这样对自己的胆量和镇定性啊，都有锻炼。我毕竟不想干这一行一辈子，需要锻炼自己的心理承受压力。

问：你在为以后做准备吗？

孙：是的，以后还是想过普通人的生活。首先要提高自身的素质。我在坐牢的时候想，我们这些人啊，感觉一点素质都没有。警官也说你们这些没素质的，个个都是这样。那个时候我就开始学，保持自己的素质。毕竟我要有一定的素质才能达到自己的那个……（目标）。有了素质，人家看得起你。虽然我文化不高，但可以学。

问：你喜欢在楼层高的地方盗窃，摔就摔下去了。感觉你对自己的生命看得比一般人更无所谓对吗？

孙：那不是无所谓，如果是摔得半身不遂啊，还不如死了好，省得家里麻烦，高一点比较好。再一个，房子高一点，我作案要好做一点，顶楼和底楼一个样。而且底楼来来往往，什么东西都多，顶楼没有什么，人员也少，夸张一点做没事。而且，安全是比下面要安全多了（被抓的角度），就是（人身）危险性比下面危险性高一些。

问：人身危险性顶楼高，但是对于作案来说却是安全的是吗？

孙：安全十倍都不止，失手了就要看你自己的了。我在建筑工地上做过，所以不怕高，我怕的是被别人看到。还有一个就是万一摔下去，半残，家人又烦了。以前住院的时候也是这样的，家里人来看，烦的要死。

问：感觉你对家庭的寄托很少是吗？

孙：因为我也不希望父母亲为我操心太多，我已经欠他们很多，不想再欠他们。反正我可以照顾好自己，各方面就不要为我考虑，只要他们自己过好了，不来操我的心，不来烦我，少吵一点，我感觉就够了。我要是回去，他们能不吵不闹的话，我感觉也可以，我也会开心一点。

问：活在这个世界上，让你牵挂的东西比较少对吗？

孙：我也没什么好牵挂，我做这个事情是准备好坐牢的，迟早有一天要坐牢。我很清楚，不希望他们牵挂我。坐牢的话，如果心理负担太重，这个牢很难坐。坐牢，越少牵挂越好。因为你牵挂外面，你也帮不了忙，而且会把自己的情绪搞乱。在这里改造，一有情绪，就很容易出事，很容易犯错。在这个地方，不能有情绪。对家里，感觉自己很冷血一样，感觉没什么感情。也有人说，我和父母好像没有那种血缘关系，好像对父母没有……其实我也不是这样，我也很矛盾。对家人，不能让他们为我操心什么，来（看我）一次就可以了。再就是做到一点，再苦，不向家里要一分钱。

这次判的时间长，我的想法比以前更多，就想直接去大西北服刑。矛盾，心里感觉也那个……毕竟父母年纪也大，一年来看你一次，肯定会有。感觉他们来，不是说不好，而是感觉来一趟，看上去……一年比一年老了。来一次，肯定又是哭哭啼啼。我想，还不如不来，远离他们还比较心安一点。

家里如果出了事情，我知道了，但我不会……我有这种感觉，我对家里面，对外面的事情无所谓，不关心，我现在已经做到一点点了。外面的一切事情我基本上不会去关心，不会去想他们，父母爱怎么样就怎么样。他们过得好最好，过不好是他们自己的事。我自己这里做好，我出去以后能弥补就弥补，弥补不了我也没有办法，只能这样。

监狱，对我来说，确实很好，感觉这里有很多东西可以学，还可以上课，以前没有读书，现在有点想读书，这对我以后有好处，文化还是要的。我不进监狱，按原来的条件去适应用工单位的条件都很难，现在不学，以后适应更难。我记得我以前坐三年牢出来以后变化就很大了。

问：适应有生存的适应，还有人际关系的适应对吗？

孙：是的，人际关系我处理不好，很孤僻。以前有想好的时候，又减不到刑，没有把握好，昏头昏脑的就过去了，那个时候年轻又无所谓，没想那么多。

这次的案子，最后一次，是瞎猫碰到死老鼠，没抱希望碰到这么多，现金就有12万块钱，我就回家了，随便做点什么都可以，我准备做点手工活，但几天后就被抓了。本来稳稳当当的，这辈子也不会去做这个事情了。

问：除了担心父母的身体，还有什么呢？

孙：担心他们吵吵闹闹，很揪心，毕竟我这个事情他们肯定操心不少。在村里不是一两年能够平息下来的，我们村里就我一个坐牢，村里人叽叽歪歪的，议论我家里人。议论我是没有什么，但感觉我父母被孤立会有些难受。

问：你刚才说，在监狱里要控制情绪，否则容易出事情。为什么这么说？

孙：情绪是很可怕的（他加重了语气），可以让你做出任何可怕的事情。现在对我来说，任何事情和情绪，都不会发展下去，最多几分钟马上就压抑下去，就平息了。我以前是很暴力的那种人，我现在已经把它压抑下去了，不能有这种思想。以前年纪轻，事情也不懂，是比较暴的。现在是学到了不少，其实没必要。打赢别人了你也赢不了，在这里没有什么面子不面子，要忍住。我在想，我的脾气压下去，会不会到时候爆发？应该不会吧。尽量把"忍"字带到人际交往中，好好交往，就不会有情绪出来。

我在作案的时候想过很多，我想过当场被抓住的情况。我是高层盗窃，在房间里被堵，要反抗的话，除非把人弄死，要弄死的话，要很狠，要用刀捅，这样就走到了极端。我是这样想的，你们抓到我，我最多坐十年牢。我就……压住我的这种（反抗的想法）……千万不要有。在监狱，一些抢劫犯和我们说，你们做这种事情都会被抓住啊？随便制服他不就跑了？很多抢劫犯都这样说。要制服我也知道，当时是可以逃跑，但正常的情况是绝对跑不了，毕竟是高层，还有搏斗，像我们这样有案底的，肯定是有……作案做得再好也会露马脚，这样就会是杀死的。我做这个事情，不能做到杀死对方。我是做好心理准备，次数多了，总有一天要失手。

我学坏也是因为被逼得没办法，没有饭吃，眼睛发黑。以前是偷东西吃，到别人的厨房里偷，从小小的地方开始偷，越搞越厉害。出来打工没有钱，就躲到网吧里去，10块钱一个通宵，可以睡觉，是一个温暖的地方，冬天的话，很暖和很舒服。以前是在录像厅过夜，也是一个温暖的地方，没有钱就住那里。

有人为什么判了抢劫？因为不懂法律，不知道里面的细节。有一个案例，有个罪犯去偷东西，被女室主发现了，发现了后，这个人说我是几天没有吃饭了，生活所逼。女室主一听生活所逼，就给钱给他，叫他马上走，走了以后她就马上报案，就是入室抢劫。他就死不认罪，认为自己不是抢劫，不认罪。如果是我，没有吃的去要吃的，钱不能拿，拿了就是抢劫。要点吃的，不能算我抢劫，钱不能拿，本来不拿最多就是非法进入他人住宅。他年龄小，不懂。这样，他就会有不满，对社会，对法律不满。犯罪的时候，只要我不受到威胁，我不会去动被害人，绝对不会！

问：你盗窃的时候带什么呢？带刀吗？

孙：从来不带，就是一个背包，是肩包，还有几双袜子。我作案的时候手上戴袜子，不戴手套，我们坐过牢的人会留指纹。为什么戴袜子，是考虑到了小区安保，没有做的时候，万一有保安上来，搜你的身，问你话的话，手套没有袜子安全，我拿来穿的为什么不可以带？好解释一点。有些好小区根本进不去，所以就需要一些素质，如衣着啊。我们偷的人，毕竟偷偷摸摸，没有偷就可能被抓了，你的眼光已经透露出来你要偷东西了。像一个刑警，专门抓小偷，他在10米以外就知道你是一个小偷，就像我做了这么多年，什么样的人我一看就知道，所以我要把自己变一个样。给任何人的感觉就是我不是做这行的，偷偷摸摸毕竟不光彩。

问：你做了这行，你觉得你的变化是什么呢？

孙：法官说我恶性隐藏深，我确实是这样，隐藏得一般人看不出来。我是根本不把这些小区的保安看在眼里，有时候也把公安不放眼里。只有这样，你才会心不虚。心虚了，一个穿警服的人走到你面前，明明不是抓你，你就害怕了，会露出一点什么。有时候，坐在警官面前，我的心就跳，心跳比较快，我也不知道怎么回事？我经常去压抑这种紧张。

我进的小区，90%都是要被保安问，保安看到不熟悉的人肯定要问，很多方法可以掩饰，比如用手机，边打电话边走进去，说我已经到楼下了把门打开啊，有时候是边骂边走，怎么搞的，你在哪里？去钻空子，找掩饰方法。每个人都不一样，方法不一样，每个人都会掩饰。窗户我会开，锁不会开。开窗户，是别人教我的，原来是撬，别人一说我就知道了，上下错开再左右移开，很简单，这样就不用带工具，我又改进了作案方法。很多人说，刑期短的人，越改越坏，越难抓，我也有这样的感觉。很多抓不到犯人的案子就是这些人做的，法律知道一点，心理素质调整好，心不虚就不容易抓了。每次案子做了以后就离开这个城市，我算是流窜作案，难抓。有时候是埋在……躲在一个房间不出来，在宾馆。一开就一个月，我住在大一点的，看上去比较好一点的，不是很乱的地方，还是正经的地方。

问：你希望自己有一点品质对吗？

孙：是，虽然没文化，但我喜欢上层人，靠近他们，我又很嫉妒他们，对他们的报复心理重。我的修养和他们比起来，还是差点。我还是要多学点，为以后改行提供基本素质，以后做生意需要这些，做生意如果连基本的素质都没有，只能打工。

问：你训练自己的方式不一样，素质提升的途径也不一样对吗？

孙：我是靠某种方面，即人际交往方面来提升我自己。和打打杀杀的人聊天，他们不会聊的很深。混拳头的看不起我们这种人，我们也很看不起他们。他们是靠拳头，为了小事情，为了面子，打打杀杀，有些还为了女人。打打杀杀，如果为了自己还好，如果是给别人卖命的话我看不起，这种人我看不起。有的人喜欢大偷，不喜欢小偷。

问：犯罪到了一定的程度，素质会有改变吗？

孙：是的，这些事情我为什么记得这么清楚？因为我会去反省一下，哪里做好了，哪里没有做好，哪里做得比较完美，我会回味，经常有。去偷的时候，没被抓住，会去回想我是怎么完美处理的。没有被抓住，说明我的考虑是对的，计划和想法是对的，我做的也是对的。再预测以后该怎么样做。还有就是……有一点点警察抓不到我，高兴的感觉，我感觉他们拿我……找不到我，捉迷藏的感觉，有一点点刺激。会松一口气，去的时候是紧绷一口气，去作案的时候毕竟有心理压力，调节的时候会有压力，硬压着会好一点。偷，即使心理素质再好，心跳也会加快，因为明知是在犯错，肯定是有这种心跳的。做好出来以后，心情开朗，感觉抓不到我，这个感觉我说不上来。心情开朗，就是很难抓我了，我换位置了，我反正去潇洒了，让被偷的人受一下气。卖东西（赃物）也有烦恼。我很简单，随便到那个城市，只要不贪心，你就能很快卖掉。如果知道值1万块钱，人家问你多少钱出。你要反问对方，你要出多少？他出一个价钱就可以给他了，就不要说第二句，既然你已经找到这个人，你就要卖给他，不管他出多少钱。他出2000块钱，你就给他，这个东西来路不正，我是基本开多少我就给。

问：你销赃的时候会担心什么吗？

孙：黑吃黑啊，被吃了一分都没有。这样的人看东西看多了，看了基本上就会要，八九不离十。你就只能把自己的东西卖给他，一般是他说多少就多少，我知道吃亏了也就这样。我一次偷来欧米茄手表，很容易被我卖掉了。真的表，价值12万块钱，很好卖，想要这些东西的人太多了。

问：你当时拿到哪里去卖的呢？

孙：小摊，因为我不会……因为我也不知道这个东西……要不就是去当铺，当的话可以说这个东西比较值钱。

问：12万块钱的手表你当时卖了多少钱呢？

孙：8000块钱。

问：钱就这样损失了，你什么感觉呢？

孙：没有，因为有风险，反正不是我的，无所谓。我对钱很满足，考虑我的安全，不可能跟他们讨价还价。我听说了很多事情，因为讨价还价黑吃黑。这种东西随时会有，很可能又会有，我作案都是偷有钱人，很普遍的，也不会在乎卖多少钱，他赚去好了。

问：为什么第一次是抢劫，第二次你就转化为盗窃了呢？

孙：因为在监狱里感觉抢劫太严重了，盗窃不管怎么样都能活。盗窃比抢劫要轻，总归不会那么大，人家找你也就一个事情，抓住一次是一次，只要以前的不承认，别人拿你没办法。没钱的时候，抢劫不敢去做，抢劫，胆量确实要有一些。有些人宁愿去抢劫不愿去盗窃，而有很多人呢，稍懂点法律的，宁愿去盗窃也不愿去抢劫。

问：为什么会有这样的差异呢？

孙：感觉心理有点孤僻，不愿意和人交流的人，容易盗窃。开朗的人盗窃很少，抢劫很有可能。暴力的人多数比较开朗，容易抢劫。盗窃不是很光彩，你不会说自己是盗窃的。抢劫的人有胆量，不会去偷，很多人看不起偷偷摸摸的人。有的人有胆量去抢，没胆去偷，他抢可以，拿刀子，明着来，却不敢偷。有的人是有胆量偷，却不敢抢。

问：看上去矛盾，却很实在。没胆量去偷却有胆量去抢，没胆量抢的却有胆量去偷。

孙：偷的人孤僻，不孤僻、要面子的人，90%不会去偷。有些是先去偷，后面转化为抢，这种情况很多。我被抓的时候，没有跑，也没有吭声，怎么样算抢劫我知道，所以我才有这样的反应。那次，我作案的是高层，想跑也跑不了，也没有必要反抗，因为毕竟只偷了1000多块钱，那次被抓是在28楼。我看赌场的时候有小匕首，我出去从来不带。刀带在身上很容易出事，毕竟刀本来是拿来壮胆的。一有事你很容易把刀掏出来，一掏出来，明明你不想抢，哪怕是把偷来的钱还给他，我把刀拿出来我就是抢劫！

问：本能让你把刀拿出，担心更严重的后果，你就不带刀，把后路先断了吗？

孙：是的，把自己的后路断了。永远不会发生这个事情，被抓了就一次，也不会把罪行扩大。毕竟我作案不会留什么痕迹，我很小心，比如进去以后不会去抓头皮，不会留毛发。我的恶性比较深，有时候是连续作案，有时候是一天做2次，我好像是在抓紧时间。

问：抓紧时间是什么意思呢？

孙：因为我找了女朋友，想结婚，盖房子，都需要钱。盗窃总有一天要失手，失不了手就再说，尽量越快越好，尽快把钱偷到，回去做生意就行了。所以要抓紧时间，赚钱要赚快一点，在家里一年一两万块钱太慢了。我30岁了，这个年龄很多人手上有二三十万块钱，车子和房子也有了。我想，搞好了，结个婚，平静地过日子。像我这样是存不住钱的，结婚了钱就会存一些，成家多一个约束。而且人需要有负担，父母亲的负担，感觉还不是很重，老婆小孩的负担会更重一些。

问：你更看重自己的家庭，感觉你和父母疏远一些对吗？

孙：父母不能支持我，很多事情没有支持，和他们商量的时候，父母的一句话就把你的想法彻底打碎！尤其缺少精神的支持，"好的，你去做"，就缺父母的这句话。有时候他们还不理解我，对我的建议和想法提出否定的意见。

问：你后面去盗窃与在监狱认识盗窃的狱友有没有关系？

孙：应该没有，就是我对法律稍微懂了一些，对盗窃抢劫的法律懂了，仔细思考过，听过了看过了，比较多了，就感觉盗窃轻一点。我从小也有一点点小偷小摸的坏毛病，这种事情只要吃到一点的甜头就感觉……

问：什么时候有这样的感觉呢？

孙：第一次作案没被抓，越做越……精心策划后，就好像感觉做得很得意。盗窃以后有这样的感觉。

问：你第一次盗窃是一个人还是几个人一起的？

孙：一个人，我从犯抢劫的那一次开始，我对任何人不是非常相信。还有，人多想法多，就会不一致，不一致就会出事情。对一些事情我有一种潜意识的感觉，感觉这个事情不可以做，感觉要出事情，要有麻烦的感觉，明明那里有钱我就不会去拿，明明很好拿的也不会去拿。一个人做的话，抓到一次就是一次。公安有审讯的方法和套路。要是2个人一起作案，被抓后，就比较好攻克，人多风险就高。我感觉一个人安全一点，错一次就一次，如果其他人没有证据的话。

问：你刚才说抢劫比较重，盗窃比较轻，这样的想法是什么时候开始有的呢？

孙：在坐牢的时候。

问：你在监狱服刑的时候，对以后出去干什么有一个潜意识的想法和计划吗？

孙：我坐牢的时候想过，如果以后什么都干不成，打工不顺，我还会走这条路。就像我现在，万一出去以后什么都没有，什么都办不成，一无所有的话，我很可能还会重新犯罪，会去选择犯什么罪，想想是否值得我去犯罪。

问：和你谈话，感觉你对以前做过的事情都记得很清楚，对吗？

孙：是的，每一件事情我都记得很清楚，都是靠脑子，每一个细节都记住。因为我对每个案子都有一个总结，总结哪些地方会出问题啊。我还要考虑事情的后果，万一出事情查到了，怎么样把这个事给圆满地狡辩掉，一直考虑得比较细。

问：你是有入狱的心理准备对吗？

孙：是的，我知道这次不是小事，不是小数目，肯定会查，万一查到我怎么办。卖东西我是特别小心，很注意，尽量不把事情弄砸。钱卖的少一点就少一点。坐牢的心理准备是有的，无非是坐长期还是短期的问题，我一直都是打算坐短期，最多就是两三年，甚至几个月，加上累犯也就一两年，没想到这么重。

问：你很理性，盗窃时刀子不带，害怕失控。卖赃物的时候不贪，对吗？

孙：是的，你带刀子了，在提审的时候，说话不注意，盗窃就有可能转变为抢劫。遇到人时，坚决不能反抗。我是入室盗窃，如果对方反抗的话很容易转变为抢劫。对方如果抓到你的衣服，你不小心用劲把人家划伤了，犯罪性质就会演变。我在监狱里听多了这样的事，我们也会经常辩论这些。我不想一直这么做下去，也不想对人家（受害人）有很大伤害，我根本没有想过要给人家很大的伤害。一个是身体的伤害，一个就是金钱的伤害。

钱，对他们有钱人来说都是小意思，真的是小意思。我的想法是，我对他们基本上没有很大的伤害，只不过是一个小小的闹剧而已。他们要是害怕的话，就是……住这么好的地方，这样的安保措施还能够进来，他们有这种心理。你们再保护的好，我照样偷，你还不如普普通通的。

问：对你的判决你怎么看呢？

孙：我对判决嘴服心不服。现在毕竟是要过两面人的生活。在这里，跟警官是一面，跟劳改犯又是一面，还有家人这里又是一面。我在这里尽量克制住，尽量学好的东西，比如说沟通啊，我的沟通能力比较弱。我把我自己隐藏得比较深，内心的坏，内心变得怎么样，别人不知道。我一直不让内心暴露出来，努力隐藏住。表面又是另外一个，表面我很好，内心我很暴躁，你表面看不出来，想象不到，以前我坐牢，是很暴的一个人。所以，我就训练我的耐性，在一个地方，我能不能待上几个小时？或者半天，或者一天，看我能不能待住。什么也不做。

三、理论分析

（一）鲍姆林德教养方式理论

鲍姆林德教养方式理论：见专题四学习情境一。

（二）鲍姆林德教养方式理论的应用

孙某是个不愿接受"权威"管教和约束的人。孙某从小由宠爱他的爷爷奶奶抚养，直到小学才与父母一起生活。孙某是90后，在某某省（经济较好）这个年代，初中毕业很少见。这从侧面说明父母无力管教和约束孙某。可惜的是，该案例没有追问、说明孙某因什么不愿继续读书。往往会有外界的某些因素，影响了孙某，使得父母的作用让位于该因素。父母无力管教孙某，更是因为双方的情感不深，在第三次服刑时，刚入监2个月的孙某：

孙：我对家里面，对外面的事情无所谓，不关心，我现在已经做到一点点了。外面的一切事情我基本上不会去关心，不会去想他们，父母爱怎么样就怎么样。他们过得好最好，过不好是他们自己的事。我自己这里做好，我出去以后能弥补就弥补，弥补不了我也没有办法，只能这样。

由于孙某读小学之前均由爷爷奶奶抚养，和爷爷奶奶亲，等他第三次入狱时，爷爷奶奶均已去世，与家庭和外界的情感纽带就更弱了，这也是隔代抚养的不利之处。减少了能够约束孙某的情感纽带。

孙某父母关系一直不好，第二次出狱后做了一次大案，孙某回家过年，父母仍旧在吵架：

孙：我爸妈还是吵架，老是吵架，没意思！他们又吵架了，我不如不住，年也不过了，就走了……我听到我父母吵架，为了我吵架，为了我的事情吵架，就感觉我是不是不应该待在这里。我听不见，看不到他们了，我的心里会踏实一点。他们不吵，我也不会离开家。为了我吵架的话，我不需要待在家里，待在家里干吗呢？所以就出来了，出来了就基本不和家里联系了。

孙某就这样，带着叛逆，过早地离开了家庭和学校，没有约束和管教的生活，虽然苦，却是：

孙：当时感觉比较轻松啊，没有父母的那种约束，听不到父母吵架啊，如果这种日子能够过下去，也好。

谁？哪些机构又能接管和约束他呢？两次时间不长的入狱服刑，似乎又是孙某缺乏管教和约束的表现。而监狱的严格管理却又加深了孙某的逆反，并增加了就业的难度：

孙：在我的脑海里，被约束的时间比较长，一下子，既然出来了，很难约束自己。很难约束就是说，不喜欢别人用上级命令下级的这种态度，口气……像我这样的劳改犯，坐过牢的人，坐牢时间长了的人，你这样约束我，对我这样说话，我干什么要待你那里呢？

本案例还有一个遗憾，就是没有了解他对婚姻的态度。婚姻一定会增加对孙某的约束，不知他如何看待。从"抓紧时间"上虽然可以看出他对婚姻的渴望和希望。而孙某却一直做好坐牢的准备，解决结婚所需的费用却是通过盗窃，这究竟是渴望还是绝望？

爷爷奶奶的宠爱（过早离世）和父母情感的疏离，青春期身体逐渐强壮的孙某抗拒、脱离父母的管教和约束，此时父母已无法用体力（暴力）管教、震慑孙某，因为此时的管教，更多的是通过情感。加上父母一直吵架，不服管教和约束的孙某不愿待在这样一个家。在火车站过上流浪的"好"生活，认识了同样是流浪的同辈群体，从小就有小偷小摸习惯的他也就自然走上了抢劫、盗窃之路。对于法律的管教和约束，孙某还是口服心不服，当法律也无法对孙某进行管教和约束时，孙某还会继续选择他所"中意"的犯罪之路：

孙：万一出去以后什么都没有，什么都办不成，一无所有的话，我很可能还会重新犯罪，会去选择犯什么罪，想想是否值得我去犯罪。

一个不服管教和约束的人，一个演化方向就是报复，报复那些管教和约束他的人。离开家和学校，是在报复他的父母和学校；盗窃是为了报复约束他的老板；盗窃也是为了报复约束他的法律等社会规则。

四、角色扮演与自我反思

_____

_____

_____

五、问题与思考

1. 孙某是一个不愿接受"权威"管教和约束的人，在哪些方面体现？源于什么？这个因素在他的犯罪生涯中起着怎么样的作用？

2. 孙某从小由（已经过世的）爷爷奶奶带大，除了宠溺带来的坏处，隔代抚养还会产生什么问题？

3. 学习是一个信号，它可能反映了什么样的家庭、学校关系？

4. 如何从俄狄浦斯情结的角度理解孙某的不服管教？

5. 孙某为什么从开始的抢劫转变为后来的盗窃？

六、摘要与关键词

摘要：＿＿＿＿＿＿＿＿＿＿＿＿＿＿＿＿＿＿＿＿＿＿＿＿＿＿＿＿

＿＿＿＿＿＿＿＿＿＿＿＿＿＿＿＿＿＿＿＿＿＿＿＿＿＿＿＿＿＿＿＿

＿＿＿＿＿＿＿＿＿＿＿＿＿＿＿＿＿＿＿＿＿＿＿＿＿＿＿＿＿＿＿＿

关键词：＿＿＿＿＿＿＿＿＿＿＿＿＿＿＿＿＿＿＿＿＿＿＿＿＿＿＿＿

专题三　｜　性犯罪

学习情境一　刘某的性犯罪案

一、学习目标

1. 掌握挫折攻击理论、同辈群体理论。

2. 掌握的关键词：替代性攻击、性的心理需求、同辈群体。

二、案例导入

（一）基本信息

刘某，男，51 岁，汉族，小学文化。有 2 次盗窃前科，2 次抢劫前科。刘某在晚上，多次将下班回家的受害人拉到路边的苗木地，持刀威胁受害人，劫取包内的现金 300 元到 800 元不等，并强行与她们发生性关系。被判无期徒刑。

（二）访谈整理

问：你多少时间适应了监狱生活？

刘：很快适应了，一个星期左右吧，我以前坐过几次牢。开始来的时候人不熟而已，其他的规定、制度啊还是熟悉的，就是刑期长了点。在这里的人都想早点出去，父母年纪大了，身体稍有闪失，要是走掉了，连见面的机会都没有，我就担心这个，会有遗憾。女儿已经结婚了。老婆，不用担心，有工作。人家说你老婆离不离婚？这个无所谓，她要离就离，我也不会怪她怨她。前面几次坐牢她都是一直在等，现在等不等无所谓，时间太长了，随便她了。

犯罪，肯定是我做错了，是我的思想不到位，造成了再次犯罪。前面 4 次坐牢，2 次盗窃，2 次抢劫。这次是抢劫加强奸。强奸，我的思想不是为了搞女人。外面我不是没有女人，外面女人很多。我是在抢劫的时候诱发了第二种想法，不是专门想去强奸。当时的场地给了我很大的机会，周围都没有人。我心里想，就跟她玩玩，无所谓。反正前面已经抢了，也没有人，就抱着这个心态，结果玩出问题。我也感觉很后悔。

问：现在最对不起的人是谁？

刘：我小孩、老婆和父母。小孩是第一位，老婆第二位，父母是最后。我对我母亲还好。我对父亲有很大的责怪，他没有把我教育好，他有很大的责任，没有他我不会有后面这么多的犯罪行为。

问：你能不能说一下你的父亲呢？

刘：唆（长叹了一口气）……怎么说呢？我都不好意思说，我很多次想骂他一顿。可以说他害了我一辈子，真的毁了我一辈子，使我产生了一种犯罪心理的变化。就是说……我老婆受过我爸的一次欺负，就是在我第二次坐牢时。我老婆一个人跑到监狱来看我，她没有办法了。她给我带了一包老家的蔗糖，就是为了特意跑过来说这件事。如果她不讲，隐瞒下去，说明她也不是东西，她也坏！那天天很冷，下着大雪。我老婆个子很小，她走的时候，看着她远去的背影，我又觉得她很可怜，很凄凉，当时眼泪就……

说实话，这件事对我的思想影响很大，真的！特别是对……特别反感，就是对女人这方面。好像有一种报复心理，甚至有一种怨恨心理。对这件事我有很强烈的怨恨，既怨恨又矛盾，这些东西需要冷静下来。很多次我都想写信给我老爸，好好跟他谈一下，骂他一顿。说实话，这件事对家庭伤害很大，双方都要做人。说出去吧，要笑掉人家大牙。如果我闹，和老婆吵，又不行，我觉得又对不起她。我坐牢嘛，她一个人在外面，是不是？女儿又这么大了，都结婚了。这件事，造成了我特别大的思想变化，造成我后面这么多次犯罪，谁愿意坐牢，是不是？

我心里就有一个结，一想到这个问题，心里想发泄一下，真的想……要么就去杀个人，或者怎么样，真的是那种感觉，很火。不知道跟谁去诉说心里的这个事情，所以造成后面的几次犯罪。很多次想找一个机会，写信和父亲谈谈，我为什么会走到今天这一步。他毕竟是父亲，虽然有错，但血缘关系还是在的，也改变不了。所以，恨他又不知道怎么办。造成犯罪的主要原因就在这里，有时候是非常恨他。虽然我也想和他说，你错了，没有把我教育好，害了我一辈子，你负有一定的责任。但犯罪也需要我个人承担，这个法律责任我肯定要承担。但从某些原因上，他需要承担很大的责任，他要去好好想一想。

我的犯罪，主因是我父亲。我跟你说的是实话，不是找理由。有时候一个人想到这个事情，很冒火，真的很冒火！内心的苦不知道怎么向别人说。我到外面去找女人，不是说我老婆不好，不是说我老婆不漂亮才去找女人。而是去发泄，是一种怨气。心里好像很恨我父亲。他不应该这样，把我的家庭，把我所有的事情都打乱。一想到这件事，做其他事就抱着一种很无所谓的态度，管他呢，坐牢就坐牢，或者怎么样就怎么样。犯罪就无所谓，去就去嘛，就这样。

问：为什么把这种愤怒发泄到女人身上呢？

刘：是啊，有时候想离婚不要老婆了，再找一个，但是做不到，因为我很喜欢她（老婆），因为是自己谈的，不是介绍的。她做错事情了，已经回不去了，伤害太大了，哪个人愿意接受这种事？我看见我老婆时，她已经不是原来那样了，还是自己家里人做的！退一步讲，是跟外人做的，我还可以接受，也可以原谅她。只是情感上我无法接受，容纳不下。理智上是可以接受的。

刚坐牢回来的时候谈到这些，我很有怨气，心情不好就发火。我心里苦啊，因为这是跟我有情感的人，必须要面对的人，很矛盾、很矛盾。所以讲啊，抢劫时我看到没人，就有这个想法，想抢劫的时候也跟她玩一下，就有这种心理，虽然我心里知道确实不能那么做。

问：你理性上觉得老婆没有错，但总感觉她好像也有错，因为她本可以反抗的对吗？

刘：对啊，她其实完全有理由去反抗，为什么不反抗？她来和我说，我很佩服她，这种女人不多见。这样的事情告诉自己的丈夫意味着什么？说不好就是拿刀杀父亲，要么就是拿刀杀老婆。人总有心情不好的时候，一想到这些事，心情就很烦闷。所以，我想写信和父亲聊，因为他做过的这件事，毁了我一生。我出去都快70岁了，还什么前途？

问：你恨2个人，一个是父亲，一个是老婆，你很矛盾对吗？

刘：是的，真的很矛盾。给父亲写信好好聊聊是我蛮大的一个心愿。要他认识到是他错了，真的要他认识到是他害了我。毕竟他是我父亲，再怎么样也改变不了他是我父亲的事实，有养育之恩。但是他做的太不对了，这样真的伤了我一辈子。说实话，在家里的时候想过走极端，干脆把他搞死算了。但我还是没有那样做，不可能那样做，宁可我痛苦一点，也不能对父亲很过分，那样做就更不对了。我就把痛苦发泄在自己身上，发泄在受害人身上，给人家也造成痛苦。我23岁开始坐牢，女儿现在也20多岁了，我还在坐牢，这些事情说来是一种笑话！

这种事情是无法公开的，很多家庭也存在这个事，做父母的太不应该了，没有考虑后果，也没有考虑别人的感受。我们犯罪也是这样。我父亲做那件事的过程也是一种犯罪过程，我跟受害者一样，也痛苦，心里就有怨恨。所以我想和他沟通，就是要他知道他错了。

问：第一次坐牢的时候反思过没有？

刘：没有，出来时我才24岁，第一次出来的时候，感觉迷迷糊糊，根本没有成熟，没有考虑过一些事情。第一次坐牢，是因为年纪太轻了，很多事情不懂，造成了第一次犯罪。我这样安慰自己，原谅自己。那个时候还是想着江湖义气，只顾着玩，就没有想过这些事情。真的成熟是第二次坐牢时，到了30多岁的时候成熟了。父母的年纪开始大了，我的年纪也大了，女儿也大了，觉得以前做的事情不应该。

问：你和老婆的关系怎么样？你几次坐牢，她都在等你。

刘：对她很矛盾。我老婆也喜欢打牌赌博，这点让我有点恨她。有几次，她饭菜都做好了，还是热的，她还去牌友那里，搞得我很生气。我就在外面找了一个情人，报复我老婆。我老婆也知道这个事情。我和这个情人还是有点情感的，她也愿意和我结婚。那段时间她回老家办离婚手续，就我一个人在出租房。结果因为财产分割谈不拢，僵在那里。就我一个人，也空虚无聊。要是她（情人）也在的话，就不会有什么事情了。

那天在朋友那里喝了点酒，后来就发生了这个事情，喝了酒也是一个原因。那天抢了钱以后不是说就想着去强奸她。我叫她不要动，把包给我。她也倒霉，我已经走了，她在后面叫了几次，大哥，你把我的钥匙和身份证还给我。我说你自己过来拿，她胆子也大，真过来拿。她走过来时四周无人，这个念头马上就出来了。反正没人，干脆跟她玩一下好了，也无所谓。

问：你当时是出于一种生理需要吗？

刘：不是，其实那天上午就有女人玩，是我的老乡，也是乱七八糟的。都是玩玩的，也无所谓，不是说没有女人搞才想去强奸。就好像，跟她发生这种事情……心里感觉有点刺激，就是这样。

问：差不多在同一个地方，你还做了好多次对吗？

刘：是的，我的出发点不是故意强奸她，就是想从她那里搞点钱，我的目的还是想向她要钱。因为机会"不错"嘛，也因为第一次成功了就想着第二次。其实每个人的犯罪心理都是这样。第一次成功了，感觉还可以，也没有被抓，也没有被发现，就想去搞第二次。其实每次我对自己说不要做了，做多了会露马脚，但就是控制不住，还是去做了。

问：看判决书，你第一次抢劫的那个女人没钱，如果你真的是为了钱，得知她没有钱你就会走了，而你却强奸了她。你本想去抢劫，但当你看见她时，性可能比钱来得更为直接和本能，虽然你的主要目的是抢劫，这个时候，动机和需要也多了起来。还有，反正抢劫也抢了，坏事也做了，再做一件坏事情也变得容易了对吗？

刘：是的，就是这样，你说得很有道理，当时的状态就是这样。

问：有些抢劫，实际上可能是性驱动，而不是钱，是这样吗？

刘：也不一定是。我心里总是觉得不平衡，我说不到位，说不到点子上，就好想报复一下，心里很怨恨，真的，说不出来的滋味。

问：你恨女人吗？

刘：对，我是为了心里的那种满足才会去搞那个女人。如果只是为了性，我想我可以花几十块钱，或者花几百块钱，就能得到满足。

问：你是为了追求刺激吗？

刘：对对对。我和老婆之间有感情。但强奸又不一样，好像强奸的时候呢，那个过程非常刺激，是满足我心里这种……就是那种滋味。我不是天天想去强奸，就是偶尔遇到机会了，会想去犯罪。我自己女人都被欺负，我为什么不可以搞别人？我就产生这种心理障碍。我想找一个谈得来的人说说，这样我就可以去控制自己，去医治这个心理障碍。我知道自己在做什么，我买了一把匕首防身。刑大的人问我为什么没有捅她们？我说掉脑袋的事情不做。

做第一次时，思想斗争很大。第一次作案以后就尝到了甜头，一个是比较刺激，而且这个过程比较完整，没有露出马脚，没有什么差错。我做的时候也有侥幸心理，觉得不会被抓，如果当时有什么意外，第二次就不敢去了。第一次成功了，下次有机会了就会去实施第二次，就是这样。为什么还是选择那个地方？也就是因为前面几次在那里都成功了，那个作案地点好，路边有很多苗木，别人看不见。同样的地点，做同样的案子，我心里有把握，该怎么样去做，怎么样去完成。

问：第一次你看上去是抢劫，实际解决需求的意味是很明显的对吗？

刘：是是是。

问：你刚才说第一次犯罪时，心理斗争很厉害，能够战胜这个心理斗争的只有生理需求。依我说你犯罪不是为了钱，为了钱还不一定战胜这个矛盾和斗争，只有生理需求才会有如此强大的动力。而且那个时候你还不缺钱对吗？

刘：说实话，当时那样做，是想要达到心理的刺激。当时就是要达到一种欲望的满足。我在家里有老婆，还有情人。

这么一个机会来了，一想到我老婆的事，就会萌发这个念头，想到老婆的事情就很恼火。有事情做时还可以慢慢麻痹自己。空下来时，想到老婆的时候真想一拳砸在桌上。我也犯过错误，也不是不允许别人犯错误。讲得难听点，我在外面搞，难道女人就不能在外面玩一下？反过来，她（老婆）跟另外的任何人发生关系，我都可以理解，真的可以理解，我说的是心里话，不是说我大度。但就是不可以跟自己的亲人。有时候想到这些就特别恼火，就产生报复心理！

问：你想报复谁呢？

刘：报复谁我说不清楚，真说不清楚，不是说我一定要找一个具体的报复对象，没有。

问：这个事又不能说出来对吗？

刘：能跟谁说？又不能公开。心里好像一直有一个结没有解。一直在找一个很好的机会，讲给他（父亲）听，用某种方式教育他，真的。我希望他知道自己确实错了，这样做是错的，给人家造成的创伤和痛苦是难以愈合的。

问：父亲这里你无法原谅。但从情感上，你对老婆是原谅了，刚才你说，她来看你，走的时候，她的背影，你用了凄凉这个词，对吗？

刘：是的，也可以这么说，不过对她还是……她后面的赌，包括和我父亲的事，直接导致了我后面的犯罪，她一天到晚赌博也让我烦！

问：你老婆被你父亲侮辱，还要和你说，她经历了怎样的心理斗争啊。你坐牢4次，她也没有离开你。她为什么赌博？她也许也在报复和发泄。你的家庭给她带来了什么？你坐牢又给她带来什么？她的苦，又和谁去说？她也很苦闷、不满，她的赌博也许就是对你的不满，她也有情绪需要发泄，是这样吗？

刘：我印象最深的就是她的凄凉，她走的时候，我是一辈子都不会忘记，她好像得了什么病。

问：她的凄凉，可以化解你和妻子的所有问题。主要的还是你和父亲的问题。你说父亲导致了你后面的犯罪，真的是这样吗？你和父亲的问题，不应该用犯罪的方法去解决。父亲的过错，是你犯罪的借口。你也可以写信给他，这是表达你愤怒的一个方法。你父亲年纪也大了，你这次出狱后，不一定能看见他，看在生死的份上，能否谅解呢？你已经在报复他了，多次的坐牢，已经足够让他伤心，丢面子。你已经有女儿了，你一定希望女儿好好成长。你应该再考虑一下你父亲的感受，他的儿子从20多岁就开始坐牢，到现在还在坐牢，这对他的伤害和报复也够厉害了。有这样一个儿子，对父亲来说，这辈子就是很大的失败和否定。看在痛苦的份上，你能否谅解父亲呢？

如果你能够跨出原谅父亲这一步，你就会变化，对你的意义会非常大，你的信心就会变化。能够宽恕、原谅一个人是很了不起的，跨过这步，你就是另外一个人。也许你的父亲非常希望你能够原谅他。很多服刑人员都希望父母亲原谅自己，那么反过来，为什么我们不可以原谅父母呢？而一定要抓住父亲的错误一直不放。反过来，你也要想想你给他们造成的伤害。如果你真的认为自己错了，对父亲的责怪就会减少。因为不仅仅你父亲需要你的原谅，你会发现其实你也需要父亲的原谅。当你把眼光放在自己身上时，就会发现你也需要别人原谅和宽恕，这个时候别人的错误就没有原来那么严重了。

刘：你说得很有道理。我父亲，我看得出来他是苦的。我当时的个性是想动粗，想报复他，用暴力解决问题。我父亲以前爱酒如命，他犯这个错误就是因为酒。他后面就把酒戒了，什么场合都不喝。

问：你父亲通过戒酒，已经告诉你，他错了。这么多年，你一直在惩罚、报复你的父亲，是吗？

刘：我心里……其实是想原谅他的，很想原谅他。从他戒酒，我就意识到，他的决心是很大的。和你这样的沟通真的很少，真的不一样。真的太感谢了！我觉得比吃药还管用。我感觉正常了很多，是心情上，心态上好很多。能够把心里想说的说出来，是很大的幸福。从心里可以去原谅他。有些问题说出来，就会让我去反思。原谅是需要勇气的。

问：能给你带来这样的变化，我也很开心。如果不可以原谅，也不用急着改变，我们不要马上去改变我们不愿改变的东西，让它存在也有好处，你就会去思考，就会有其他收获。

刘：是啊，我有时候想，这个事情要是没有发生过多好啊，甚至不愿意相信这个事情是真的。我不敢想象，也对这个家庭完全失去信心，把这个家搞得乱七八糟。纠缠我二十多年了，从事情发生到现在。我也想摆脱，想忘掉，不想计较，但不知道怎么摆脱。那种滋味说不出来，真的，那种怨气不知道冲谁去发。在外面的时候，想到这个事情，很躁很躁，真的很躁。

我对父亲很失望，不仅仅是因为和我老婆的事情。以前我爸爸也是……他有外遇。第二次坐牢出来的时候，我真的想好好重新做人，就因为心里想的这个事情，很烦很烦。什么事情都想不管，管他呢，就出去玩，出去混，反正想怎么样就怎么样。苟活一天算一天，要进去就进去，反正无所谓，就这个态度。受他的影响，说实话，就是照他的样去做。

其实，我的做法也是错的，我刚才没有彻底说。我自己十七八岁啊，在外面拈花惹草，随便到哪里都有女孩，还把女孩子的肚子搞大过。

问：你和社会上的人是怎么认识的呢？

刘：当时我爸为了管住我，就要给我找一个老婆，用婚姻管住我。我不肯，就离家出走了。身上的钱，很快就用完了。当时在车站的时候不知道去哪里。没有方向，肚子又渴又饿。遇上一个年纪比我大几岁的人，觉得这个人有点好，当时就带我去饭店吃饭，一群人点了很多菜，吃好就叫我去玩。之后我知道他是小偷，他就开始教我了，那个时候就开始犯罪了。说实话，我这个功夫（盗窃）还是蛮好的（他笑了起来），到紧要关头还可以派上用场。到外面，身无分文了，没钱了，真的可以派上用场。我的技术蛮好的，当然了这是违法的，被抓了2次。

问：你第一次知道他是小偷时，有没有害怕呢？

刘：没有没有，一点害怕都没有，好像很新鲜。像自己有了本事一样的，就这样的心理。我能偷到钱的时候心里很高兴，一天能搞到四五百块钱，最多的一次是八千多块钱，很开心，就是这样。时间一长，道上的什么人都认识了，什么事情都可能发生。在社会上玩，狐朋狗友在一起，玩了以后喝酒，喝完酒大脑就发热了，就去抢劫了。现在想想，还是扒窃的问题小，抓到了大不了……说得难听点，拘留个几天又放出来了，就这样。

经常在社会上混，难免和乱七八糟的人打交道，什么事情都有可能做。真的什么样的人都有，杀人放火，贩毒打架，坑蒙拐骗。说实话，那个时候，我就破罐子破摔了。我认为我已经坏了，做过违法的事情了，心就很难收回来，就是这样。所以，每当出事，被判刑以后，又觉得心里踏实了。感觉自己被洗干净了。反正坐几年也无所谓，出来以后好好做人，就是这种心理。我第一次就是这样，那个时候还年轻，第一次是坐了1年，我是无所谓，反正出来又能好好做人。

问：为什么说心收不回来呢？

刘：当一个人头一次到外面去，尝到了外面的灯红酒绿，自由自在，没有任何拘束。在那种环境下生活，就没有任何约束了，是不是？我自己的行为就放荡了，放纵了，就喜欢那种生活。比方说，在外面可以找女人，吃饭有女人陪，什么乱七八糟的都经历过了，再让你突然回到家里，受管制，你肯定留恋外面的那种生活，甚至不太适应，对不对？所以很难收这个心。

还有一个外在的原因，最重要的一点。外面玩的那些朋友会来敲我家的门，来叫我。我就会想还干什么活呢？还是去玩一下吧，这也是一个很重要的关键环节。本来我已经尝试过那种生活了，但有时候会想，这样混可不行。或者家里人、亲戚朋友会说不要再去搞了，这样违法，以后会走错路，我就不去了。但是这些朋友一旦来叫了，我还是会去。这样子一次两次，心就更加收不回来了。外面的生活无拘无束，说实话，只要不出什么事，这种生活肯定很好玩的，因为没有人管，对吧！我总会留恋那个生活，好像有一个瘾一样。就好像以前流行跳舞，流行吃花酒，凡是去吃过的人，都很想下次还去，就是这个心理嘛。

我也和监狱民警保证过，回去后好好做人。但时间一长，人家一来找我，心里就马上……另外就是人的性格，觉得要讲义气啊，就去了。不去，好像觉得面子上难为情，不好意思。我这个人啊，每次吃亏就是因为这个，很容易上人家的当。人家不管叫我去做什么，明知道那个事情不能去做，明知道要上当，我还愿意去上那个当，愿意去吃那个亏，就是这样。

问：还有一个原因，是你闲在那里没有事情做对吗？

刘：对对对，是这样。

问：还有一个就是家庭因素对吗？

刘：家庭关系很重要。在我们成长的时候，在我们开始懂事的时候，我父亲没有做出好榜样。真的，我觉得我父亲是这样玩，我也可以去玩啊，我也可以学他的样。连我父亲都可以这样做，我当然也可以到外面去玩，喝酒，可以叫几个女人来。

还有就是方法和尺度的问题。在这个圈里玩啊，人在江湖，身不由己，上了这条船就很难下来，一踏进去，你想走出来很难。人都是要面子的，你要是不玩了，圈子里玩的人，人家会叫我的，我不玩了，碰到朋友了，就会说，你怎么啦，又怕老婆了？你怎么就这么怕事啊，就喝两杯，有什么关系啊？觉得不去面子过不去，放不下来，难为情，就去了。

第三次坐牢的时候，一个朋友和我说，他出去以后整整8年没有沾过毒品，他决心也有的，但时间一长，朋友叫的次数多了，最后还是控制不了。彻底的办法就是不在那个圈里混，脱离。监狱里很多人说，下次绝对不会再来了。我说你这种话不要和我讲，我听得太多了，见得太多了。这里不是一个好地方，话又说回来，这里面的牢友太多了，出去以后碰到了，什么事情都有可能发生。

人生走错一步就彻底完蛋了，真的彻底完蛋了。你想这里坐牢的人啊，有几个人能学得好？我讲没有几个，真的没有几个！有些人年纪大了，五六十岁的人还搞什么。家里还有父母子女的影响，就不做了。但出去还年轻的人，出去不犯是不可能的，有几个人会学好？我讲100个人里面有99个，他是有报复心理的。反正就是……我坐了这么多年的牢不能白坐，出去总是要搞出什么名堂。

我最后一次犯罪也是，走错了一步，就被抓了。这个事情风险很大，一旦出事儿就不得了。当时我的思想斗争很大，压力也很大，但最后还是决定下手去做，当时我也是考虑了很多才下手。每次作案，我也想过，必须万无一失。哪怕那个女的再漂亮，机会不成熟也不会下手。我会把环境、过程都想好，在这样的情况下才下手，每次都是这样交代自己，出差错就完蛋了。

那天晚上，我在公交车站等车回家，没想干吗。我在抽烟时看见车上下来一个女的，她正在接电话。我感觉这个手机有点漂亮，当时也没有什么想法。后面她把手机放到包里，当时感觉这个包也很不错，我想我有机会把这个包拿下来。事情也是巧，像老天爷安排的一样。她下车后，我就看她往哪里走。她果真往我前面几次犯过事的那个路线走。

问：当时有没有解决生理需求的想法？

刘：有的，当时我的第一念头就是前面没人，先把她钱抢来，再跟她玩一下。当时就已经有了这个想法。就觉得很好玩，很刺激，就是这种心理。其实要去搞的话，旁边店里女的多得是。我看她正好往这个方向走。当时一直离她大约有三四十米远。因为我要看前后有没有人。跟着她一段时间，快到作案地点时，我加快了速度。那个时候，我看了一下，前后大概200米左右没有人。我就超过她看看前面有没有人，掉过头往回走看看后面有没有人。那个地方没有监控。掉过头来的时候，在还没有抢的时候就想和她搞，在抢的时候是没有想过跟她搞。

当时就把刀拿出来，我走过去，顶在她腰这里，我说不要动，合作好一点，把袋子放下来，她就把袋子放下来，我拿了就走了。走了十几米，她说，大哥，把钥匙和身份证还给我，所以她倒霉我也倒霉。我说你自己过来拿吧，她果然真的来拿了。马上，那个想和她搞的念头就出来了。

后来我拿包走的时候，发现手机没了。我问她手机呢？她说掉了。我不信，就摸了她的全身，没有找到。我说你不要说假话，说了照样走不了。我说你自己把号码输进去。当时发现她有点不对劲，看她的脸色、心情，好像很兴奋，好像有救了的那种表情。我虽然看出来……但没有意识到这个问题。她很愿意地去打，我说这个女的怎么这么爽快？她打出去后说震动不会响，我说完了。如果是没有坐过牢的人可能就把她杀了。

我拿她的手机，一个是怕她报警，另外一个就是手机拿来可以卖钱，再怎么样也可以卖点钱。哪知道当时我喝了酒，叫她做了这么一个动作，打电话，就都完蛋了。号码是用我的身份证做的。当时想把她带走，软禁在出租房。我的底线就是不能杀人，把她的手脚捆绑住，然后我再去找手机，再把我的手机号码和她的手机号码全部消除，拿她的身份证。

问：如果你真的这样做，很多事情会出乎意料，事情不是光由你来控制。还好你没有把她带走软禁，否则后果还真无法预料，对吗？

刘：对对对，虽然我是临时起意，但都是按以前计划做的。想得很顺利，哪知道做起来遇到了意外。当时没有找到手机，心里就急了嘛，我说你自己把号码输进去，就根本没有动脑筋，其他就没有再去想了，一打电话时我就知道完了。不过这种事情确实不能做，做错了一点，就完了。

问：有时候你又是很理性的对吗？

刘：是的，有时候我是控制得住自己的，我有点冒险精神，有些事情很刺激，玩一下又有什么关系？怕什么呢？就这样子。

我经常和年轻人开玩笑，总认为我现在还是一二十岁。一个人要是没有坐过牢，真的适应监狱需要2年时间，刚进来的时候是痛苦的，2年以后是完全适应，这是我个人体验出来的。好像把监狱当成家一样，真的有这种感觉。打个比方，今天警官带我去干活，干到一定的程度，时间晚了，我心里会想快点搞完，赶快回家，有这种感觉，把这里当成很稳定、很安定、很习惯的一个地方。我想快点回来，回到这个地方来。

问：监狱里有人对自己睡的床很留恋，因为在监狱，只有那张床是他可以说了算的地方，是他的私人空间，对吗？

刘：对对对，对这个东西习惯了，就好像舍不得离开它一样。两三年后，人员熟悉了，罪犯熟悉了，警官也熟悉了，自己也变成了老犯了，日子就会好过点。

我现在是，一点也不想见我老婆，真的想见我的是女儿，父母。父亲也不是说非常渴望，想见他，是想两个人把这个事情做一个沟通。我很乐意接受他的那句话（道歉），他如果说了那句话，我的心，可能"怦"的一下子，可能……就海阔天空了。他如果能够当面和我说，儿子，真的对不起你，儿子，我真的做得不对。如果他能坦然坐下来跟我这样讲，那么我真的可以把一切放下。我心里在等着这一刻……

问：你父亲如果真的说了这些，你的平衡就被打破了。你又如何面对你对他的伤害？

三、理论分析

（一）挫折攻击理论及其应用

1. 挫折攻击理论。多拉德及其他学者提出，侵犯源于由特定人或事件带来的挫折。如果因为诱发挫折的因素在体能方面或社会方面过于强大，或是因为诱发挫折的因素是情境而不是人，而致使侵犯不能直接指向挫折的起因，侵犯就会被重新指向更现实的目标。这就是众所周知的挫折—侵犯假设（frustration-aggression hypothesis）。霍夫兰与西尔斯认为，由经济下滑（情境因素）造成的挫折，会使人们产生指向弱小目标——如少数人群体——的侵犯冲动，即使那些群体在经济下降方面没有责任，情况也是如此。因此，他们发现美国南部用私刑处死黑人和经济下滑之间具有很强的统计相关关系。[1]

2. 挫折攻击理论的应用。毫无疑问，刘某后面的两次犯罪与妻子受父亲欺负、侮辱有关，对父亲：

刘：我很多次想骂他一顿。可以说他害了我一辈子，真的毁了我一辈子，使我产生了一种犯罪心理的变化……说实话，在家里的时候想过走极端，干脆把他搞死算了。

对妻子：

刘：如果我闹，和老婆吵，又不行，我觉得又对不起她。我坐牢嘛，她一个人在外面，是不是？女儿又这么大了，都结婚了……她其实完全有理由去反抗，为什么不反抗？

刘某强烈的挫折感（伤害）来自父亲和妻子。对父亲，甚至想杀了他，但下不了手，毕竟是自己的父亲。对妻子，恨她不反抗，也有对妻子喜欢打牌、赌博的不满，但刘某四次入狱妻子都没有离婚，独自将女儿养大，对妻子的亏欠（刘某有情人），使得他对妻子的恨难以理直气壮。侵犯不能直接指向挫折的起因，侵犯就被重新指向更现实的目标，出现替代性的侵犯行为：

刘：特别反感，就是对女人这方面。好像有一种报复心理，甚至有一种怨恨心理……我心里就有一个结，一想到这个问题，心里想发泄一下，真的想……要么就去杀个人，或

---

〔1〕〔英〕理查德·克里斯普、里安农·特纳：《社会心理学精要》，赵德雷、高明华译，北京大学出版社2008年版，第195页。

者怎么样，真的是那种感觉，很火……我到外面去找女人，不是说我老婆不好，不是说我老婆不漂亮才去找女人。而是去发泄，是一种怨气。心里好像很恨我父亲……我就把痛苦发泄在自己身上，发泄在受害人身上，给人家也造成痛苦……报复谁我说不清楚，真说不清楚，不是说我一定要找一个具体的报复对象，没有。

刘某的犯罪，与父亲的情结，只是一个间接因素，并不是直接因素，毕竟这个情结还有解决与和解的希望。能解决与和解，就不是一个问题，就可以缓解情绪累积，减少犯罪的可能。从这个角度说，所有的犯罪，都与解决问题有关。不当的解决问题方式会产生问题，能解决反而不存在"问题"。问题不仅仅与现实有关，更与解决问题的能力、态度等有关。

（二）同辈群体

不管厌恶学校的性质如何，同伴支持都是少年犯罪后果的一种重要决定因素。大量的研究发现，预测青少年犯罪的最有力的因素之一，就是亲密朋友的少年犯罪；少年犯罪行为通常都是群体性的。人们认为，少年犯罪与群体过程之间的这种联系，反映了在青少年时期开始，父母影响逐渐让位于同伴影响的更加普遍的转变。[1]

刘某的同辈朋友圈对其影响巨大：

刘：外面玩的那些朋友会来敲我家的门，来叫我。我就会想还干什么活呢？还是去玩一下吧……但是这些朋友一旦来叫了，我还是会去……你要是不玩了，圈子里玩的人，人家会叫我的，我不玩了，碰到朋友了，就会说，你怎么啦，又怕老婆了？你怎么就这么怕事啊，就喝两杯，有什么关系啊？觉得不去面子过不去，放不下来，难为情，就去了。

朋辈的影响在其他犯罪类型与重新犯罪中也在延续：

刘：第三次坐牢的时候，一个朋友和我说，他出去以后整整8年没有沾过毒品，他决心也有的，但时间一长，朋友叫的次数多了，最后还是控制不了。彻底的办法就是不在那个圈里混，脱离。监狱里很多人说，下次绝对不会再来了。我说你这种话不要和我讲，我听得太多了，见得太多了。这里不是一个好地方，话又说回来，这里面的牢友太多了，出去以后碰到了，什么事情都有可能发生。

（三）操作条件反射理论及其应用

1. 操作条件反射理论：见专题二学习情境一。

2. 操作条件反射理论的应用。

从开始混社会到四次犯罪，无论是盗窃还是强奸，都给他留下了良好的感觉：

刘：尝到了外面的灯红酒绿，自由自在，没有任何拘束。在那种环境下生活，就没有任何约束了，是不是？我自己的行为就放荡了，放纵了，就喜欢那种生活。比方说，在外面可以找女人，吃饭有女人陪，什么乱七八糟的都经历过了，再让你突然回到家里，受管

〔1〕［英］布莱克本：《犯罪行为心理学：理论、研究和实践》，吴宗宪等译，中国轻工业出版社2000年版，第154~156页。

制，你肯定留恋外面的那种生活，甚至不太适应，对不对？所以很难收这个心。

刘：我这个功夫（盗窃）还是蛮好的（他笑了起来），到紧要关头还可以派上用场……我能偷到钱的时候心里很高兴，一天能搞到四五百块钱，最多的一次是八千多块钱，很开心，就是这样。

刘：好像强奸的时候呢，那个过程非常刺激，是满足我心里这种……第一次作案以后就尝到了甜头，一个是比较刺激，而且这个过程比较完整，没有露出马脚，没有什么差错。我做的时候也有侥幸心理，觉得不会被抓，如果当时有什么意外，第二次就不敢去了。第一次成功了，下次有机会了就会去实施第二次，就是这样。

对于缺乏家庭温暖，生活缺乏希望的刘某来说，又有什么能够抵御上述的诱惑呢？

四、角色扮演与自我反思

_____

_____

_____

五、问题与思考

1. 用挫折攻击理论能完全解释刘某的性侵犯行为吗？刘某的妻子受到父亲的伤害与其性侵犯有直接的联系吗？

2. 同辈群体相关理论认为，预测青少年犯罪最有力的因素之一，就是亲密朋友犯罪，这也反映了青少年时期开始，父母影响逐渐让位于同伴影响。为什么父母的影响逐渐让位于同伴？真是这样吗？而对于普通青少年，父母对孩子的影响是持续一辈子并稳定的吗？你如何看待这个问题？

3. 刘某说："我认为我已经坏了，做过违法的事情了，心就很难收回来，就是这样。"如何用专题二学习情境二中的自我归类理论解读？

4. 有研究表明，结交越轨同伴与社会技能缺陷有密切关系，也与青少年早期的同伴排斥和学习失败有关系，如何理解？

5. 刘某在访谈中提到盗窃时，两次笑了起来，为什么？亲历盗窃的感受和对犯罪的认知有什么冲击？

6. 刘某多次性侵犯的地点，都是在同一区域，可以用什么理论解释？

7. 如何用精神分析的防御机制（如合理化）解释刘某的犯罪心理与行为？

8. 侥幸心理的现实基础是什么？在犯罪心理与行为分析中起着怎么样的作用？

9. 为什么刘某在抢劫时又实施了强奸？视觉信息、性和性别（弱者）等信息在犯罪心理中起着怎么样的自动化加工的作用？

10. 酒精在刘某的几次犯罪中起着怎么样的作用？有哪些心理过程受酒精的影响（如感知觉、认知判断和意志等）？对预测个体具体的犯罪行为有什么影响？

11. 刘某最后一次犯罪，哪些因素促成了他被抓？这给我们什么启示？

12. 为什么抢劫后强奸，刘某说："反正前面已经抢了，也没有人，就抱着这个心态，结果玩出问题。"他有四次前科，这对后续的犯罪有什么影响？这两者有什么相似之处？

13. 刘某离"家"和"出走"，这个"家"，是原生家庭，也是他自己的小家，走出的方式有逃离、打工，还有混社会和犯罪，为什么他在"家"待不住？这背后反映了什么？

14. 刘某说："在还没有抢的时候想就和她搞，在抢的时候却是没有想过跟她搞。"如何从心理学的角度解释这句话？

六、摘要与关键词

摘要：＿＿＿＿＿＿＿＿＿＿＿＿＿＿＿＿＿＿＿＿＿＿＿＿＿＿

＿＿＿＿＿＿＿＿＿＿＿＿＿＿＿＿＿＿＿＿＿＿＿＿＿＿＿＿＿＿＿＿

＿＿＿＿＿＿＿＿＿＿＿＿＿＿＿＿＿＿＿＿＿＿＿＿＿＿＿＿＿＿＿＿

关键词：＿＿＿＿＿＿＿＿＿＿＿＿＿＿＿＿＿＿＿＿＿＿＿＿＿

学习情境二　陈某的性犯罪案

一、学习目标

1. 掌握凯特·米利特性政治理论。

2. 掌握的关键词：性嫉妒、细节伤害、延时满足。

二、案例导入

（一）基本信息

陈某，男，24 岁，汉族，初中文化，无业。犯盗窃、抢劫和强奸，被判有期徒刑 18 年。

（二）访谈整理

问：这段时间饮食睡眠怎么样？

陈：一开始来监狱睡不着，怎么睡也睡不着。有些事情，一提起来，我就感觉不知道应该怎么说。一想起这些事情，心里边很……就有一种很……就感觉是谁都对不起的那种感觉，尤其对不起家里。

我刚被抓起来的时候老婆又怀孕了。我是没有那个脸面去见任何人，尤其是我老婆孩子。有时候感觉我自己还好，但我妻子的虚荣心比较强，她的种种要求我会满足不了。

问：你的意思是你老婆有点爱慕虚荣，和你走上犯罪的道路有关联吗？

陈：是的。我和老婆从小就是同学，她上高中的时候，经常上我们家里玩，我也经常上她们家里玩。当时双方家里都反对，太年轻了，但我们还是结婚了。从开始到最后，我感觉是我毁了她大半生，她肯这么执着地跟我，家里如此反对，死也愿意嫁给我。我又没有把这个作为动力，好好对她。不求过富裕的生活，最起码在她最需要我的时候陪伴她，但我还去做这些。说句很难听的话，我认为我就是贱骨头，为什么要等到很无奈的时候才去珍惜？

问：为什么这样还要去犯罪呢？

陈：我认识的这个女的，H（女，受害人），是性工作者，认识快一年了。我是在里面给老板做打手。认识好长时间了，我老婆也不知道，我也不会让她知道。H 已经连最低下的人格都没有了，她又跟别的人认识了。现在有钱的人多了，我只是一个看场的。后来她跟别的男人走了，我就恼火了。看到她跟别的男的一起，我就跟这个男的发生冲突了。我去找她，她就跟那个男的说，她不认识我。那个男的以为我是去骚扰她，就火了，我也不怕。她就躲着我，我也年轻，心里气得慌，为什么明明认识还说不认识我呢？哪怕是好聚好散我也没什么好说的。我年轻气盛，我就不服气，就不服输。然后，我就想尽办法，下班后去找她。那天突然找到了她居住的小区。那时候天热，她说到我家里去坐吧。去了以后，因为我怕那个男的再给她打电话，我就把她的2部手机拿着，我就害怕他们再联系。我说我还要找那个男的打架，她就害怕了，就和我说她不会跟那个男的一起了。但我还是不放心，我就在她家里住了一晚，以前都是很正常的事情。但没想到，第三天被抓了。公安机关给我弄了一个入户抢劫（手机）强奸，说我把她绑起来然后把她强奸，我最懊恼的最想不通的就是这个事情。

因为她报警，抓进去了我就主动交代了以前的抢劫，还有盗窃。后面就变成这个样子。检察院的人说，她告你强奸也是成立的，哪怕是老婆告你也可以，我也就没有办法了。她说不认识我，我也没有办法。公诉机关的人说了，哪怕找人说你们是认识的也没有用，是不是你认识的人你都要跟她有性关系啊？按照我自己的想法，当时只有2个人，我是被告人，一般是会相信被害人说的，我这样想。

我当时找到她，她让我不要跟那个男的发生冲突了。开始我是有些气的，她后来这么说了也没有什么了。

问：其实你不太相信她对吗？

陈：是的，我只能相信她说的百分之四五十。

问：你那天跟她发生了关系，你强迫她了吗？

陈：这个真没有，一点都没有，因为我们往常都是这样，就是像来到自己家里一样。

问：那个女的为什么会报案？你去找她，她害怕你和那个男的发生冲突，只能勉强附和你的心意对吗？

陈：当时没有想到，除了强奸罪名，其他罪名我都愿意去背，就是不愿意背这个罪名。她就是想把我弄到牢里，让法律来制裁我，用法律的手段把我送到牢里，而不是找一帮人打我，这样她也受到制裁，我认为她是这样想的。而且他找人，我也会找人，事情只会越来越大，她也不愿意看到。那个男的，是本地人，势力也大一些。

问：所以，你认为她的动机是报复对吗？

陈：一是报复我，二是防止我以后报复她。因为这个原因，说我绑她了，持刀了，加重我的罪行。之前我们一起吃、一起喝、一起睡，为什么现在对我恨之入骨？恨到如此地步？在公诉机关，她说的每一句话都是致命的。她愿意用刀划她自己的手来栽赃我。我实在想不通，到底因为什么事情？我真想不通。

问：可能你的一些做法伤害了她对吗？

陈：我就那次找那个男的，和他发生了冲突，对她没有怎么样。她认识那个男的并没有我们认识的时间长，他就是有钱，为什么她对我这么恨呢？一个是报复我，一个是害怕我报复她。

问：案发那天晚上，你的语言和态度上，有没有让她感觉到伤害？只要你骂她伤害了她的面子，她就可以非常恨你。很小的一句话就够了，不需要什么大事情。

陈：那天晚上我跟她说，我们还是回到以前，到另外一个地方上班，她答应了。但最后却告我抢劫，如果是抢劫，我肯定拿贵重的东西，我难道只拿她两个手机？

问：如果你和她的关系中没有攻击、伤害的因素，她就不会报复了，你自身肯定存在问题对吗？

陈：是的，我心情不好。但我确实没有强制跟她发生性关系，这种心理没有，真正的实施暴力啊，这点真没有。

问：和普通意义的强奸肯定不一样，你们是认识的，而且原先又有过性关系。但你的行为肯定多少带有强制性，不仅仅是占有，妒忌，甚至报复也有，是这样吗？

陈：报复是有。

问：这个男人的存在是非常重要的因素，你的面子和自尊心受不了，就会产生很多情绪。还有对老婆孩子的内疚，这些都有可能转移到这个女人身上，变成愤怒，因为你会觉得这一切都是因她而起。有时候你还会恨自己，因为你觉得对自己失去了控制，尤其是你做了不应该做的。如果你能担当，意识到自己的错误，转移到 H 那里的情绪就会少。如果你不能担当，不能承担，那么就会转移到 H 那里。

她这样做，肯定是你伤害了她的情感和面子。伤害一个人，不需要很大的事情，一句话，一个态度就可以让人记住你一辈子，就是细节伤害。

陈：我就是当着很多人的面骂了她嘛。

问：你骂了什么？

陈：反正就是……当时她一直就是不肯回头嘛，我就跟她说，你也不就是一个……就是……我们老家那边说的，就是卖淫的那种。她就拿那个包砸我。很多人都在那边，那个男的也在。我说有什么了不起的。后面又跟那个男的发生冲突，那个男的又骂我，意思就是你有什么资格，你有什么本钱，或者是你有什么能力来说她。他这么说，我心里就懊恼了，心里就越想越火，贬低我没钱啰。她跟那个男的时肯定有很多高档消费，所以我心里的想法越来越多。所以说啊，我想尽办法弄钱。也许就是那天伤害了她。

问：你觉得这句话很伤她吗？

陈：（他没有直接回答）我也不知道当时脑子里在想什么。就感觉脑子已经不受自己控制了。想说什么，啪地蹦出来了。说过了我自己也感觉很后悔。说了这句话，周围这么多人，感觉自己就矮了一截……我朋友的老婆说，你说出来的话怎么这么低级，你怎么能当着这么多人的面说一个女人这样的话？我当时也是糊涂了。

问：当着很多人的面，都有哪些人呢？

陈：娱乐场所那么多人……晚上，具体是哪些人我也不知道，一看吵架都围过来了。

问：他们认识 H 吗？

陈：认识的，但相互之间知道的都是代号，她们都是互相调的，来这里上一个月的班，然后去另外一个地方，因为顾客来了以后发现这里的小姐经常换，就会有一定的吸引力。她这个人挣钱比较飘，哪里钱多去哪里，去哪里都是一样做。

问：你和她的交往会有很多情绪。第一，你想维持这种不当的关系，你会矛盾。因为家里有妻子女儿，你会比较纠结，加上妻子又怀孕，你的矛盾会增加。第二，这个女的和另外的男人好了，虽然你觉得和 H 的关系不可能维持很久，也知道 H 这样坐台的小姐发生这样的事情很正常。但作为一个男人，本能中不愿意接纳，尤其涉及了性，涉及了你的自尊心、面子。你不愿意在和同性争夺异性的竞争中失败。这个女人哪怕你一点都不喜欢，为了和另外一个男性竞争，你也会坚持下去。这里又会有情绪。第三，你那天骂了她，你说自己矮了一截，为什么？因为你伤害了她，伤害别人就是伤害自己。第四，这个男人对你说，你凭什么资格、能力、本钱这样做？让你很没面子，而你确实缺这些，说到你的弱点了，你更不能接受，让一个你非常不能接受的男人得到这个女人。第五，对象是一个性工作者，你还不一定看得起她，为了她你付出这么多，你会有身不由己的感觉。随着你付出的精力越多，你就越难以收回。所以有很多情绪，相互纠结在一起，已经控制不住了，是这样吗？

陈：是的，我当时对那个男的报复心极大。

问：你想报复他，也想报复 H，对吗？

陈：我只想报复他，只想挽救和 H 的关系。

问：你是想重新拥有她，是一种占有。你找到她，想和她维持原来的关系，她不肯了，对吗？

陈：她表面没说，我知道她内心肯定不肯，肯了就不会告我了。

问：是的，你说那句话时，当时很多娱乐场所的人都在场，那个男人也在场，你说，她的面子在哪里？她肯定恨你。她以后怎么混？大家本来都是心照不宣，没有把这个纸捅破，但你捅破了。

你这样骂她，哪怕是一个性工作者，也不愿意再和你发生关系，那一句话她一辈子都会记得。虽然你说没有用什么强制性的手段，但是我相信，你的态度和行为或多或少会有强制的味道。你知道你不会和一个性工作者过一辈子，但是她主动离开你并和另一个男人好，你肯定不愿意，对吗？

陈：我太自私了。

问：人的本性如此。你要是认识到自己的错误和问题，就不会对别人有这么多的情绪和不满。

陈：（他没有回应我）我出狱的时候，可能女儿都要出嫁了，我也不企求去弥补孩子了，因为我没有办法去补，真的。最起码我这辈子是补不了，我用什么来弥补？补她精神上的？我唯一能补的就是物质，最多就是物质。因为在精神上，我已经补不了了，尤其是父爱。有些事情我一辈子是补不了了，不可能让我重新来一次。时光不可能倒流，时间对人是公平的，一天都是 24 小时，其他都不公平。

问：除了对妻、子内疚，还有谁呢？

陈：还有父母，就是我爸，从小到大，我要 100 块钱，他从来不给我 99 块钱，他都是 110 块钱，120 块钱的给我。有时候不等我张口，他就给我。他就是没钱，他去借，我要 100 块钱，他不可能借 50 块钱给我。老家说，不养儿，不知道孝敬父母。我当时也是很要强的人，因为邻居的学习成绩都好，就我不好，考试不行，回去我爸说我，我妈也说我。说我，我就不想去上学。

我父亲对我是用心良苦，可以这么说吧，他从来没有缺过我的钱，真的，从来没有缺过我。我要多少给多少，我不知道这种是对我的爱，还是在害我。真这么想过。我要 100 块钱就给我 100 块钱，我要 200 块钱给我 200 块钱，如果他不给我，我就想，他不疼我。真的要什么他给我什么，我不知道这到底是真的疼我呢，还是害我。

问：你刚才说你要什么父亲就给你什么，不知道是疼你还是害你。父亲这样做，有好的一面，那你是否感觉到不好的一面呢？

陈：我当时没有这样的感觉，钱肯定越多越好，要 100 块钱，给我 140 块钱，我还想他再给我 150 块钱。不好的就是……我拿着钱，想干吗就干吗喽。一旦父亲下一次满足不了我，实在没有办法了，问爸要爸不给，问妈要妈不给，向谁要呢？谁会给你呢？谁会把钱不当好东西呢？这样，我认为，唯一的捷径就是……就是偷么，偷自家的，趁父亲不在……他衣服往那里一脱啊，那时候不敢啊，小啊。最后，要么偷 10 块钱，要么偷 20 块钱，一旦你有 50 块钱，就想着 100 块钱，你有 200 块钱，就想着 300 块钱，已经满足不了了。结婚有孩子后，有种种用钱的地方，又没有朋友支助你了，没有办法了，就去偷去抢了。

这个社会很现实，最简单的一件事，你在城市上一个厕所就要 3 毛钱，甚至要 5 毛钱，你有什么办法？你是一家之主，有什么办法？我想，也是种种的事情，再加种种的压力，也只有偷或抢来得最直接了。我是这样想的，犯罪，要么为钱，要么为权，要么为了感情纠纷。

问：你要什么，父亲给你什么，究竟是疼你还是害你？这点给我的印象非常深刻。父亲的做法，不好的地方在于，多数情况下满足你，会令你形成一个习惯，有欲望马上就要得到满足。

陈：是的，有想要的马上就要得到，就是想买什么，想做什么，马上就要去。一旦遇到问题，遇到和经济有关的问题，就想走捷径。还有，我已经成家立业了，如果还向父母要钱的话……感觉我已经是上有老下有小的人了，还要向他们要，不好意思。我也没有想到我老婆又怀孕了，这么快。种种压力，没有办法，只好去偷去抢。老婆怀孕经常去医院检查，一次就是几百块钱，我快吃不消了，工资不可能每天发，一个月发一次，我都已经预支了。没有办法，我后来只能去抢，我当时就想，我就抢一次，就抢一次我就算了。

问：后面是抢了 2 次吗？

陈：是的，后来这个女的事情出来了。

问：你遇到了经济困难，为什么就想到偷呢？

陈：我当时也没有多想，第一次偷嘛，就是顺手牵羊，隔壁窗户打开了，无意中看见有项链，就在隔壁偷了两次。别的办法又没有，我老婆又怀孕了，经济形势又不好，手里都没有钱。一旦有了这种想法和念头，就一发不可收拾。我私自卖了偷来的首饰，在黄金首饰加工店里。好了，稍微缓一下，我带老婆去医院，化验，孩子很正常。医生就说她营养要跟上，又需要钱，我上哪儿弄去？就有了后续的抢劫，后面就出了这个女的事情。

问：你拿到了项链时心里什么感受？

陈：我就想，这下我可以去卖钱了，我卖了就有钱了。当时就想，还有没有更多的钱呢？这是人的本能。法院判决的时候，我想，我当时要是少拿一点，不就判轻一点。但当时肯定是看一下还有没有其他的钱。我想每一个人贪财的话肯定这么想。一个抢劫的人，看见 100 万元肯定全拿的，拿不光也是因为来不及了，我认为就是这样。

我在看守所的时候想，幸好现在把我抓住，能少坐几年牢。我坐牢的时间太长了，一两年就够了，许多道理早就该明白了。

问：时间短了，你不会痛苦，就缺乏反思。

陈：就像我刚才说的，人就这么贱。不抓住我，我在外面就做打打杀杀的事情，哪怕已经有两个孩子了。出了这个事，我很气，很想报复这个男的，一定要搞到他。我当时也不顾孩子，也不顾家里。他要砍我，我肯定也要把他砍死，当时这么想。把我抓起来，到这里，阻止了我种种的行为，如果不抓，肯定要和那个男的打起来。我是不管用什么手段肯定要搞他，当时的心情就是这样，当时有刀肯定捅他。我被抓进来还是好的，我感觉还是很幸运、很幸运，不然的话，下次抓进来不是死刑就是死缓。

问：你这样的状态持续了多久呢？

陈：有三四个月了，三个多月的时候我就送老婆孩子回家。老婆孩子在这里时我不敢找他，我当时是这样想的，我一个人死在这里不要紧，但不能牵连老婆孩子。我找了个理由，说我爸妈想孩子了，叫她回去。送老婆回去的时候，我的内心已经有这个萌芽了，想去搞他。如果不被抓进来，我估计下次进来就是死刑死缓，可能连投牢的机会都没有。在看守所时，看死刑犯戴着脚镣，他们很羡慕我们戴着手铐去投牢的，他们连投牢的机会都没有。当时我听他们这么和我说，你判个十几年算什么，他们愿意在牢里坐到死。

政府把我抓进来还是挽救了我犯罪的程度。送孩子回去时我就有这个想法，因为这个事情整天在我心里。去玩的时候，我老婆就看出我有心思，我的手机老是响，我生气就关机了。是那个男的打的，他贬低我，叫我不要缠着她，说给我 2 万块钱，我说不要钱，这些钱我一两个月工资也赚来了。他说你想要什么？我说要你的命。我一生气，就没有继续玩，就回家了。我第二天就送她（老婆）回家了。和那个男的打过一次，人多打不起来，有很多人都相互认识。他以为他是本地人，又有钱，会争不过我一个外地的？我想他可能有这种想法。都让一下就好了，都不让……年纪轻，又不知道天高地厚。

问：你们的矛盾积累了这么久，会有很多情绪。对他的情绪也会转移到这个女人这里，因为因她而起。在案发之前，有没有和这个女的发生过性关系呢？

陈：有的，就是检察院说的，前面发生的关系 H 都愿意，最后一次不愿意就是强奸。我当时一点防备都没有。她是为了让我坐牢，抓进来一切事情都好办了。

问：你怎么会去娱乐场所工作呢？

陈：我以前学过武，能打。看场子工资高点，说白了也就是为了钱。H 开支大的，还要给老婆，家里还有孩子。在道上总会得罪人，孩子越来越大了，老婆不想叫我做，而且娱乐场所又乱，害怕别的女人碰自己的丈夫。后面因为这个女的，我就不愿离开娱乐场所，我就愿意在里面干。收入又越来越少，因为金融危机……发生这个事以后，我就几乎不上班，我就准备搞掉他，盘算着怎么样把老婆送回去。我那个时候已经无业了。

问：你什么时候认识这个 H 的呢？

陈：过年以后，开始还热情的，后来就淡了。那个男的也经常来捧场送花。以前给她打电话马上就来，还会关心我，后面就没有了，就感觉不对了。后面她不想在这里干了要走了，我肯定要问她为什么。一次她骗我，说不舒服去医院，我跟踪了，实际上她和那个男的在吃饭，矛盾就出来了。

老师，外面有人出过这样一个题。让我回答，我不知道怎么回答。老婆、老爸、老妈、儿子、兄弟姐妹，还有你自己，你只能留一个，其他人全部杀掉，你也可以把自己杀掉，但只能留一个，你会留谁？

问：很模糊，要看具体环境了。

陈：他们的意思是一个真正能成功的人要心狠手辣。我选择把其他人全部杀掉，只留我自己。如果把自己杀掉了，什么都没有了，就别谈其他了，我的选择是留我自己。我的意思是只要把自己留着就可以做所有事，如果自己都没有了，还能做什么事情？

问：你觉得你的人生中最重要的 5 样东西是什么？

陈：第一是亲情，指我的直系亲属，我选妻儿老小，因为有了妻子，才会有子女嘛。第二是地位，第三是钱。其实应该钱放在第二位才对，因为有钱才有地位。一样的，有地位也就有钱了。第四是车子，有钱了就可以买车子。有亲情，有钱，有地位，再有豪华的车，最后就是美好和谐的小家庭。

问：如果让你一样一样地放弃，顺序是什么？

陈：先是车，再是亲情，然后再放弃我自己的小家庭，因为我有了钱，有了地位还可以再组建家庭。最后放弃钱，我可以利用地位去赚钱。钱和地位很难选，我感到很矛盾。因为地位靠什么维持？钱……只要自己还活着，有奋斗的机会，自己的家庭就可以被组建。家庭，就一个男人，一个女人，再生孩子，就组建成自己的一个家庭。我感觉这个（家庭）还不是很重要，我是这样认为的。亲情怎么说呢，多么亲的兄弟姐妹，长大了也是各顾各的家，各有各的道。所以，我的排序是：地位、钱、自己的小家庭、亲情、车子。有了钱和地位就可以找一个女人组建家庭，车子就有了，亲情呢其实都是各顾各的。

问：和父母的关系呢？

陈：赡养父母是绝对的，我有钱有地位了，肯定会孝敬他们。我自己都顾不上，没钱，我拿什么去孝敬？所以要我放弃，我肯定还是要放弃亲情。上一辈没钱，我要做一个让下一辈有钱的父母。我不可能再走父母的老路，这样一代一代地往下走。

问：你不想成为父母这个样子吗？

陈：是的，要放弃的话，我肯定还是要放弃他们。我最难选的就是这两个，权力和钱，后面都好选。一个钱一个地位，很难选，其他的好选。

就像刚才说的，你自己都没有了还去谈什么钱、地位和房子。当然要我父母选择的话，他们肯定会选择自己去死，让我活下来，我认为是这样的。我爸说过，要他来替我坐牢，他都愿意。当然了，如果让我来选择，我就不能让我替父母坐牢。难道这就是父爱和母爱？我也不知道。

问：你父亲可以为你放弃他自己，你刚才说有了小孩才能体谅父母，你现在有小孩了，你有没有想过，为了你的小孩，放弃你自己呢？

陈：我现在还没有感觉到这种……真的还没有感觉到。因为孩子一生下来我只是出了钱，说实话，孩子我都很少抱。如果说我现在60岁了，我会选择为他去死，但我现在才24岁，我还可以搏一次，还可以奋斗一次。子女嘛，又谈到自私了，我出去还可以再生。我现在没有必要把自己都牺牲了。我现在唯一想的就是多干活，遵纪守法，早点减刑早点出去。以后走到什么地步，能顾及的我顾及，顾及不了的就……就像一个被判无期徒刑的犯人和我说，你爸爸妈妈生病了，你不知道还能睡着，知道了就睡不着，你还不如不知道。我想想也是，确实这样，我知道了睡不着，我不知道反而还能睡得着。现在估计还是年轻，一旦三四年坐下来，会不会不像现在这样，想得这么单纯？成熟度可能会不一样，成熟就是想得会广一点，能忍。

三、理论分析

（一）凯特·米利特性政治理论

尽管性本身是一种生物和肉体层面的行为，却根植于人类活动大环境的最深处，从而形成了文化所认可的各种态度和价值观的集中表现。当然，当我们将这种个人间的亲密行为纳入到具有政治内涵的广阔背景中去时，我们的确迈出了很大的一步。在本文中，"政治"一词指的是人类某一集团用来支配另一集团的那些具有权力结构的关系和组合。在对这些权力关系进行界定时，着重考察那些界限明确、始终如一的人类集团的成员之间的关系和相互作用。这些集团是种族、阶层、阶级和按性别区分的集团（男人和女人）。

在对两性关系的制度进行客观地研究之后，我们发现，目前，乃至在整个历史的进程中，两性之间的关系就是如马克思·韦伯所定义的那样，是一种支配（控制）和从属的关系。在我们的社会秩序中，尚无人认真检验过，甚至尚不被人承认（但又十足制度化了）的，是男人按天生的权力对女人实施的支配。通过这一体制，我们实现了一种十分精致的

"内部殖民"。就其倾向而言，它比任何形式的种族隔离更坚固，比阶级的壁垒更严酷、更普遍、更持久。不管目前人类在这方面保持何等一致的沉默，两性之间的这种支配和被支配，已成为我们文化中最普及的意识形态，并毫不含糊地体现出了它根本的权力概念。

在权力最一般的意义（即将一个人的意志强加到其他人的行为中去的可能性）上，支配能以许多不同的形式出现。韦伯特别关注的是两种形式：通过社会的（男权制的、官吏的、或君王的）权威实现的支配和通过经济权力实现的支配。男权制的原则就是双重的：男人有权支配女人，年长的有权支配年少的。

（二）凯特·米利特性政治理论的应用

两性间关系，有很大一部分是支配（控制）和从属的关系。当陈某遇上了更有钱、更有势力又是本地人的竞争者（情敌），他的嫉妒出现了，确切地说是性嫉妒。有研究表明，在面对有可能的情敌时，男性对竞争对手经济资源、身体支配力、社会等级地位方面的特征更敏感，而女性对于竞争对手外表吸引力方面的特征更敏感。研究还发现，女性自身的配偶价值以及男性对目前情感关系的满意程度对于嫉妒情绪的唤起与发生程度也有一定的影响。[1] 竞争者（情敌）的特征还是回归到权力与支配。

陈：开始还热情的，后来就淡了。那个男的也经常来捧场送花。以前给她打电话马上就来，还会关心我，后面就没有了，就感觉不对了。

随着竞争者的加入，陈某和H的"空间"就变得拥挤，冲突在所难免：

陈：（竞争者）骂我，意思就是你有什么资格，你有什么本钱，或者是你有什么能力来说她。

这触动了陈某最在意的点——经济与地位。当他觉得逐渐失去H（性、支配和控制），而这一切的原因是钱和地位时，陈某不甘心。加上双方都不让步，解决问题的方式简单暴力，他越来越难以摆脱和走出他、竞争者和H的越来越狭窄的问题空间：

陈：我是不管用什么手段肯定要搞他，当时的心情就是这样，当时有刀肯定捅他。我被抓进来还是好的，我感觉还是很幸运、很幸运，不然的话，下次抓进来不是死刑就是死缓。

如同陈某被竞争者击中了他的痛点，一次，他在公开场合，当着竞争者和许多熟悉H人的面，侮辱了H，最终导致了H对陈某的报复。

四、角色扮演与自我反思

五、问题与思考

1. 陈某为什么无法走出他、H和竞争者组成的圈子？反而这个圈子越变越小，最终将

---

[1] 汪蓓漪：《由情敌的不同特质所引发的性嫉妒的两性差异研究》，华东师范大学 2010 年硕士学位论文。

李某"箍死"呢？

2. 受害人 H 在本案例中起着怎么样的作用？给我们什么警示？

3. 陈某在公众场合羞辱 H 的一句话为什么具有如此大的伤害？

4. 陈某对于其生命中 5 样重要东西的舍弃顺序，说明他是一个什么样的人？这与他家庭的养育方式有什么关系？

六、摘要与关键词

摘要：_____

_____

_____

关键词：_____

学习情境三　张某的性犯罪案

一、学习目标

1. 复习弗洛伊德死的本能理论。

2. 掌握关键词：绝望、"心愿"、"泡"。

二、案例导入

（一）基本信息

张某，男，40岁，汉族，已婚，两个孩子，分别为13岁的女儿和8岁的儿子。

某年1月某日6时许，在A省某镇，将一名中学生劫持到小树林内强奸。同年3月某日晚9点，在同一个镇，将一名中学生劫持到小树林内强奸。

2年后，8月某日21时许，在B省某镇，将一名女工劫持到附近的树林内强奸。同年10月，某日20时许，在C省某镇，将一名女工劫持到路边的草丛内强奸。

3年后，5月某日22时许，在D省某镇再次强奸。被判无期徒刑。

（二）访谈整理

问：你父母身体怎么样？

张：他们岁数大了，我对父母很孝顺的。我自己都没有想过犯这样的罪。没办法，我当时真的没办法，真的很后悔。我以前不可能想到会做这种事。我现在不想跟他们联系就是因为这个，太丢人，不是人干的。

我以前很好的，真的很好，看电视都会哭。现在走到这个地步，很对不起父母和小孩，被害人也没有脸见，开始的两个被害人就是我们镇上的。唉！没有办法，现在有什么办法呢？到这种地步了。想想父母，他们怎么活啊？我不敢想这个后果。我好长时间没有得到他们的信息，我就是挂念我的父母和孩子，拿我的命去换我都愿意。我最担心的是我的小孩学坏，在看守所看见很多人很年轻，我最害怕的就是这个，孩子长大不学坏就行。小孩子不是非要考什么大学，只要有技术就能够生存，不做违法的事我就平静了，千万不要再走这个路。

问：想和家人联系吗？

张：矛盾。我现在很想知道他们过得怎么样，现在是没话讲，他们怎么原谅我呢？真的没办法。在小孩和父母的心目中，我一直都很好，他们知道的，根本没有想到我会走到这一步。我去找我老婆的时候，母亲给我跪下了（他哭了）。

问：你老婆走掉了吗？

张：我很在乎婚姻家庭，很在乎我老婆，不管怎么样只要老婆回来，钱什么都无所谓。我还瞒着父母，不敢和父母说，说老婆和别人跑掉了，这个话我说不出来，在农村别人要讲闲话的。我就没有心思做其他事情，去找过她。我是绝对相信我老婆的。结果她离开厂子，第二天还没有回来，我打电话给她，她不接。想找她，不知道在哪里。到她原来干过的厂里找，也不在了。我感觉是没法过了，骑自行车时差点和汽车撞了，不知道怎么回事。就稀里糊涂地找，找了一个多月，然后她说在上海，我问她钱够不够。我身上一般就二三十块钱，钱都是我老婆管，我都给她，我从来不乱花钱，也不嫖娼，没有意义，因为有老婆了。

我就是拼命挣钱，第二天要过年了我还是拼命干，老板很欣赏我。我没有想到老婆会走。过年的时候，她没走时我对生活还是很有信心。我老婆就是这个不好，跟这个比跟那个比，嫌我赚钱少。我说无所谓的，我们两个人一天有一百多块钱，比种地好多了，你还不知足。我说你不想上班就在家里好了，看看电视，打打麻将。我是有一点功夫就去干活，不会闲下来。鞋子烂了我也舍不得扔，我真的很省。把钱都给老婆，随她用。我自己衣服也不买，都听她的。钱不要乱来就行，爱怎么花就怎么花，不要太浪费就可以了。

问：老婆是介绍认识的吗？

张：是自己认识的，我很在意她。她后面做传销去了，我了解了一下传销怎么回事，就是钱来得快。其实，钱多少无所谓，多了有多的活法，少了有少的活法。只要她回来就行，我也不会怪她，我希望她回来，照顾孩子，不会怪她。当时对她很生气，但只要她回来就可以了。我说回来，钱可以再挣。当时我给她打电话的时候，她和一个男的一起，当时我就不行了，受不了。那个狗东西不知道叫什么？好像是某某省人，他们打电话给我，说要结婚了，我简直崩溃了，什么都无所谓，死了就清净了。反正我对女人真的是很恨、很恨的。

问：你为什么去强奸呢？

张：当时没有钱，当时我真想搞点钱，抢到钱给我小孩寄过去，自己被枪毙算了。当时这样想，随他便吧，反正活着也没有意思，就这样想。我能抢到钱就抢，抢不到钱就……怎么说呢？想找一点钱。刚过完年，孩子开学需要学费，我身上没钱了。我老婆走时，我身上只有几十块钱，她走的时候是压了几百块钱给我。房租又快到期了，交了以后就没有多少钱。我也没有想到她会离开我，那天我也没有在意，打电话是暂时无法接通，我根本没有想到她走了。没有走的话，我们家很好的，两个小孩也很好，没有想到……

我那个时候没有考虑后果，做那种事，一点后果都没有考虑，死就死了，我想就那样子。也没有考虑到她（受害人）怎么样，就想抢一个包，里面都是钱，抢了寄回去，我死就死了，真的没有考虑后果。反正我也没有打她（受害人）。有一次一个人的钱被我抢了，她和我说，她的钱都在身上，第二天还要吃饭，我又还了她几张钞票，我的心真的没那么坏。我也有老婆孩子，对不对？没想到判得那么狠。

问：你的动机是抢劫，为什么要强奸呢？

张：抢钱了以后放了她要报案的，大部分受害人会喊的、叫的，我就害怕走不掉。强奸了之后，我就是把她放了她也不会喊，我想着她不会报案。不强奸了就肯定报案了，强奸了就不会报案。在 B 省和 C 省的时候，没有抢到钱，我把她们强奸了，她们就不报案了，其他的我什么都没有想。

真没想到会判得这么厉害，我又没把她们怎么样，就抢了一千多块钱，没想到被判这么重。没有抢到多少钱，抢了那么长时间都没有抢到多少钱。以前真的没有想到判这么重。现在知道了，以前做的那种事啊，确实不应该。

问：抢劫、强奸，对受害人们的伤害你想过没有？被强奸对她们来说就是发生了很大的事了。

张：我想我没有打过她们。我只是觉得我不强奸她，她就报案了。以前没有抢过，当时很害怕，确实很害怕。就是怕受害人报案，所以肯定要强奸她，她就不会报案，对吧！我就这样想的，其他的就没有想。

问：事情过去以后想过没有？

张：我就没有把这当回事，没有往这方面想。我该干活就干活去，没有当回事。也没有抢到什么钱，也没有打过她们。

问：你想过会被抓起来吗？

张：什么都没有想过，过后我就没有想过这回事，不会和别人说强奸这回事。事情过去了就过去，没有考虑之后的事，没当回事。

问：老婆走了以后，觉得缺钱就抢吗？没有其他办法吗？

张：找我老婆的时候，我也报过警，他们也帮不上忙。钱呢？从哪里搞钱？你搞不到钱。工地上，一个月就给生活费，工资又不发，还要天天去要，10 天给 100 块钱，要的多还不好意思，还要讲你。钱都是向老板要的，老板就给生活费。因为他怕我走掉，不会给我很多，我说家里需要钱才会多给你一点，所以我没钱。工地附近有一个吃饭的地方，商场里的那些女的，包里都有几百块钱，想想如果去抢，最少能搞个五六百块钱。

问：关系好的工友这里呢？

张：我跟谁去借？三五十块钱都不借给你。因为在那里的人干的时间不长，工地和厂里不一样。工地上你不了解，工地上谁身上带那么多钱？就是带生活费，生活费给了你，人家怎么吃饭？

问：向家里不能借吗？

张：我向家里寄钱呢，不会向家里借。

问：你生活出问题以后，选择很少，这和社会地位、经济和人际关系有关。为什么抢而没有想到偷呢？

　　张：电视上看到抢一个包，有几千块钱，那个抢劫的只是被打了一顿。我没有想到我会被判这么厉害！大不了把我也打一顿，真的没有想到。抢劫的时候被抓住最多就打一顿，我当时就这样想。而且也没有抢多少钱，想想要么罚点钱就可以了。

　　问：家里条件差，所以你很节约吗？

　　张：是的。这几年把家里欠的钱还了，现在慢慢挺过来了，想好好干，结果老婆跟别人走了。她嫌我挣得少。其实在这里比农村好多了，晚上还可以割点肉吃，比农村好多了。在老家肉都吃不上，干活干到天黑都回不了家。她劝不进去，没有办法。我感觉监狱比社会上还更公平一些。

　　问：为什么这么说呢？

　　张：外面的人坏得很，老板也黑。在这里，警官对我们还尊重，外面老板看不起你啊。这里比外面还那个啥……我这些都是真心话，实实在在。在外面，老板看不起打工的，当地人看不起我们打工的。这里还有尊重，我本来是坐在小凳子上，而你叫我坐到这里来（坐到和我一样高的凳子上）。

　　问：还有，钱借不到不一定是你真借不到，而是你不好意思借，和性格有关，开不了口去借，宁可去抢。哪怕开口也害怕别人拒绝，感觉没有面子，是不是？

　　张：对，有你说的那个意思。我这个人就觉得万一人家不借给你，以后还在一起干活，不得劲！

　　问：大家都没有钱你就更加不愿意借，借的难度大。还有，老婆走了有朋友劝你安慰你，你的情绪就会不一样，是这样吗？

　　张：对，老婆走了，要是当时有人劝我，我会好很多。心里就一心想着那个事情，有一次差点撞车，我和司机说你撞死我好了，司机骂我神经病，又是火上浇油。到监狱里感觉轻松，比老婆走的时候要轻松，老婆走的时候真受不了，简直要崩溃了，觉得死都无所谓，死了算了，就想给家里弄点钱。我现在不抱怨老婆，她也是受害者，因为传销。该找的找了，该劝的劝了，我都做了，毕竟我们有小孩。我不怪她，希望她能回来带孩子，赡养老人。不是因为她，我根本不会走这个路。有一次，她还气我，和我说，中午11点接电话，不接就没有机会了，这样和我说。我接了，是那个男的和我通电话，那个男的问我有什么资格和他说话？（王某一下提高了音量）当时我气得……我又害怕她把电话挂了，连电话都不能打了，感觉很压抑。我那天和老板好说歹说，结了账，找老婆去。我先回老家，看了小孩，和父母也说了。那个男的也往家里打过，瞒是瞒不住了，我是仁至义尽了。唉……想那天的事，不如还是死了算了。当时公安局不把我抓住，我也很可能死了算了，我也不会活到今天。那个时候脑子已经不清楚了，我不出这个事，我也要自杀，我活不下去了。我想过抢银行，毕竟我一直都没有抢到多少钱。我自己无所谓，抢来给家里还好，可以轻松点养老。我的目标就是几万块钱就可以了。

　　问：你自己是无所谓了，就想让家里人过得好点对吗？

　　张：是的，我抢钱但我也不用钱，没有想其他。就是抢钱给家里，自己无所谓。

问：你的情感世界就是你的父母，孩子吗？

张：是的，其他的我不关心。我的父母没有出过远门，我的愿望是带他们出去玩玩，这是一大遗憾。

问：还有一个问题，你强奸的目的只是为了受害者不报案吗？有没有生理上的需要呢？

张：开始的时候根本就没有，因为我老婆走了我心里烦得很，还恨她，那个时候，觉得最毒不过妇人心。我的老婆走了以后，我没有钱，老婆也不寄给孩子学费。我也打电话给她，叫她给孩子寄点学费，她走的时候就留了200块钱，她就不寄，说我肯定会有办法，我就想去搞钱。等女人下班了，在没有人的地方，抢一个手机也能卖点钱。

问：你抢劫的动机一个是钱，一个是对女人的恨，有报复的成分，把对老婆的恨转移到其他女人身上是吗？

张：应该有一点。但是，并不是说那么恨。虽然抢，但我不会对人家……打人家啦，骂人家啦，没有想到把人家杀掉啊，没有那个心。

问：强奸两三次以后，有没有其他感觉呢？

张：头两三次，是防止她报案，后来真的没有人报案。我上下班也是在那边，胆子就更大了。

问：问一个很私人的问题，强奸给你带来什么感觉呢？

张：没有想过这个事。

问：你本能的反应是什么呢？

张：（他犹豫了几秒）那时没有想那么多。抢劫了一个女的又怕她报案，最好的办法就是把她强奸了，没有生理方面的满足，我对性不是很感兴趣。不强奸她吧，觉得就会比较麻烦。当时紧张是紧张的，害怕的，后来就和她们一起说说话，不是说强迫她们，我对她们还是很好的，不打骂她们。当时有一个人的鞋子掉了，没有找到，草地上我怕她扎脚，还背她过去。我最大的心愿就是抢到很多的钱。

问：抢到多少你会比较满意呢？

张：反正几千块钱就可以了。第一次是1000多块钱，我很高兴。她说钱都在这里，明天吃饭的钱没有了，我又还了几张钞票给她。

问：你知道不能做坏事，但是又要去做，做了以后，你感觉人有没有什么变化呢？

张：没有想过，到了D省有想过，以前没有。就像小时候上学偷地里的瓜一样，过一会儿就忘了。快出事的那个时候，快被抓的时候，感觉我都不认识自己了，感觉我怎么这样了？我都没有想到。以前是经常往家里打电话，那个时候就很少了，以前是每周必须给小孩打一个电话，问问情况怎么样啊，后面就慢慢就不打了。

问：为什么给儿子的电话越来越少？

张：第一个是老婆的事，没有心思，根本就没有心思，心里有事情。第二个是我做了这些事情以后，被抓以后一点也不后悔。不抓住还会继续做那些事情，还是被抓住好。不然的话不知道会怎么样发展下去……没有被抓，我不知道会怎么样。现在都被判这么厉害，如果继续的话，不知道会怎么样。

问：为什么停不下来呢？

张：抢了也不出事。白天照样上班，再抢点东西，抢了10块钱，20块钱，一天的生活费有了，这样想。抢到这个钱还是很开心的，这个钱来得很容易啊，好像天上掉馅饼一样。我没有抢多少钱，又没有打人。这点钱无所谓的，没有想很多。自己脚上的泡是自己走出来的。

问：你强奸了以后，想过这是对受害者的伤害吗？

张：我叫她走，她也没有什么反应，叫她走就走了，我没有想到什么。我光想到能抢多少钱，女的几百块钱总会有的。熟悉我的人都不敢想象我做这样的事情。

问：你自己都不敢想象。你刚才说你自己都不认识自己了是什么意思？

张：我自己都不敢相信我会做这种事。以前根本就没有想过，现在会想了，想自己干的事。

问：还有一个疑问，老婆离开你以前，你也强奸过，那个时候是为了什么呢？老婆在，又不缺钱。

张：以前的案子，是因为外甥女被强奸了，我就想报复他们。反正我的外甥女就是被镇上的人强奸的，找过，但没有找到人。没有报案，因为害怕对她名声不好。这2个被我强奸的孩子反正是同一个镇上的，报复了以后，又感觉做得不对，我就出去打工了。

问：没有找到强奸外甥女的人，你就强奸本镇的其他女孩吗？

张：是的，也没有想什么后果，想都没有想过。当时是一点感觉都没有，就觉得她们活该！心里感觉挺那个的……

问：冤有头债有主，为什么你不找强奸外甥女的那几个人呢？

张：找不到那几个人，就随便找了2个，都是一个镇上的。然后我就出去打工了，后面就什么都不知道了。

问：外甥女的事情，你当时是什么心情？

张：当时恼啊！就想找到人弄死他，我去了，没有找到。（接下来他跑题了）我老婆要是不走，我每天就是平平淡淡，我还有信心，一点坏事都不会去想，想的就是挣钱的问题，没有想干什么坏事，就是想这么过日子，回去看电视，能喝一点酒，喝得不多，两块五毛钱的一滴香，一瓶一斤，我可以喝两三天。我很节约，我和你说怎么样省钱。我有一次去很远的地方买酒，那里的一滴香批发的话便宜一点，我一下子买了10块钱的，2块钱一瓶，回到这边买就是2块5毛钱。那地方离我家有几十里的路，是骑自行车带回来的，骑车去也是为了省钱。早点一般是1块5毛钱，心里也舒服，吃得再好再饱，一天也是三顿饭。家里小孩父母老丈人都要照顾，很多地方需要照顾，我只要能吃饱就可以。抽的烟要2块2毛5分钱一盒，其实我不怎么抽烟，但工地上要用。

问：外甥女被强奸，你却报复了同镇的孩子，你解决问题的方法不对了。

张：我报案了，外甥女怎么办？

问：其实你也知道不应该这么做，报复不能解决你的情绪问题，通过强奸本镇的女学生来报复镇上强奸你外甥女的人，会产生新的情绪，你看不起自己。真的解决方法是将强奸的人找到，你打他们一顿都比你强奸这2个女学生要好，更直接。

张：是啊，这个事情做了以后，镇上的集市我都不去了，心里感觉好像有一个亏心事，很少出去了，就出去打工了。过完年就出去了，唉……

问：进了监狱，你有什么教育孩子方面的经验和教训可以分享一下吗？

张：第一是电视，不要学电视上不好的东西，要学好的。第二是懂点法律。我要是知道判决的结果，我说什么都不会去做。对错我都知道，就是不知道有这么厉害。第三是不要攀比。钱这个东西没有止境，多也可以用，少也可以用。能挣多少就多少，凭自己的能力，攀比以后就想多挣钱。自己挣来的钱，虽然辛苦，但花的也安心，天上不会掉馅饼。第四是和人交往不要占别人小便宜，要学会吃亏。我做这个事不光丢我一个人的面子，父母孩子受到牵连，抬不起头，不敢想。占别人小便宜会习惯，大了以后也会，要学会吃亏，你光占别人便宜，谁和你交往？第五，对孩子不要要求太高，不一定要做什么大事，顺其自然，不学坏就可以了，看自己能力。第六，多学点技术。

问：最后，我们这样的谈话，有没有感觉压力小一点？

张：舒服多了，我干的事情真不是人干的！

三、理论分析

（一）弗洛伊德死的本能理论

弗洛伊德死的本能理论：见专题一学习情境二。

（二）弗洛伊德死的本能理论的应用

张某给我的印象是一个情感冷漠、缺乏活力的人，自然与失望、绝望，与死亡相关联。情感淡漠，体现在如下：第一，外甥女被人强奸时，出于保护外甥女的名声而不敢报案，在未能找到犯罪人时却先后两次强奸（报复）同一镇上的两名未成年人，让人费解。甚至让我怀疑他这两次强奸未成年人的动机。然而这样的动机和行为，却不是一般人能捏造的，因为这样说，则把自己置于更为卑劣之地。事后张某虽然感觉做得不对，做了一件亏心事，却：

张：是的，也没有想什么后果，想都没有想过。当时是一点感觉都没有，就觉得她们活该！心里感觉挺那个的……

问：冤有头债有主，为什么你不找强奸外甥女的那几个人呢？

张：找不到那几个人，就随便找了2个，都是一个镇上的。然后我就出去打工了，后面就什么都不知道了。

第二，张某后续为了防止被抢劫的人报警，强奸她们时对受害人的态度：

张：就像小时候上学偷地里的瓜一样，过一会儿就忘了。

什么样的人会对他人的痛苦如此冷漠？难道是金钱完全占据了他的注意力和意识？

张：我最大的心愿就是抢到很多的钱……我就是拼命挣钱，第二天要过年了我还是拼命干……白天照样上班，再抢点东西，抢了 10 块钱，20 块钱，一天的生活费有了，这样想……我有一次去很远的地方买酒，那里的一滴香批发的话便宜一点，我一下子买了 10 块钱的，2 块钱一瓶，回到这边买就是 2 块 5 毛钱。那地方离我家有几十里的路，是骑自行车带回来的，骑车去也是为了省钱。

还是因为对生活缺乏希望导致的失望和绝望？因为对生活绝望的人，会以一种无差别（好与坏、美与丑等差别的消失）的视角看待这个世界。张某犯罪的背后，隐隐约约地散发着死亡和绝望的气息：

张：他们打电话给我，说要结婚了，我简直崩溃了，什么都无所谓，死了就清净了……做那种事，一点后果都没有考虑，死就死了，我想就那样子。也没有考虑到她（受害人）怎么样，就想抢一个包，里面都是钱，抢了寄回去，我死就死了，真的没有考虑后果……有一次差点撞车，我和司机说你撞死我好了，司机骂我神经病，又是火上浇油……想那天的事（妻子的离开），不如还是死了算了。当时公安局不把我抓住，我也很可能死了算了，我也不会活到今天。那个时候脑子已经不清楚了，我不出这个事，我也要自杀，我活不下去了……当时没有钱，当时我真想搞点钱，抢到钱给我小孩寄过去，自己被枪毙算了。当时这样想，随他便吧，反正活着也没有意思，就这样想。

有了死亡、绝望作为铺垫，受物质生活之苦（更多还是来自对妻子的不满）的张某从节俭走向了犯罪，而强奸是其逃避法律惩罚的手段和工具。在绝望的大背景下，张某的冷漠似乎又多了一些合理性。

四、角色扮演与自我反思

_____

_____

_____

五、问题与思考

1. 如何用弗洛伊德死的本能理论解释张某的犯罪心理与行为？

2. 从女性的视角看，你会喜欢还是厌恶张某这样的人？为什么？

3. 在访谈结束时，张某的压力得到了一些缓解，说了一句"我干的事情真不是人干的！"说明了什么？

4. 抢劫强奸，对张某来说，就像就像小时候上学偷地里的瓜一样，过一会儿就忘了。这说明了什么？请从法律意识、情感和关系等方面进行分析。

5. 纵观张某一生，钱对其来说，是非常重要的核心元素，他对钱的态度说明了什么？

六、摘要与关键词

摘要：_____

_____

_____

关键词：_____

学习情境四　李某的性犯罪案

一、学习目标

1. 了解犯罪置换（crime displacement）理论。

2. 掌握关键词：犯罪置换、关系、"钥匙"、时间知觉。

二、案例导入

（一）基本信息

李某，男，22岁，汉族，初中文化。因生活窘迫，萌生抢劫他人财物之念。于11月某日晚21时许，尾随2名女性受害人。2名受害人回到出租屋时，忘记将钥匙拔出，李某持刀蒙面进入室内抢劫。因2人没钱而未得逞。抢劫未得逞后，李某不死心，持刀将其中一名女子劫走，威逼另一位受害人次日赎人。李某将被害人劫持到其出租屋，用卡脖子和语言威胁的手段将受害人强奸。第二天一早，用某小店的公用电话联系另外一名受害人送钱赎人时被抓获。犯抢劫、绑架和强奸罪，三罪并罚被判有期徒刑18年。

（二）访谈整理

问：你当时怎么会去抢劫呢？而且是抢劫两个女孩子呢？

李：因为房东催我交房租了，还要交水电费，也需要钱。我当时想，去抢是抓不住我的，抢一次就不抢了，不会凑巧被抓。开始以抢劫为主，两个人毕竟不好抢，我一个人去抢她们2个可以说很难，就不敢抢。到了她们住的地方后，估计是她们要放手上的东西，钥匙没有拔，门没锁才敢进去。反正……当时也不知怎么就想到把女孩子带走，然后就是……其实也没有打算强奸她，绑到了我住的地方以后思想上就放纵了。感觉自己很傻，到现在也不能理解我当时是怎么想的。感觉挺傻。刚开始没有强奸的想法，开始是害怕。

问：你有女朋友吗？

李：我有老婆，那时候小孩刚出生不到一个月，就叫我出来先找工作，找了几天都没有找到。就去原来上班的地方找老板，因为我有一些时间没做了，老板不要我。后来就去网吧玩，钱包被偷了，有1000多块钱。我性格比较内向，想不到用什么办法解决，不愿意和别人交流，一般都是自己埋在心里。也没有亲戚和朋友，没有人帮忙，就去抢劫了。

问：想过其他办法吗？

李：钱包被偷了，我很焦急。本来叫我爸汇钱，但我没有银行卡。身份证过期了还没有办好，我就不知道该怎么办。以前在外面的时候，任何事情都是我爸给我拿主意。我的性格比较内向，又不想麻烦朋友，不好意思开口。我当时想过借钱，但是朋友不多，没有几个朋友。我是一个很本分的人，也没有什么兴趣和爱好，就是和老婆逛街，回家就看电视，困了就睡。因为上班累，要熬夜，也没有太多的时间出去，睡觉就要七八个小时。我的生活简单，都是和我父母一起，很少上街，不怎么出去玩。平时大部分时间是和我老婆、爸爸、妈妈、奶奶过。我很喜欢我老婆，不是喜欢外貌，而是喜欢她的性格，喜欢她的善良，内在的美……再说我没有固定工作，又刚刚来，不太可能出去借。如果说是在同一个厂的话，工友可能会帮助我。但我现在连一个固定工作都没有，找人去借的话，会不太愿意借。

问：你害怕被别人拒绝对吗？

李：我不爱向别人借东西，难为情，不愿去借，不好意思开口，于是就去抢。其实要借也可以借到，但我不想去麻烦别人。才来没几天，就找人借钱，感觉不好。别人会有闲言碎语，就没有去了。

当时钱包被偷了，我很火，不知道该怎么办。实在没有办法就抢劫了。没有人帮忙，家人也不在这边，绝望了，没有办法了，就抢劫了。那天抢劫，她们回去后，门要是锁上了我也就走了。那天跟在她们后面，一直很害怕，一直没敢动手，就跟到住处。看到钥匙插在门上，旁边又没有人，我就进去了，想找点钱。面罩是骑电动车用的，是我自己的。开始抢劫的时候，我很紧张，拿刀的手在发抖，用刀放在小丹（女，化名）的脖子上，因为她比较强壮。我用刀背对着小丹的脖子，感觉刀抖得厉害。她们2部手机是老旧的，就没拿。就随便带走一个，把小玉带走了，出来之后就把刀收起来了。

问：抢劫过程中，在你的印象里，两个女孩你更喜欢谁？

李：小丹，我把小玉劫走是本能的选择，感觉小玉瘦弱一点。

问：绑架有性的意味。如果你真是为了钱，她们没有钱，你就走了。而你绑了一个走，这样做对需要钱的你来说，没有意义，达不到抢钱的目的，是这样吗？

李：绑架到我住的地方以后，才有和小玉发生关系的想法，抢的时候没有，当时是害怕恐惧。我们两个住的地方距离四五百米，不远。走的时间很慢，感觉走了一个小时吧。劫持出来的时候更紧张，害怕有人发现，就东张西望，看有没有人。路上的时候我还担心小玉喊，怕她反抗。要是她喊了，我肯定会跑，这个时候刀也没有拿在手上。我们两个人就一前一后地走。我的手碰到了我带的健胃消食片的瓶子，害怕她叫，就联想到了让小玉吃一颗，骗她说是毒品，她就不敢叫了。小玉也吃了，也没有逃跑。

问：绑走的时候你有没有性的想法和念头呢？

李：有一点，是走在路上和她交流了以后才有的。她问我哪里人？为什么要抢劫？我们一前一后走，刚出来的时候刀还架在脖子上，我叫她路上不要叫，不要乱动。我就走在后面，就像平常情侣散步那样，刀出了门就收起来了。走到楼下，走了五六米我们就交谈了，这个想法就慢慢出来了，可以这么说吧，但心里还是很害怕。

问：到了房间以后呢？

李：到了房间以后，这样的感觉越来越强烈，越是压抑这个感觉，就越强烈。既然已经做了坏事，再做别的也就相对容易了。直接去强奸是不可能的，但是做了一件坏事以后再做别的就容易了很多。而且从路上的绑架、到顺从吃药，她都没有反抗逃跑，我感觉她是可以控制的。我和她发生性关系的时候，她也没有反抗。

问：你这样做了以后是什么感觉？

李：强奸了以后，我感觉肉体上是暂时释放了。但很快，我就感觉我很残忍。我伤害她是无法弥补的，想向她道一个歉吧。如果说站在女孩方面说，伤害是很大的，我很内疚。想和她发生关系的时候，我内心很矛盾。对我的判决可以说是很轻的，宽大的。很多东西现在说出来，我感觉轻松一些。

问：为什么第二天，你还会叫小丹送钱赎人？一般来说，她肯定要报警啊。

李：我本来的想法是抢劫，抢一次就好了。但是事情的发展出乎意料，越来越严重。先是抢劫，再是绑架，后来又强奸，还是在我住的房间，小玉知道我住的地方，还很近。我都不知道该怎么办了。我肯定会被抓，但又不敢杀小玉。我不知道该怎么办。又不敢自首，又不敢告诉我父母。就好像打牌，手上拿了一手烂牌，肯定输了，就想随便出了。当然，也有侥幸心理，万一小丹没报案呢？把钱送来呢？所以第二天早上就想到叫小丹送钱赎人。

问：小玉的性格导致了她的结局是吗？

李：是的，当时她要是反抗的话，随便叫一声，我马上就逃了，也就不会有这样的后果。在路上，如果她叫一声，也就不是这样了，我也怕的。当时我在想，她为什么不叫一声？这样，我也解脱了。

问：小玉不敢反抗，可能和她的性格有关，你给她吃药她有没有反抗呢？

李：没有反抗。她吃的时候我没有和她说是毒品，就说对身体没有伤害。她吃下去以后才说，她也感觉很害怕。她没有多想，我说了两句就吃下去了。我把药片拿出来，我说我这里有一片药，把它吃下去。她问是什么药？我说反正不是毒药。她就半信半疑，吃下去了。我看她确实吃了，我说你刚才吃的是毒品。她的反应是非常惊吓、害怕，我说可以戒掉的。后来就没怎么说话，就到我住的地方了。

问：其实，在你尾随的时候，你的动机就已经不是纯粹的抢钱了，已经有性的意味了。尾随两个女人，你知道不好抢劫，甚至不可能抢劫得手，你还跟了过去。而且你还是第一次抢劫。到了她们住的地方，你没有抢到钱，如果真的想抢钱，没有钱就走了。但是你绑了一个，而且还带到了你住的地方，就不是为了抢劫，不是为了钱。第二天叫小丹拿钱赎人的想法也是后来才出现的。

李：我进去以后，她们说没有钱，旧的手机便宜，我就没有要。我就在她们房间里犹豫了差不多半个小时。我的刀架在小丹那里，犹豫了一下，逗留了一下，应该是这个时候产生了性的念头。

问：为什么把小玉往自己的出租屋带？

李：晚上冷，没有地方可去，就想到把她带到我的房间。走在路上没敢对她怎么样，其实念头是有的。到了我的住房后，她也没有反抗也就……我喜欢她的性格，容貌没有看，具体长的什么样我都不知道，长相我没有看清楚。路上稍微一交谈，感觉这个人挺不错。

问：你想过把她带到你的房间，会给你产生很大的麻烦吗？

李：后果嘛，想是想过。人都出来了，没地方躲，所以就想到我的房间，至少没人知道。带过去时，我把她的眼睛蒙上。第二天早上，返回的时候没有蒙了。白天蒙了会被别人看出来。她会把路线记下来，我被抓只是时间问题。我已经做好了被抓的准备。

问：小玉好控制，胆子小，所以你才敢这么做对吗？

李：是的。她的自我防护意识弱，她叫一下结果就不一样了。

问：看上去是抢劫，实际上还有性的欲求在驱使，或者说性的欲求更强烈。没有抢到钱还要把小玉往外带，而且还往你住的地方带，很危险。为什么要这么做？为什么犯罪行为会演化？因为仅仅只有钱是不够的，更重要的还是性，只有它才有这个力量，让犯罪行为升级演化。

李：当时感觉到一种诱惑吧。

问：是一种生理的诱惑，你的真实的动机是性，性的诱惑。

李：现在想想，感觉……性的一面要比钱的一面要多，性的一面占的比例大。

问：性的驱动力非常强大，又遇到了一个容易控制的女性，性就难以控制了。仅仅为钱的话，你还是可以停下来，可以控制。

三、理论分析

(一) 犯罪置换理论

犯罪置换是指犯罪人在实施犯罪行为的过程中由于某些原因而改变犯罪的一些方面的现象。在犯罪行为实施过程中，由于犯罪心理的变化，特别是由于犯罪情境中某些因素的变化与影响，犯罪人有可能改变原来预想的犯罪时间、地点、手段和对象等方面。不过，罗伯特·巴尔等人认为，"犯罪置换"是一个不恰当的概念，他们主张"犯罪偏离"(crime deflection) 的概念更为合适。

有六种类型的犯罪置换。第一，时间置换 (temporal displacement)。这是指犯罪人暂时停止了犯罪行为，在经过了一定时间之后继续进行犯罪行为的现象。第二，空间置换 (spatial displacement)。这是指犯罪人在实施犯罪行为的过程中改变犯罪地点的现象。第三，目标置换 (target displacement)。这是指犯罪人在犯罪行为的实施过程中选择更加适宜的犯罪目标继续进行犯罪行为的现象。第四，手法置换 (tactical displacement)。这是指犯罪人在实施犯罪行为的过程中改变犯罪手段的现象。第五，犯罪类型置换 (type of crime displacement）。这是指犯罪人在犯罪过程中改变犯罪种类的现象。第六，犯罪人置换（perpetrator displacement）。这是指存在极具吸引力的犯罪机会时，不同的犯罪人都想实施某种犯罪的情况。例如，贩毒犯罪能够带来巨大利益，打击了一个犯罪人后，又有新的犯罪人接着进行此类犯罪，从而出现一个犯罪人接替另一个犯罪人反复实施这类犯罪的现象。[1]

（二）犯罪置换理论的应用

李某初次犯罪，幻想与现实的差异大，才会有如此多的置换，不断偏离其原有的目标。也说明了其犯罪的目的性和犯意并不彻底。同时也说明了在不同的情境中（情境的重要性），不同的动机存在相互的博弈。

李某缺钱，更缺异性的陪伴，因为妻子十月怀胎，孩子未满月就出来打工养家糊口。从这个角度说，生理需要更强烈。对一个准备去抢劫的新手来说，尾随2名女孩，确实难度大。当然，也有可能是犯罪的目的性和犯意并不明显，更可能的是潜意识的性动机。而性的动机在随后的案件发展中起到了关键、核心的推动作用，李某无法从这个动机中摆脱。如果仅是抢钱的动机，被害人没有钱或者有钱，李某都能脱身。

犯罪的置换，也离不开受害人这个要素。被李某绑架的小玉，较为顺从，一路上没有反抗，甚至李某叫她服药，也没有反抗，也助长、强化了李某的犯罪动机。

犯罪的置换，也因为抢劫不成功，如果抢劫成功，李某得到物质的满足，很有可能也就离开了。没有抢到钱，不仅仅没有满足李某的经济需求，却为犯罪的置换做了铺垫——既然已经做了坏事了，再做其他的也就相对容易了。

四、角色扮演与自我反思

五、问题与思考

1. 在整个犯罪过程中，李某进行了哪几种犯罪置换？其原因和动力是什么？这些动力又如何相互作用？

2. 李某开始的犯罪动机是抢劫，为什么却尾随了2名女孩？在他选择她们的那一刻，他们形成了什么关系？

3. 2名女孩回家后忘记将钥匙拔下，这把"钥匙"开启了李某的犯罪之门，这对我们研究犯罪的危险性评估有什么启示？如果李某进去后，抢到了钱，案子又会如何发展？

4. 受害人在本案例中起着怎么样的作用？

5. 李某的人格特点又对其犯罪起着怎么样的作用？

6. 李某将小玉绑架到他的出租屋，为什么四五百米的距离他感觉走了近一个小时？

---

[1] 吴宗宪：《犯罪心理学总论》，商务印书馆 2018 年版，第 635~638 页。

7. 李某说："既然已经做了坏事，再做别的也就相对容易了。"为什么？从更广义的角度说，有前科的罪犯的重新犯罪危险性高和这句话有什么关联？

8. 李某的孩子刚出生，与其犯罪有什么关联？

六、摘要与关键词

摘要：_____

_____

_____

关键词：_____

专题四 | 抢　劫

学习情境一　刘某的抢劫案

一、学习目标

1. 掌握鲍姆林德教养方式理论、情绪调节理论。

2. 掌握关键词：向往、瘾、内疚、人、情绪与攻击。

二、案例导入

（一）基本信息

刘某，男，22 岁，汉族，初中文化。半年时间内，用搜身、语言威胁、拦截、持棍殴打、持刀威胁、捆绑等方式参与抢劫 15 次，强奸 3 次，劫得财物价值 3 万元。被判死缓。

（二）访谈整理

问：你能不能说说你的家庭？

刘：很复杂。我在家里待的时间久了，就不想待了，感觉我的心态有点变态。我是被打着长大的，从很小的时候，我记得就是一直挨打。8 岁上学以后就每天挨打，家里早就待够了，待饱了，所以，我 14 岁就出来了。以前在老家，被我父亲打，我可以不放在心上，因为那个时候还小。出来这 5 年，我父亲就没有正眼看过我，其实我也不想去犯罪。

案发前几天，我和我表哥打架，厂里我就不做了。打架以后，我就没有回家，在外面玩了几天。回家和我爸妈说了打架的事，他们都相信我表哥说的话。我妈就骂我，为什么跟他打架，不听她的话。我父亲就不理我。我就上网，看《古惑仔》，就觉得还不如去抢。过了几天，我就出去抢劫了。

问：你们家就你一个儿子，在农村，父母应该比较宠爱你才对，你爸爸为什么老打你呢？

刘：10 岁那年，我和同村的同学打架，年纪相差不会超过 2 岁，我打赢了，我好不容易打赢一次。他们到我家告状，我爸爸拿起皮带就抽我。还有一次，别人在打我，我爸爸喝醉酒了，看见我被人打，他什么原因都不问，就打我，回家还打我。从那之后，他们不听我解释，我也不听他们解释。我在我爸面前，基本上没说过三句话，我怕他！他什么都不肯听我解释，我也懒得跟他说。从那之后，我就跟他说，你越打我，我就越不学好。本来是很想学好的，一有事情，他不是打我就是怪我，整天在家里……我说，在家里骂我可以，同学、老乡上我们家玩，姑姑、姨她们到我们家里玩，我爸也当他们的面骂我，这不行。

问：没有给你面子是吗？

刘：对。所以，从那次我就说，我也懒得跟你在一起，我也不想学好了。就这样，直至走上犯罪道路。

问：你对父亲有点怕，又有点恨对吗？

刘：很恨他！

问：你说你爸爸越打你，你越不学好，你是不是报复他呢？你要我学好？我偏不。

刘：我是产生了逆反心理。在村里，我被打的次数，整个村没人比我挨得多，甚至加起来都没有我多。他是喝醉酒了打，不喝醉酒也打。我上学以后，每天挨打不少于3次。

问：你爸爸对你妈妈怎么样呢？

刘：怎么说呢？10岁之前，老是打我妈，后来我跟我妹妹长大了，就不打了，骂两句。

问：你妈妈对你怎么样呢？

刘：我妈妈对我很好。

问：你觉得你爸爸在外面是一个怎么样的人呢？

刘：在外面，对亲戚朋友是没的说，很好。跟谁都合得来，就是看我不顺眼。为什么看我不顺眼？一方面是顽皮，还有就是我做什么都不认真做吧。我在做事情的时候，他回家了，骂我，一骂，我做事情的心思就没了，一点兴趣都没了，就不想做了。

问：你爸爸在别人的眼里是一个老实的人吗？

刘：不能说老实吧。他是个不顾家的人，我妈说的。他在外面心情不好，就把我当出气筒，我就是他的出气筒。

问：你是什么时候不读书了？

刘：初二就不读了，学习成绩不好，学校里打架被开除的。

问：你怕你爸爸，害怕他打你，但是你为什么又这样顽皮呢？

刘：我性格就这样吧。越打我就越不学好，每天不是打就是骂。

问：小孩怕父母，很多事情就不敢说，沟通就会出现问题。关系好，就可以用语言交流。害怕呢，就不敢说，就去做一些让父母不舒服的事，你让我不舒服，我就故意对着干。你是这样吗？

刘：有一点。我是怕我爸，他对我不是打就是骂，还打我妈，打我妈最严重的一次就是我妈直接离家出走。我和妹妹就去外婆家找，没找到，以为我外婆把我妈藏起来，我还跪下来求我外婆。其实我外婆不知道我妈离家出走，外婆就哭了。好几天我妈妈都没有回来，我和妹妹每天去外婆家找妈妈。后来看见了我妈妈，她放不下我们。我们哭着求她，我妈妈回家了。没过多久，我爸爸妈妈又打架。我就问我妈，为什么不和我爸离婚？10岁左右问的。我妈不知道怎么想的，说是成一个家不容易。跟他说不要打，没有用。有一次他赌博回来，晚上很晚了，他把我妈妈、我妹妹和我，都打哭了。从那次打过之后，我就记得……最恨的就是那一次。

问：那个时候你几岁？

刘：十岁左右。我恨我爸！十岁那年，我整整委屈了一年！在家里，多苦多累都不说了，跟谁都没有地方说。跟我爸说他不信，跟我妈说她也不信。因为 10 岁那年，我读书不是在本村读的。

问：你在学校感觉很孤独吗？

刘：是的，家里又没有人理解，就彻底恨我爸了。我在另外一个镇上读书，我爸叫我到大姑妈家吃，去了一个礼拜。大姑妈说你小姑妈家近，到她那里去吧，我就去了小姑妈家。小姑妈又说你为什么不到你二姑妈家去？我第二天就去了我二姑妈家，去了 3 天，她又说你怎么不到你大姨家去？就这样，最后我谁家也不去了，不读书了，我爸爸就打，逼我去读。我就很恨我爸爸和我姑妈。

问：你的亲戚不接纳你。学校里老师、同学对你怎么样呢？

刘：老师同学都还好。也许我爸爸不这样对我，我可能不会犯罪。我犯罪，我父亲有不可推卸的责任。如果我回家吃饭，我爸爸不老是用眼睛瞪我，我也不会出去和他们犯罪。如果家是我喜欢的地方，如果学校是我喜欢的地方，那么就不太会出去和其他人混。

问：初中以后你去哪里了呢？

刘：出来打工了，跟我妈妈一起，我爸爸是早几年就出去打工了。

问：你爸爸先出来打工，是你妈妈管你，为什么书还是读不好呢？

刘：学不进去了，学习成绩差，上课跟不上。喜欢跟同学一起玩，这些同学成绩也不好。

问：你爸爸出去打工你是什么感觉？

刘：他出去打工，全家都高兴，关系都好。

问：学习，你努力过没有？

刘：有，就努力了一个礼拜，还是喜欢玩。我们出来玩，老师也不问不管。老师也说，想学就学，不学拉倒，每个月他还是拿他的工资。我们就逃课逃学，有三分之一的人逃学。出去摘西瓜，西红柿。这样的生活还是蛮开心的。后来就被学校里开除了，我也不想读书了，就去饭店跑菜。

问：你什么时候感觉你这个人开始变化了呢？

刘：跑菜的时候，在一个饭店，有很多老乡，就一起喝酒打牌，逛夜市，就开始学不好的了。好吃懒做，钱很快就花完了。

问：一个月的工资，多少时间花完呢？

刘：两三天就花完了，吃夜宵，去酒吧。

问：是不是感觉靠工作，钱来得慢了？

刘：当时也没有感觉钱来得慢。后面去做箱包了，一个月有 1500 块钱左右，我不到十天就花完了。钱没有了，就吃我爸妈他们的。也向爸妈要点，他们给过几次。去爸妈那里，是可以去，每次还是骂，我爸爸骂，我妈妈不骂。吃饭老是挨骂，和父亲不说话。后面实在没有办法，就不住家里了，去抢了。

问：谁先提出来抢的呢？

刘：不是谁先提出来的，我们经常看别人抢，比如我的老乡们。第一次我不敢抢。我和老乡他们在路上，看见一对情侣，我老乡说以前干过，就过去了，把男的打了一顿，抢了 100 块钱，这样抢比上班来钱快多了。后面我也抢了几次，有七八次，抢不到什么钱就不干了，收手了。后面遇到了小武和小飞，他们叫我请假。我第二天就和他们去抢了一次，有 2000 多块钱。我干脆就不做工作了，开始抢。

问：你抢到钱是什么感觉呢？

刘：怎么说呢？就是在刺激中寻找快乐吧。抢以前没有这种感觉，在抢的过程中，抢了以后，在逃跑的过程中，有这样的感觉。我感觉在家老是挨打，不能说话。我在抢别人的过程中吧，我就可以……想怎么样就怎么样吧，反正他也不能还手，就这样吧。

问：是不是满足了控制欲呢？

刘：就是！

问：你抢劫并不是纯粹为了钱对吗？

刘：这个抢钱，可以维持生活，那个时候我没有工作了，这样可以有吃有住。抢来的钱可以用于吃饭，上网，还有玩的开销上面。还有就是我心情不高兴的时候可以找人发泄一下，就这样。

问：心情不好的时候也会去抢，抢劫也是发泄。你刚才说逃跑的时候也很刺激，那又是什么感觉呢？

刘：抢了之后吧，被抢的人来追啊，或者报案啊，我就没命地……疯狂地跑啊，跑到一个地方躲起来，安全了以后这种感觉也非常好。我在抢劫的过程中，这段时间里啊，怎么说呢？我是很向往这种生活的。

问：很向往这种生活吗？（以为听错了，又追问了一遍）

刘：是啊。

问：向往这种抢劫的生活吗？（再次确认）

刘：是的，可以任由你发挥吧，想怎么控制他就可以怎么控制他，不受任何约束。你想打他骂他都可以，任何人都无法约束你。我说的向往，是抢劫的过程中，你想怎么样就怎么样，可以不受别人的约束。这 5 年啊，我父亲……骂我，看不起我。我对他的恨在我的心里生了根发了芽。反正我当时可以把恨，加到这个被害人身上，想怎么样就怎么样，尽情地打他骂他都可以。

问：也会有上瘾的感觉吗？

刘：有点上瘾。

问：还会有权力感，原来在家里，受到你爸爸打骂，受到压制，被忽视，很渺小很弱小。但在抢劫中，你有了权力，在那个短暂的时间内。是这样吗？

刘：是的。而且抢来的钱花得舒服，自己的钱花起来会舍不得一点。

问：你刚才说小时候打你还认了，大了为什么不行呢？

刘：以前在老家，打我骂我，我都可以忘掉，以前比较小吧，打我骂我都不要紧。但是这5年我始终忘不掉，这5年，打是不怎么打，但会有一种侮辱的感觉。

问：以前是还小，不懂事。现在是慢慢长大了，需要父亲给你尊严，当作一个人来看，你觉得父亲没有给你对吗？

刘：从来没有给过。在我的印象中，这5年来，在亲戚朋友面前，我父亲从来没有给我留一点面子。无论是谁，只要来找我，姑妈表叔啊，每次来，没有不在他们面前说我，说我不好的。你看看别人怎么样，你看看你自己怎么样，说我是迟早作死的料。我妈也叫他不要说，他不听。他越说得多，我越恨他。我对他的恨，都可以转移到被害人身上，可以把身上的什么恨啊，马上可以……可以一下子发泄出来，发泄到被害人身上去。

问：这样的发泄，感觉怎么样？你觉得情绪有没有得到真正地发泄呢？

刘：真正地发泄倒没有。但我可以想干吗就干吗，随心所欲的意思。

问：幻想有发泄的感觉，实际事后发现并不是真正的发泄。因为对父亲的恨，还是要发泄到父亲身上，所谓的冤有头债有主。发泄到受害人身上，发泄不了对父亲的恨是吗？

刘：是啊。所以，我后面有一段时间，想收手啊，不知道怎么回事，但又收不住。想收手，是老乡被抓的时候，我想收手了，反正到最后嘛……也收不住。因为我回家，一挨骂，心里又是一堆火，然后又去抢了。

问：回去挨骂后又有情绪，又想通过抢劫发泄吗？

刘：是的，又去抢了。

问：你对父亲的恨，始终存在，不会因为抢劫而减少对父亲的恨。而且犯罪反而会增加不良情绪，虽然你的本能感觉不错。

刘：这个倒有一点。

问：有一个抢劫犯，他很痛苦。他知道这个事情不该做，因为抢的是女孩子，比他还弱小，还要伤害她们。抢一次，就感觉身份和位置下降一次，后面就感觉他是一个坏人，一个残忍的人。但他又需要钱，不得不去抢。很矛盾，也很痛苦，看不起自己。你会不会这样呢？

刘：我没有这样的感觉，我是想得到一种发泄。还是一个就是生活所迫，我们几个同案都没有工作。

问：抢的人多，责任感会不一样。你们人多，所以自责的成分少。我刚说的，是一个人抢，所以责任大，无法推卸。很多人抢和一个人抢的心理压力不一样，有没有这个感觉呢？

刘：这个有。刚开始和我老乡2个人抢，也就那样吧。后面人多了，感觉有满足感。

问：人少的时候有没有满足感呢？

刘：没有。

问：人多了为什么会有满足感呢？

刘：我也不知道。

问：是否可以这样解释，人多了，你躲在里面了，责任分散了，就不会有很多的内疚，满足感自然就多了。一个人，责任无法分散和推卸，内疚会多，满足感也就少了。还有，人多了，可能会感觉一种自我的强大，人多力量大，所以感觉比较好，是这样吗？

刘：是的，就是这样。

问：朋友越多，我们的自我意识就会扩大，自信心不一样，自我感觉不一样，变得强大。就像你说的，人多了去抢劫，会有满足感。也就是人多了，力量大，权力控制也变得强大，可以随心所欲。原来你的渺小，卑微，你父亲带给你的这些东西，通过多人抢劫的方式得到掩盖，让你暂时感觉自信、自尊和尊严得到了提升。家里缺的东西，在抢劫时，得到了满足，是这样吗？

刘：是这样子，要不是回家老是挨骂，我也没有办法，不会去犯罪。

问：能不能说说，你为什么会收不住手？

刘：上瘾了。一个是收不住手，一个是懒得收手。我们还想通过抢来的钱，买一部面包车，这样抢钱更方便。还有一个就是我已经做了那么多了，预感……是要坐牢，迟早被抓的。既然这样……还不如做更多，就这样下去……我是收不住了，他们也是。我是把我的命看得很淡。

问：你什么时候开始把命看得很淡呢？

刘：我刚才和你说过，我跟表哥打架，我妈骂了我，从那之后，我就说，命要不要都无所谓。我一直感觉我妈挺关心我的。但那次跟表哥吵架之后，他们都不信我。我觉得在这个世上连我妈都不相信我，所以我把命看得很淡，这个时候还没有去抢，之后很快就去抢了。

问：那你一审被判死刑，你是什么感受呢？

刘：我哭了，很绝望，这个命我才不想要，那一天我是彻底不想要这个命了。（看守所）有短刑期的放出去，我把父亲的电话号码给他，让他打电话给我父亲，如果我死了，骨灰就不要来拿了，我给他丢脸了。我也知道我的性质很恶劣，没有希望改判。我给父亲写了一封信，我说不恨他了，原谅他了，不知道他收到没有。我也不抱活的希望，最后是改判了。

问：从死刑，到改判死缓，你在等待的时间里，有没有害怕？

刘：怕的，每天晚上做噩梦，不知道怎么回事。最恐惧的是梦到执行死刑，拉出来又拉进去，卸胳膊卸腿，五花大绑，先把脖子卡住，再把什么插到你头上，我怕痛。现在，也老是做梦，噩梦不做了。梦到在外面，跟朋友一起玩，很开心。抢劫的梦很少做了。

问：你对受害者有没有内疚呢？

刘：以前没有，在看守所才有，我感觉我做了最丑陋的事情，抢劫中的强奸。我们去抢一个女孩，把钱和手机抢过来之后，我本来是打算放她走的。我本来想说你先走吧，谁知道听到后面有自行车的声音，有人来了，女孩子想跑。这个时候要跑的话，我们岂不是要被人追了？我就掐她脖子，把她按倒在地。自行车走了以后，我本来想打她的。她说了一句，大哥，别打我，我还小。我当时一想吧，我妹妹年纪跟她差不多，出于一种同情吧，我把她放了。在看守所的时候，我回忆这句话，我哭了一次。那个时候我已经抢了很多次了，我已经不紧张了。

问：她说的那句话让你有所触动吗？

刘：对！猛一想，我妹妹也那样，年纪也差不多。我就放了她，我说你走吧，问她报不报警，她说不报。案发那天，半个小时之内，我感觉心里有点难受，半个小时后就恢复了。

问：你是怎么样恢复的呢？

刘：我去上网了，到了网吧以后，看那个电视连续剧就没事了。

问：用其他的事情占用你的大脑，但是这件事始终在你的记忆里对吗？

刘：所有的抢劫只有这一起，我印象最深，我是第一次同情被害者，以前想都没有想过。以前抢的时候，他们不是反抗，就是说话有点冲。

问：被抢的人，他们的语言、情绪和反抗，也激起了你的情绪对吗？

刘：对。

问：所以，你当时就更关注他们的反应，对自己的关注少了对吗？

刘：是的，想不到自己了。打架的时候，也是这样，就关注对方，怎么样打他，根本想不到自己，想不到其他。

问：你还有强奸的行为，为什么会做这个？

刘：我有几个老乡，说感觉还可以，问他刺激吧？老乡说肯定刺激。

问：所以，你很好奇是吗？

刘：对，好奇。还有一个就是电影，电视也有。好像有一部电影——《古惑仔》，里面一个女的吃了迷幻药，来了3个小混混把她强奸了。我看了这个电影，心里也有一种冲动感。

问：你想象的强奸和你实际做的有没有差别呢？

刘：有差别。没有做之前，感觉跟电视里一样吧，很刺激。第一次做了，也没有什么感觉。第二次又有好奇心，又做了一次，也就那样，第二次和第一次差不多。我和小武轮奸了一次。强奸，有种占有感，和女朋友做确实是两码事。快感也有，事后也就那样。没有小说里面，电影里的那样……这个感觉比和女朋友更好一点，要快乐、刺激吧。

问：没有被抓的话，强奸会不会上瘾呢？

刘：会的。应该说和女朋友一起，久了，感觉上会平淡，会老是看到别的女人，想把她占有吧，就这样。

问：强奸，也会有为所欲为的感觉吗？就是抢劫时的感觉。

刘：也有一点，也会上瘾。

问：如果你没有被抓住，你会继续做下去吗？

刘：我现在可以说是，肯定的。

问：这样做，你对受害者都没有内疚吗？

刘：以前倒没有，到看守所才有，是真正的后悔。我在看守所，开始在过渡室4个月，我也不怎么后悔。主要是我调到未决室的时候，被别人欺负过一次。我从过渡室到未决室时，第一天，有人就欺负我了。我就尝到了，当别人欺负你，就是……你连一点还手的余地都没有，是什么滋味吧！对方比我高一头多，又胖，两个我都打不过他。我心里的火气当时就压下去了，没有发出来。那天晚上，我就想啊，以后啊，我也不想去欺负别人，我也知道了什么是难受。我一个晚上没有睡，想了一夜。

问：你被人欺负了，一点还手的余地都没有，就像你去抢劫，为所欲为的时候，被害人无力反抗的感觉。你有感受了，才能感受到别人的感受，是这样吗？

刘：是的。

问：感受别人，前提是你对自己要有所感受，有反思。那个小女孩，她说，大哥，你不要打我，我还小。你想到了你妹妹。我们内心情感越丰富，我们能够同情的人越多。当你体验到了被别人欺负是什么感觉，你也就有可能体会到被害人的感受了。以前的你缺乏反思。理解别人是从自己开始的。

刘：我现在也懂了什么叫换位思考……

三、理论分析

（一）鲍姆林德教养方式理论及其应用

1. 鲍姆林德教养方式理论。社会化必须能让儿童拥有管理他们自己行为的能力，这样的社会化才有效。达到这个目的的过程往往会因为父母强行控制他们孩子的行为而受到阻碍。戴安娜·鲍姆林德研究了一系列家长控制并且提出了三种教养方式：专制型、权威型、放纵型教养方式。

专制型父母：会随意制定规则，想要孩子无条件服从，他们经常对孩子的错误行为进行体罚，并且重视服从权威。专制型父母不会给每条规矩赋予合理的理由，而是把"因为我说要这样"作为孩子无条件服从的理由。使用这种教育方式的父母往往沉默寡言、反应迟钝，有种距离感。接受这些规矩的学龄前儿童往往也沉默寡言、焦虑不安、闷闷不乐。孩子的智商往往较低和缺乏生存技能，尤其是男孩。

权威型父母：会给孩子设立很高但切合实际、有理有据的标准，实施限制、鼓励独立和进行开放式的交流。他们很乐意与孩子探讨规则和制定规则的理由。知道那些规则为什么是必需的，这会让孩子更容易将其内化并遵守。就算他们的父母不在，他们依然会按照规则行事。权威型的父母往往是热情的、敏感的、亲切的、善于给予鼓励和支持的，并且他们很尊重孩子。他们的孩子往往是成熟的、快乐的、独立的、自信的，并且拥有较强的自制力、社交能力和责任感。权威型的教育方式往往和较好的学业表现、较强的独立能力和较高的自尊有关，并能帮助孩子在童年中期以及青少年期内化更多的道德标准。

放纵型父母：往往很少给孩子制定规则或是给予要求，很少强制孩子做什么。他们允许孩子自己做决定并且自我控制行为。接受这种教养方式的孩子往往不成熟、任性而冲动，并且具有很强的依赖性。自制力以及独立生活的能力也较弱。

基于鲍姆林德的研究，发展心理学家伊利诺·迈克比和约翰·马丁提出了除以上三种以外的第四种教养方式，即忽视型教养方式。父母对孩子放任自流，他们不参与孩子的生活。被父母忽视的婴儿与其他婴儿相比更容易产生不安全依恋，并且在童年期和成年期都会遇到人际交往上的障碍。由于缺乏父母的监控，这些孩子到了青春期容易出现不良行为，比如药物滥用、酒精成瘾、过早出现性行为等。迈克比和马丁将养育方式从两个维度进行分类：一是需要或控制的程度（即父母是否对孩子的行为建立适当的标准，并坚持要求孩子去达到这些标准），二是接纳或拒绝的程度（对孩子和蔼接受的程度及对孩子需求的敏感程度）。[1]

以放纵型教养方式为例，放纵型父母对孩子的要求很低，但对孩子的接纳过高，即对孩子的需求高度、过度反应，结果就是我们常说的溺爱。

2. 鲍姆林德教养方式理论的应用。刘某的家庭养育模式兼具专制型——对孩子的"错误"进行体罚——和忽视型。酗酒、赌博的父亲的家庭暴力让人印象深刻：

刘：在村里，我被打的次数，整个村没人比我挨得多，甚至加起来都没有我多……有一次他赌博回来，晚上很晚了，他把我妈妈、我妹妹和我，都打哭了。从那次打过之后，我就记得……最恨的就是那一次。

挨打的次数虽然有些夸张，却是家庭暴力的真实写照。母亲也是家庭暴力的受害者，甚至为此离家出走，她也无力保护儿子。所以，当父亲外出打工时：

刘：他出去打工，全家都高兴，关系都好。

对刘某来说，家里早就待够了，当然，学校也是，14岁就出来混了：

刘：如果家是我喜欢的地方，如果学校是我喜欢的地方，那么就不太会出去和其他人混。

当然，父亲的暴力、羞辱还在继续：

刘：这5年啊，我父亲……骂我，看不起我。我对他的恨在我的心里生了根发了芽……以前在老家，打我骂我，我都可以忘掉，以前比较小吧，打我骂我都不要紧。但是这5年我始终忘不掉，这5年，打是不怎么打，但会有一种侮辱的感觉。

这是值得我们注意的，在青春期的忽视（被看不起）、羞辱和侮辱，甚至比小时候的打骂影响更大。

最终，一次和表哥的吵架、打架，母亲骂了刘某，母亲的态度让刘某走向犯罪：

---

〔1〕〔美〕塞缪尔·E. 伍德、埃伦·格林·伍德、丹妮斯·博伊德：《心理学的世界》，陈莉译，上海社会科学院出版社2017年版，第388~390页。

刘：我一直感觉我妈挺关心我的。但那次跟表哥吵架之后，他们都不信我。我觉得在这个世上连我妈都不相信我，所以我把命看得很淡……之后很快就去抢了。

（二）操作条件反射理论及其应用

1. 操作条件反射理论：见专题二学习情境一。

2. 操作条件反射理论的应用。刘某用"向往"表明了他对抢劫的态度，让我意外，追问了两次。抢劫的结果影响了抢劫的走向：

刘：（第一次抢劫）抢了 100 块钱，这样抢比上班来钱快多了。后面我也抢了几次，有七八次，抢不到什么钱就不干了，收手了。后面遇到了小武和小飞，他们叫我请假。我第二天就和他们去抢了一次，有 2000 多块钱。我干脆就不做工作了，开始抢。

抢了七八次抢不到钱，刘某收手。结果再次遇到有案底的老乡，一次就抢了 2000 多元，"干脆"表明了刘某对抢劫的态度；当然，抢劫还可以发泄刘某内心的苦闷和愤怒——源自父亲；抢劫的过程，还可以让刘某感觉到权力和控制，对待被害人，想怎么样就怎么样；抢劫还会有性的满足和占有——强奸受害人。这些都让刘某上瘾，着迷，也就是刘某口中的"向往"。

（三）攻击与情绪

攻击（如抢劫），一定与情绪有关。传统的自我控制（self-regulation）理论认为，负性情绪下的个体自我控制能力下降，"恼羞成怒"下丧失理智产生攻击。不过，根据攻击产生的原因和目的，攻击可以被分为反应性攻击（或称冲动性攻击）和主动性攻击（或称预谋性攻击）两类。前者是指个体在面对刺激或激惹时产生的丧失控制的攻击行为，后者则是个体有计划、有意识、主动选择的攻击行为。自我控制下降只能解释反应性/冲动性攻击的产生而无法解释主动性/预谋性攻击的形成。自我控制理论只能解释负性情绪对攻击的影响而忽视了正性情绪的作用。

情绪调节理论可以弥补这些不足。该理论认为，情绪之所以会导致攻击行为产生，是因为处于负面情绪状态的个体会产生情绪调节的动机，即期望调节当下的情绪状态；攻击则被认为是一种可以调节情绪的手段。因此个体会出于调节情绪的目的实施攻击。大量的实证研究显示，个体的情绪调节动机是攻击行为产生的重要原因。当面对挑衅时，只有相信攻击可以调节情绪或自身具有高愤怒表达倾向的个体才会产生更多攻击行为。相反，如果个体相信攻击会使情绪状态恶化，即使在负性情绪下，其攻击行为也不会增加，甚至会减少。这表明，当下的负面情绪状态本身并不会必然导致攻击，对攻击后情绪的预期才是导致攻击的真正原因。

值得注意的是，对情绪调节的预期并不限于消除负性情绪，也包含获得正性情绪，这体现了正性情绪在攻击形成中的作用，即负性情绪个体会提高个体通过攻击获取愉悦（即正性情绪）的倾向和预期，导致攻击行为的产生。攻击对暴力犯的情绪调节作用具有两面性，尽管攻击可能伴随正性情绪的升高，但负性情绪也会随之升高形成恶性循环。反应性攻击后会伴随正性情绪的升高和负性情绪的下降；而主动性攻击后正性情绪和负性情绪均会升高。[1]

毫无疑问，刘某抢劫（攻击）具有情绪调节的功能。不仅转移对父亲的恨，也发泄了内心的愤怒（负性情绪下降），还有经济的好处，心理层面的控制感（正性情绪升高）。虽然抢劫也会伴随一点不良的情绪，甚至有一次对类似妹妹的受害人产生难受的感觉，但这些都无法阻止抢劫带来的正性的情绪体验。尤其在团伙犯罪的背景下，个体责任、内疚感下降，不良和负性的情绪会减轻。最终产生恶性（攻击）循环。

四、角色扮演与自我反思

_____

_____

_____

五、问题与思考

1. 如何用特拉维斯·赫希的社会控制理论中的社会联系观点（依恋、奉献、信念和卷入）解释该案例？

2. 刘某和表哥吵架后说："我一直感觉我妈挺关心我的……连我妈都不相信我了，所以我把命看得很淡。"这个"命"显示了什么？

3. 在进看守所之前，刘某对受害人没有内疚感（社会联系），为什么？

4. 进了看守所之后，刘某出现了对受害人的内疚感，为什么？

5. 刘某作为家庭暴力的受害者，最后成为一个实施暴力伤害他人的人，他是如何完成这个转变的？

6. 刘某为什么向往抢劫的生活？对他来说，抢劫有哪些现实与心理的功能？甚至还在刘某的强奸犯罪中体现？

7. 刘某的老乡在其犯罪生涯中起着怎么样的作用？可以用什么理论来解释？

8. 换位思考的基础是什么？

9. 刘某从小由母亲照顾，他本人常遭父亲打骂，母亲亦是如此，这样的三角关系如何影响着刘某的性别认同、父子关系乃至今后与权威（规则、法律）的关系？

10. 负性情绪一定会产生攻击行为吗？为什么？

11. 情绪调节理论可以用来解释故意杀人这类（一过性）的犯罪心理与行为吗？为什么？

六、摘要与关键词

摘要：_____

_____

_____

关键词：_____

---

[1] 刘宇平、周冰涛、杨波：《情绪如何引发暴力犯的攻击？基于情绪调节理论的解释》，载《心理学报》2022年第3期。

学习情境二　陈某的抢劫案

一、学习目标

1. 复习斯金纳操作条件反射理论。

2. 掌握关键词：兴趣爱好、赌博、可变比率程序表、养育模式。

二、案例导入

（一）基本信息

陈某，男，25岁，高中文化。持刀绑架、抢劫，被判有期徒刑11年。

（二）访谈整理

问：电话、信件和会见，你更喜欢哪种方式？

陈：对我来说，会见吧，就想见我父亲。我家比较特殊，为了我的事情，家里牺牲了不少。因为赌博，我在外面输了很多钱，家里投资了几十万块钱都血本无归，我走上犯罪的道路是一念之差。

问：一念之差？

陈：因为我输了钱，欠了钱，20万块钱不到，前前后后我的赌债有40多万块钱，现在还欠十几万块钱。我失败的原因就是赌。在外面我有自己的事业，做业务主管，开过饭店，从事的行业非常多，我觉得我这个人不应该坐牢。我是被债务一天天逼到犯罪，我从来没想到过我会犯罪，包括抓我的那一刹那。我感觉我这辈子完了。我比较大方，钱不当钱用，我的态度是能花钱才能赚钱。平时我给朋友的感觉是不缺钱，我就慢慢走上犯罪的道路。

问：你最早接触赌博是什么时候呢？

陈：我在开饭店时，附近也有几家饭店，有竞争，我就放了老虎机，饭店做得还可以。饭店附近有个场子，我就经常过去玩玩，第一次是小赌。赌了之后，我就没有多大心思工作。我感觉，哪怕我不在饭店，反正有服务员给我收钱，后面就慢慢开始沉迷于赌。

我去跑业务的时候才开始真正意义上接触赌。我有很多朋友，搞家私家纺，床上用品，批发餐具，还有几个朋友是社会人物，然后就开始进出赌场。我最多的一次是一个下午赢了 11 万块钱，我感觉赌博来钱非常快。只要我身边有钱，我就会到场子里玩一下。没钱的时候就会想一些办法，比如我跟家里人拿一些，问朋友借一点。

问：一个下午赢了 11 万块钱，你是什么感觉呢？

陈：震撼，对我震撼最大的就是赢了 11 万块钱。我感觉那个钱来得很快，我没有想到钱来得那么快。就是说，一念之差，2 张牌，翻出来一比，我大我就杀。赢了 11 万块钱的感受很深很深。我开了一个房间，当时我傻到什么程度，可能我说出来你都不会相信。我把钱全部摊在床上，一张一张摊，那时候脑子就傻掉了，把钱全部摊在床上，一张一张摊着，因为是我包的房间嘛，别人也不知道。我就把钱摊在床上，晚上都睡不着觉。然后我躺在上面，地上全是钱。11 万块钱你也知道，肯定是不少的数目。还有手里多的一打钱，我全部抛起来。然后我还发视频给我的朋友，看我睡在钱里面。视频是我用手提电脑和朋友聊天，那个钱就在电脑旁边，全部摞在那里。这么多钱，第一次噢……我朋友一看这么多钱，他当时就吓死了，他以为我在金库里，也是一件很搞笑的事。

问：这些钱一共花了多久呢？

陈：前前后后 2 个多月，全部花光了。

问：当时有没有存点起来，留一部分呢？

陈：留了，留了 4 万多块钱，想当赌本，以后还可以玩。

问：你是在开小饭店的时候，慢慢开始赌的吗？

陈：是的，开始是慢慢涉及，进去之后，我跑业务时，就开始慢慢有时间了，跑业务时间多了。后来又认识了一个开场子的朋友，叫我到场子玩。慢慢运气就没有这么好了，今天输个几百块钱，明天输个 1000 块钱，慢慢从小输到大。我就不断地问旁边人拿钱，我就吃炮子，这个是正宗的高利贷。那天是昏头了，几个人把我套进去，后来我才知道上当了。开始最多的时候，我身上有 2 万多块钱，我是赢了一些钱，开始我还赢了。慢慢地我开始输了，我心里就不舒服。两个小时，一共输了 7 万块钱，都是借的。输了以后心里开始慌了，毕竟是场子里的钱，我该怎么办？不敢向家里要，毕竟家里给我订婚一下子花了十几万块钱。就很急，怎么弄这个 7 万块钱？就向朋友借，说接了一个单子需要押金，我说一个礼拜还，借了 2 万块钱，一个表哥借了我 2 万块钱。我是被慢慢逼的，然后走到那步。

问：你需要钱所以就去抢劫吗？

陈：那还没有到这个度。那段时间刚好在跑业务，晚上在闲逛，就转到酒吧里去了。我一共还有 3 万多块钱（借来），身边有五六千块钱。一辆车在酒吧旁边停下来，我在通电话也没有在意，心想这个女的还挺有钱，年纪轻轻，当时也没有多少想法。回去睡觉后，我住的地方有一个小游戏厅，里面有百家乐，反正也睡不着，借着酒精输了 2000 多块钱。后来回去睡不着，又收到朋友的短信，叫我还高利贷。

第二天和客户见面，价格谈不拢，生意没谈好又输了钱，就还是去那个酒吧喝酒。我晚上 9 点多走的，又看见那个女的车子噻噻噻的开过去。我愣了一下，昨天看见，今天又看见，家就是在这里的哦。后来一看，看见她进了一个小区，当时没有什么感觉。回住的地方，我又想去翻本，输钱心里不舒服，我又去玩，没想到又输了五六千块钱，这下不行了。我的朋友又电话过来，叫我还钱，我转账给他，转了 1 万多块钱。第三天我又去，又输了 4000 块钱。2 天输了 1 万多块钱，我心里有点不舒服。

这时候准备回老家，不知道为什么，好像见鬼一样，我就不想回老家，晚上又去酒吧喝酒，身边的现金还有 1 万 2 千块钱左右。我又看见那个女的，我喝得也有点醉了，那天是喝多了，头有点晕。我当时想，这个女的可以啊，这么年轻，拿的又是名牌包。后来我就走了，喝了酒，到了旅馆又睡不着，我又想到赌了。我又跑到那个场子，全部输光，我火了……

问：你火了？

陈：我输到什么程度哦。我以为卡里还有钱，我以为 1 万 2 千块钱还在我卡里，我输得已经不知道 1 万 2 千块钱已经还给我朋友了，我以为我还有。我当时我还对赌场的人讲我卡里有钱，你放心好了。我喝了酒有点说胡话了，他们说没有钱就不要来，我还跟他们吵起来。他们说没钱玩什么？我就去拿钱去，到 POSE 机一查，才发现 1 万 2 千块钱已经还了，我没有钱了，我连回家都回不去。我感觉很晦气，就把银行卡掰断了，我当时很火。

回到旅馆，睡不着，脑子就一幕一幕出现那个女的情况，搞点钱吧！心里有这个邪念，当时有这个邪念嘛，因为我前几天也是无意当中慢慢……后来在录口供，说我是在慢慢踩点，其实我是无意中发现的。第二天早上起来我就准备……当天晚上我就想到了。我身边的钱还有一点，100 块钱不到，怎么办？我睡不着，我就想到作案，搞点钱。我的朋友又打电话问我什么时候还钱。第二天我吃了早饭，身边没多少钱了，回家都回不了，银行卡也没有。我就买了一把水果刀，那时候天冷，我穿了一件大衣，把刀藏身上。那天晚上，我就等她，因为她的车子停在那里。抢点钱，我好回家。她下来了，我拿刀准备好了，我的大衣很长，我的动作都准备好了，但是她出来的一刹那，我说句实话，我不忍心下手……

问：为什么？

陈：感觉有点害怕，可能就是作案前的犹豫。我边犹豫……边往她车子这边走，当时我就眼睁睁看着她的车子往我旁边开过去。我当时就想……而且我很懊恼，我就……唉……真没用。我说我连这个……不然明天就可以回家了，我心里就这样懊恼。

问：没有下手抢，所以感觉懊恼吗？

陈：唉，就在那时，我的一个朋友打电话过来，挂完电话，那个女的走了。我心里想，今天怎么这么不一样？后来想想，我不能去作案。然后我再打电话给这个朋友，他刚才不是打电话给我嘛。我说钱包丢了，叫他汇钱给我，他说好的。我没有卡怎么办呢？就想到报警，有困难找警察嘛，到派出所，找了一警官，我说钱包丢了，卡没了，他看我像好人，就同意了。朋友打了 1000 块钱到警官的卡里，警官取出来给我，还聊了几句。

我拿了 1000 块钱，那边又来了，就是那个游戏厅里，又来了很多人。我么，就想先看看嘛。整个人啊，就有一种……怎么说？好像吸毒的人犯毒瘾一样的，我又进去看了。后来把 1000 块钱也输掉了，我是想博一博。我当时还很傻，拿了 200 块钱出来，当作回家的路费，放在右边的口袋，哪怕我全输掉了我也要回家。后来输输输，还是忍不住把这个 200 块钱也输掉了。输掉之后到了晚上就开始……到了中午的时候还想，不可能再问别人借吧。我说我就这么倒霉啊，只输不赢，后来我就彻彻底底想作案了，那天下午我就在她家楼下等她回来。

晚上，等她停好车，我就上了她的车，把刀拿出来，我说别出声，她就说你不要伤害我。上了她的车之后，我比她都紧张，手……浑身都在抖，我看见她的手也在抖，但我比她还紧张。那个女的认为我是抢劫，她就准备给我钱。我看见钱包里的钱，准备拿了就走。就在那一刹那，不巧，停在她旁边的那辆车的车主过来开车，车灯一下亮了起来，还鸣了两下。我就慌了，我说不要出声。路上人很多，喝酒的人多，车子开进开出的我心里害怕。我就叫她开车，她问我到哪里？我说随便开。她问我想干什么？我在想……怎么样跟她要钱，要多少，怎么说。我说我是抢劫的，你什么都不要说，一直往前开。我身上都是汗，手上都是汗，握刀的手一直在抖。她说你是不是遇到什么问题了？不开心了？那个女的反过来还来问我。她说你要钱的话我家里有钱，只要你不伤害我，我什么都答应你。我想，你家里有钱，我当时就缺钱。她说包里有 1000 多块钱，还有几张银行卡，只有一张有 2000 多块钱。我说 2000 多块钱有屁用，我既然把你弄上来，肯定要多拿点钱。

问：你的期望值是多少？

陈：开始想几千块钱也好，我说叫你老爸汇钱来。当时我都不知道，性质开始变了，转为绑架了。在作案之前我还买了一瓶酒壮胆。我也没有信口开河，而且晚上一下子也拿不到这么多现金，后来我就说 5 万块钱吧，因为我还欠了 4 万多块钱，还可以剩一些。后来她爸爸送钱过来，从车窗里放进来。我对钱比较有感觉，一捏感觉不够。她爸爸说就 2 万块钱，我说你要我，我当时感觉被耍了，很愤怒。钱准备好了就给我送 2 万块钱，算什么意思？他说晚上拿不出钱。我想想就算了，已经很多了。我就叫她开车到前面，下车后，打车去了一个旅馆。当天下午就被抓了。

问：你当时拿到钱，走的时候是什么心情？

陈：解脱的感觉，当时感觉有警察追我。成功逃脱后很开心，钱我拿到了。

问：被抓后，什么感触最深呢？

陈：指认现场的时候，我从来没有感受到那么无奈。穿那个黄色的号衣，戴着手铐脚镣，有很多人围观，看着我。我的眼泪都下来了，我感觉自己是罪人。进了看守所，家里人很快就给我送了衣服，有史以来，我第一次感觉到母亲给我这么大的爱，那种感觉，那一刹那的触动，我一生都无法磨灭，特别是看见我妈写的我的名字的时候。

问：你对判决什么态度？

陈：感觉还是轻的。正式宣判的时候，整个人站都站不住。判我 11 年时，我整个人全部轻松下来，感觉一种久违的……心里的石头……他当时问我上不上诉？我当时就说不上诉了。我就哭了，泪水……我看见母亲的时候，她一直在哭。

问：你对自己的犯罪原因，反思过没有？

陈：我是一步步走上这条路的，家里不缺乏教育。我没有防人之心，没有谨慎交友，朋友叫我去哪就去哪，甚至是设一些骗局。我没有恨他们，都是朋友，我吃点亏就吃点。他们就利用我这个性格，利用我的性格占我便宜，在我这里获取了很多钱。我很大方，和朋友出去，一般都是我出钱，我很要面子。朋友看不出我缺钱，我性格的缺陷就慢慢放大了。

问：你要面子还有什么表现呢？

陈：比如我的衣服，加一起有10万块钱（夸大？也为面子）。赌博控制不了，也和面子有关，输了，拉不下面子。我初中就会抽烟了，不要被老师看见就可以了。那时候是赌香烟，后来是慢慢赌游戏币。开了小饭店以后开始赌钱，饭店附近有地下赌场，慢慢就大了。

问：很多人也在赌，但没有赌大。为什么你就慢慢变大了？

陈：我这个人比较争强好胜，不是说通过打斗。所谓的争强好胜是……我看见你比我有钱，打牌的时候你赢的钱比我多，我心里就很不舒服，就是这样。有一次，我把发工资的钱输了，感觉很郁闷，心里很不舒服，产生逃避责任的感觉。我就离家出走了，就逃避责任，电话也不接……

问：赌博，肯定借了不少吧，亲朋好友都知道你在赌吗？

陈：亲朋好友不知道，没有人知道。在他们看来，感觉我整天在做事，也比较体面，经常出差。看不出我是不务正业吊儿郎当的人，感觉我还是正规的，别人都说我比较好，没有人知道我赌博。家里人，知道一点，不知道我会赌的这么大。我伪装得比较好。

主要还是那次赌博赢了11万块钱之后，我感觉这个钱，通过赌博来得非常快。我一个月工资近3千块钱左右，一年七八万块钱（夸张），加上奖金共10万块钱左右。我感觉通过赌，来钱非常快，慢慢地我就喜欢……

问：感觉赌来钱快，那你对打工的固定收入怎么看？

陈：那是副业。小赌糊口，大赌致富。赌博是我的主业，比我工作来钱快。但是内心并不十分认可，并不认可赌博是我的主业。我也相信运气，输了也只是相信我今天运气不好，顶多就是这种，不会想到以后。

问：还会幻想运气会不会一直不好，总会有一天翻回来吗？

陈：是的，我今天运气不好，不可能一直运气不好，不可能每天运气不好。慢慢演变为漏洞越来越大，也补不了。欠了一些债务，我也补不了。毕竟输起钱来，不把钱当钱。慢慢我就逃避责任。我也尝试过不去碰那个东西，整天在电脑上联系一些客户，让自己忙起来，结果还是失败了，还是戒不了！我在这方面没有把握住，控制不住自己。一步步走到今天，最大的原因是赌博。还有一个就是性格，要面子。给别人的感觉是……在别人面前从来没有丢脸过。我给别人的感觉是干干净净，有正当的职业，各方面都很优秀。华丽的伪装后面有毒瘤——赌。

问：你最多一次输了多少？

陈：输了有 30 多万块钱。最多的时候我卡上有 70 多万块钱，这些钱来自亲戚朋友，家人的也有 20 多万块钱，客户给我 35 万块钱的预付款。这些钱我拿来是想赌的，想通过这些钱赌，钱生钱。一个朋友叫我去赌，那个场子需要 50 万块钱起步。我去了以后，先赢了一些，最多的时候有 110 多万块钱，35 万块钱客户的款还了。后面又慢慢输了回去，输了有 30 多万块钱。那时候很烦，想方设法逃避责任。

问：输钱是什么感觉呢？

陈：很沮丧，整个人晕晕乎乎。我在网上查我的账号，钱最多的时候是 110 多万块钱，当时心里很舒服，想赢到 200 万块钱就不赌了。后面看见那个钱越来越少，最后就直接没有了，好像在做梦，脑子晕晕乎乎，不知道自己在做什么。又很害怕家里，不敢接家里的电话，不敢接女朋友的电话，我不敢去面对。我在房间里坐了整整一天，我不敢看镜子里的自己，感觉我的眼神很恐怖。我特别喜欢照镜子，不知道为什么，可能是注重自己的形象，我当时看见镜子里的我眼里有血丝。输了的钱怎么办？越想越感觉……甚至想抢劫，可我不能这样做。回到房间里，第四天的时候才慢慢缓过来，开始想办法把这个漏洞补上。后来发现这个漏洞很难补，越补越大。

问：为什么呢？

陈：因为我一有钱，会再去弄一下。比如我有 5000 块钱，本来是要还给谁的，结果又用来做本，又去赌了，后来就补不上去了。我的朋友叫我出去，我就说没有空，我是逃避。没有钱的感觉是……

我曾经想过自杀，那次是输了 5 万多块钱，心情很差，又和女朋友吵架，她提出分手，离开了我。我就感觉，输了钱，女朋友又要和我分手，感觉很不是滋味，我就在家里吃安眠药，但没死成。我母亲再晚都要到我的房间，发现我不对劲……

问：赌博输了，女朋友分手，这两个因素，哪个对你自杀影响大？

陈：那还是女朋友提出分手影响大。我感觉女朋友是完美的，是属于我理想的女孩。她比我大 4 岁，感觉她自始至终像一个大姐姐，和她一起我可以忘掉所有的事情，没有什么事情可以阻挡我，她是我这辈子想遇见的女孩，好像我这辈子是为了她一样，我是喜欢被她管的。

问：她身上有没有母亲的角色呢？

陈：没有感觉像我母亲，顶多是像我姐姐那种。我和我母亲，关系是一直不好。小时候我特别皮，我母亲的教育方式就是打，从小就打我。上初中的时候就要尊严了，我就和她对抗，大了我就不听她了，父亲说的我还听。在我的印象里，小时候和我玩的玩伴都说，你小时候被你妈打习惯了。我妈妈是拿到什么东西就打，打了以后她又不知道和我说什么，又会来哄我。她的教育方式我是不能接受的，就慢慢跟她反抗，她说什么我都不听。我说好了好了，你不要说了，烦死了，我就嫌她烦。我听我女朋友的多一些，家里人认为女朋友可以管住我，也就答应了这个亲事。

问：母亲和女朋友，在你的潜意识中有没有共同点呢？

陈：有，我母亲很溺爱我，女朋友不会刻意像母亲那样溺爱我。我问母亲要钱，我母亲肯定给，也不问钱的去向。女朋友是关怀比较多，但也会关心我，问我钱的去向。

问：女朋友对你有特殊的意义，是不是小时候某些需要没有得到满足？母亲这里没有得到满足的东西却在女朋友这里满足了，女朋友拥有你希望母亲拥有实际却缺失的品质呢？

陈：她是我生命中最重要的，没有任何东西可以代替，和她经历的事情太多了。

问：母亲小时候打你，你对母亲的依恋少，依恋的情感没有得到满足。你就转移到女朋友这里，满足了你被关心、被关怀的需要，这些是你小时候在母亲这里没有得到满足的，甚至你愿意被她管，是这样吗？

陈：是的，对对对！愿意被她管。我女朋友说我，我就笑笑。我在女朋友面前很乖，在她面前，她叫我做的事情我肯定去做。

问：你在她面前是一个孩子对吗？

陈：唉，我女朋友也说，我不如她想象中的成熟，我就像她弟弟一样。说我不成熟，整天很幼稚。她的确喜欢关心我，很多方面习惯成自然，我就习惯被她管而不喜欢被我妈妈管。平时我很少回家，都是住我女朋友那里，出差回来就直接去女朋友那里，我不喜欢在家里。

问：愿意被她管，可能还有一个原因就是你感觉对她有亏欠对吗？

陈：是的，有一次她不小心流产，对她身体影响很大，在我的心里最对不起她的就是这个事情。我想通过各方面的表现弥补，我在女朋友身上也花了很多钱，她的感情也在我这里得到了满足。项链、戒指和包包之类的，基本上通过赌……还买了一些奢侈品。女朋友是我这辈子遇到的最好的人，对我也很关心。

问：女朋友对你来说这么重要，能否说明你的原生家庭有问题？家里缺乏的东西在女朋友这里得到满足。你最重要的人是女朋友，这个说明什么？

陈：我的母亲原来是不重要的，到了监狱以后，包括在看守所的时候，才慢慢感觉母亲非常非常爱我。我被抓了后，她第一时间就送衣服给我，会见时还给我带来很多东西。还有这辈子的第一封信，有很多的错别字，不会写的字是用拼音拼的。我母亲害怕写给我的信丢了，寄了挂号信，挂号信不会丢。而我父亲是平信，我感受非常非常深，很多细节上感受到我母亲的……我慢慢感觉她很爱我。

我母亲和我父亲关系不太好，我爸爸很喜欢喝酒，酒喝多了就乱来，就絮絮叨叨说我妈这个不好那个不好，有时候还说我。我母亲很不满这点。我爸爸在外面也有一些女人，花心，我看不惯他。我父亲给我的感觉是很威严，是我的长辈，君君臣臣父父子子的，像以前的帝王。母亲的角色开始感觉不是很重要，进来以后感觉母亲慢慢重要起来了。我前女友来信也说，她也感觉到我对父母态度的变化。我和前女友一般不怎么回家，我和我家里关系不好，她和我家里关系也不好。

问：为什么和父母关系不好？

陈：我爸爸就是拼命为这个家挣钱，他常教育我，每次在饭桌上教育我，他是慢慢和我说，说的我头都大了。我妈呢？常打我，每次我妈妈打完我以后就买很多吃的、衣服给我，反正就这样。你打我就打我，干吗半个小时以后又来哄我？她打了我以后还说：你给我滚！我赌气走了，一会儿就来找我，用各种方法弥补我，我要什么就满足我什么。我是接受不了母亲的教育方法。

想想以前的事，内心有很多触动，很让人伤心，做心理保健操《感恩的心》，我的眼泪情不自禁地流下来，我控制不住感情。这次坐牢，感受最深的是母爱，慢慢形成感恩。一直在想，出去之后怎么样报答母亲，和她沟通。我母亲教育我的方式以前不能理解，现在能接受，能理解更多了，以前是简直不能接受。我母亲这辈子为我做的事情最多了，胜过我父亲给我做的一切。每次开家长会都是我母亲去，我爸爸从来不去。我爸爸有文化，还不去！我爸爸好像更多是往家里拿钱，挣钱。爸爸是挣钱的，妈妈是管我的，大钱都是在爸爸这里拿的。

想想我的一生，其实对母爱是一种误解。每次收到信我都觉得是一种希望，好像心里有一种动力，有一种鼓舞，很振奋。在这里我是幸运的，我被判的是 11 年，在这里是"起步价"。我有这么多人关心我，我出去之后最多 35 岁，还年轻，男人三十……我还有事情要做，我有很多的优越感。

现在，别人对我不满我就一笑而过。在外面我争强好胜，在里面我感触最深的是母亲，我不能在里面再给他们添麻烦了。在里面扣分就是加刑，每扣 0.5 分我都是在加刑，意味着我要比人家晚出去。我的目标就是早出去，早出去才能为自己、母亲和家人……才有下一步的感恩。母亲，我视为一个警钟。在里面，再怎么样，我再苦再累也要为了亲人坚持。

三、理论分析

（一）斯金纳操作条件反射理论

斯金纳操作条件反射理论：见专题二的学习情境一。

（二）斯金纳操作条件反射理论的应用

陈某在一个下午就赢了 11 万元：

陈：震撼，对我震撼最大的就是赢了 11 万块钱。我感觉那个钱来得很快，我没有想到钱来得那么快……赢了 11 万块钱的感受很深很深……我把钱全部摊在床上，一张一张摊……晚上都睡不着觉。然后我躺在上面……还有手里多的一打钱，我全部抛起来。

这极大（正）强化了陈某对赌博的感觉和认知，而输钱不舒服的感觉却起着负强化的作用。赌博，不可能每次都赢，也就起着部分正强化的作用。赌博受可变比率程序表（也许下一次就能成功）控制，使得赌博行为越来越频繁且难以消除。陈某慢慢把赌博当主业，工作当副业。

赌博与人际关系。陈某好赌，又缺乏理性，酒后赌、心情不好时赌、借钱赌、赢钱时不加约束控制等，自然输多赢少。出于面子，别人对陈某赌博的事了解得并不多，人际关系破坏得也不多。缺钱时，也就越过了身边的人，直接走向高利贷。危险性就自然增加，高利贷给予陈某的时间、空间和选择就少，难解，易走极端。最终：

陈：我是被债务一天天逼到犯罪，我从来没想到过我会犯罪，包括抓我的那一刹那。

四、角色扮演与自我反思

_____

_____

_____

五、问题与思考

1. 如何用操作条件反射理论部分强化的可变比率表概念解释赌博？

2. 陈某家庭教养方式与其犯罪的关联是什么？

3. 陈某喜欢赌博，甚至将赌博作为主业，工作反而是副业，说明了陈某什么样的人格特质？

4. 不同的兴趣与爱好（或者从习惯的角度：赌博、酗酒、吸毒、说谎、身体攻击、小偷小摸等）与犯罪有着怎么样的关联？结合自身实际状况谈谈你的看法。可以从人际关系、解决问题的方式等角度展开。

5. 陈某朋友的电话对抢劫的影响、陈某的抢劫为什么演变成了绑架？这些对我们分析犯罪的心理与行为有什么启示？

六、摘要与关键词

摘要：_____

_____

_____

关键词：_____

七、延伸阅读

［俄］陀思妥耶夫斯基：《赌徒》，满涛等译，上海译文出版社 1988 年版。

学习情境三 张某的抢劫案

一、学习目标

1. 掌握威廉·希利情绪障碍理论。

2. 掌握关键词：尝试性行为、复仇、俄狄浦斯情结。

二、案例导入

（一）基本信息

张某，男，29岁，汉族，初中文化，有盗窃和抢劫的前科。张某、小丽系男女恋爱关系。小丽与H（男，被害人）认识不久后，发生关系。张某产生从H处搞钱之念，并将念头告诉小丽，要小丽配合，小丽考虑后同意。张某、胡某某、金某某和小丽预谋勒索H钱财，并准备了作案刀具。晚上，小丽把H约至宾馆，以手机短信的方式将房间号码告诉张某。张某等人带刀前往，采用语言威胁、拳打脚踢等方式要H赔偿"经济损失"。同时胁迫H脱光衣裤，用手机拍裸照。劫得人民币2万元和银行卡。经查银行卡内没有钱后，将H连夜挟持到另一家宾馆。次日上午张某以工程需要资金为由，让其家人汇入人民币25万元。张某等人挟持H将卡内的25万元取走，并释放H。半个月后，张某、胡某将拍摄在手机的裸照，通过手机发送的方式，向H敲诈人民币5万元，后放弃，但H报警。张某因抢劫、敲诈勒索罪被判无期徒刑。

（二）访谈整理

问：家里有人来会见吗？

张：还没有，我希望家里人不要来，过去就好了，看见反而压抑，我这个样子还来看我干什么？对他们来说我是负担，不能用对不起三个字来形容。如果说他们不要我，抛弃我，我会好过一些。从小到大，我都是靠自己，从我母亲死掉起到现在，我就是靠自己过来的。

这次搞大了，被判了无期。要是没进来还蛮好，可我本来女朋友也有了，我太马虎了。本来H把钱给我，他不准备报案，一点事情没有。他要抢我女朋友，我找几个人去教训他，结果一个不小心被判了无期，真的没有想到。

我也没把自己当人看。以前犯罪，是同伴不好，是为了生存，否则活不下去没饭吃。后来我出狱，将近2年没有（出）事情，在工地上跑来跑去，帮别人收收票。认识了现在的女朋友，有一个老板一定要叫我女朋友和我分手，叫她换电话、住的地方，让我联系不到她，这不是逼我犯罪吗？我和女朋友老是吵架，所以我就教训教训他。我叫了几个朋友，大家商量敲他一笔。他进房间的时候我们就打了他一下，这个老板当时就给了我们钱，后来告我们抢劫。

问：你反思过为什么会走到这里吗？

张：唉……我也不知道，我之前就想，过一天是一天，在外面生活总能过下去，总感觉我什么都不缺。以前靠我妈，现在靠自己，生活能够过得下去，就可以了，不缺什么，人生规划好了。

问：规划好还进来，你觉得问题出在哪里？

张：我的欲望啊，人的欲望，人心不平。有时候感觉到欲望和自己的能力不相匹配……人家说欲望有多少，能力有多少。

问：人的欲望和能力很多时候是不相称的，能力滞后于欲望，欲望超前了。你在做这件事时心里踏实吗？

张：感觉要坐牢。良心上触犯了法律，心里感觉是犯了法，害怕。梦见自己坐牢了，害怕，就醒来了，看看女朋友还在我身边，看看一切都还好，以为是一场梦，醒来就好了。现在不是梦了。我两三次梦到自己坐牢，逃亡，有人来抓我，不知道谁来抓我，很离谱的。

问：你在监狱过得怎么样？

张：在这里面，心态还好，大家都有笑的时候，哪怕心里苦。总希望自己过得舒服高兴点。刚来的时候非常难过，好像关在黑箱子里面一样，很难过很难过，要爆炸一样。时间长了，就习惯了，习惯就好了，习惯了就不会很难过。唉，我这个事情是天灾啊。

问：为什么说是天灾？

张：就是我家里，本来条件很好的，开了一个很大的饭店，条件蛮好。人家眼红，在我们家投毒，爸爸救回来了，像残疾人一样，我妈妈死掉了。一夜之间，什么都没有了，医药费都用了一百万块钱左右，人也抓不到，钱也没有了。还读什么书？读个屁啊，还有什么话好讲。这是我初一还是6年级的事。没有人管我，没有妈妈，父亲也神经病一样，是不是？谁来管我？开始是别人救济我们读书，后来读书也不行，一步步就走到这里来了。

问：发生了投毒的事，你怎么想？

张：当时是想，这辈子完了，结束了。我的生活，我的一切，都到此结束，什么都没有了。原来每个礼拜我妈妈会给我钱，50块钱，100块钱，马上就停掉了，哪来的钱？那时马上就过年了，有钱和没钱的年不一样。

问：你说你这辈子就完了？

张：总感觉……现在想起来，从那个时候就开始完了，有时候我不敢去想。老师、朋友看我的眼光和以前非常……如果我爸妈可以帮助我，就不会一步步走到现在这个地步。我和我妈妈的关系非常好，我爸爸经常打我。我爸爸是当地有名的赌鬼和烂鬼，东西烂掉的烂。什么是烂的意思呢？就是不是人，对我没有抚养。我可以用一句话来概括，我妈妈死掉了，人家有人情拿来，100块钱，300块钱。我爸爸一年多以后，病情好了，这些钱又被他拿去输光了。

后来我出去打工，一年可以干300多天，想回家好好过年，一年有五六千块钱的钱结余。结果都被我爸爸拿去赌了，就给我剩了200块钱，叫我过年，能够买什么东西啊？我爸拿我的钱去赌啊、嫖啊。我很恨他，从小到大。以前他也坐过牢，我在我妈肚子里的时候他就坐牢了，我4岁的时候他回来了。他犯的罪很可耻，是强奸。我妈妈没有和他离婚，我妈妈把我抚养大了，那个时候家里条件还可以，我爷爷这里还可以，有一些东西给我爸爸。他回来以后也没有什么好的，姘头换来换去。就靠我妈妈一个人做生意，她是个女强人。借钱开了一个小饭店，慢慢变大了。开饭店的过程中，我爸爸还是赌来赌去，嫖来嫖去。他对我没有养育之恩，从天地良心来说，我是他儿子，我应该对他尽孝，一个原因就是和他的关系，他是我爸爸。但我和他的关系还不如一个刚刚认识的朋友。有一次，他连我买鞋子的钱都不给我，却把两三千块钱拿去赌，都输光了。他有这么多钱都不会给我一点，根本没有一点点父亲对儿子的那种关心（咬牙切齿地说）。

我劳改出来以后，已经是一个成年人了，从一个少年犯转变为一个成年人。他呢，还把我停留在十六七岁的时候，对我是耳光来耳光去，巴掌来巴掌去。我就又跑出去了，跑工地，也赚到钱了。有社会上的朋友认识，不是说非法的渠道，总归有点擦边球的味道。以前他都不认我这个儿子，这时他会来关心我，太虚伪了。所以，我要保持我的地位啊，金钱啊。我老是寄钱给他，1000块钱，2000块钱，1万块钱，2万块钱啊也会有。我认为父子俩，应该是最好的兄弟和朋友，从某种角度来说。但是我一定要虚伪，我只能让他看见我好的表面，怎么样好怎么样好。如果让他看到我的不好，困难，他看我的那种眼光……不是说那种父子之间的同情、理解，而是会看不起我。除非我混得好，他才会看得起我。你很难理解，我的父亲很势利。把我的钱，家里的钱，给人家的老婆、小孩用，也不会给自己的儿子5块钱，20块钱。他现在有可能不同了，因为他老了。也可能他现在想认我这个儿子了，慢慢对我有责任。但是我做不到，我们没有交流，只有他对我的打、骂。我成功了他才高兴。

判我女朋友9年太重了，把她放出去让她和喜欢的男人一起就好，这话也是虚伪的空话。她妈妈是村支书，在法庭上看见她妈妈，我头都不敢抬，难过，是刻骨铭心的痛，比我死了妈妈都难过，也许我妈妈死的时候我还不太懂事。

唉……我后来不打这个电话给H，不向他要钱，他就不会报案。早知道我那个时候问他拿200万块钱了，他都会给，他报案就随他去了，最多就判一个死缓，总比我拿25万块钱判个无期强吧。如果我拿200万块钱，100万块钱存掉，100万块钱拿来打官司，我想我这个死缓也要比这个无期来得快。现在太痛苦，啊……太痛苦了。我不能想，不能想我的女朋友，她蛮漂亮的，都是我害的。

他们都说，我出去以后，也不需要去打 H，也不需要去骂他，只要我往他身边一站，他就会找上我。他们都说，我出去以后站在他面前，他就会给我钱（他笑了起来）。监狱里很多人都给我分析，他是有钱人，不会找人来打我骂我。我说，这不是让我更加急吗？H 找人来打我骂我，不可能把我弄死，他没有这个胆。我是破命一条，他是家财万贯的人，如果我拼起命来他肯定死。所以，我希望我出去以后，他找人来打我骂我。

问：来招惹你，这样你就有理由向他要钱了吗？

张：是啊。但没用，哪怕有这些钱，能买来我的自由，我的女朋友的自由吗？她原来娇生惯养，很受宠的，哪里到过这种地方，9 年啊，你想想啊……她第一次到这种地方，多恐慌啊，别人根本无法体会。虽然都是我造成的，但也有 H 的缘故，你干吗要破坏我的男女关系。如果有机会的话，我一定会把 H 杀了，出去以后一定要把他杀了。别人无法了解我心里怎么想。真的，我是为了生活而奔波的人，我以前偷过，抢过。后来找到了让我稳定的工作，我在外面本来已经有了这么好的生活圈子，那么好的工作。我真的已经改过了，改好了，我已经认错了，我已经上道了，做正经的行当了，交了女朋友，是不是？结果 H 到边上来点火，是他害我的。

被抓时，我都把责任往我自己身上推，我女朋友还帮我分担，还说我和她预谋过，这不是在帮我，是在害我。她被抓的时候，刚好打胎了，不打孩子就生下来了，我就有一个小孩了，我的一切就都有了，人最重要的是把根留住，对吧！至少这个女的爱我，看到这个小孩总代表……像他妈妈，曾经我和他妈妈有过……就够了嘛。我自己判多少无所谓，她判 9 年我无法接受。我没有对不起任何一个人，除了我女朋友。H 一定要我女朋友和我分手，给了她很多钱。裸照不是我发的，是我小兄弟发的，我就成了敲诈勒索罪。

她家里条件不错，她在 KTV 工作，看上我的时候我是没什么钱，和她无法比，她长得漂亮。我没有钱，她给我钱用，一定要给我用。甚至会用我的名义给我的家人寄钱，后来我回家才知道。我输了钱也没有怪罪我，这样胜过和我闹。很多事情，很平凡，但都刻骨铭心。在外面，男人花天酒地，被她发现了，她说你要是把我当成你的女朋友，就在人家面前给我留点面子，不要在人家面前提那种事情，做那种事情。我进来之后才想通，当时觉得不在乎，现在觉得很有道理。

问：在外面的时候她对你很好，而你对她不怎么样吗？

张：唉，对对对。当时我在外面抢工地，她是一天到晚烦死我了，打电话问我在哪里？吵死个人，说我好几天没有回家了。她原来的生活很好，很优越。有时我在外面，就把她一个人扔家里。我到外面去忙，好几天不看她，她打电话给我是理所当然的，但是我还是骂了她一顿。我回去了，她觉得我忙，不想打扰我，她就回家待一段时间。我也不知道是怎么回事儿，我总不想让她离开我。但是她在我身边我又不让她好过，不理会她。也许那个时候我已经知道，她离不开我，我离不开她。我有时候打她，她眼睛都肿了。现在一想到她在那里哭，一想到她判了 9 年，那个感觉毛骨悚然。

对我女朋友，在外面不觉得内疚，在里面觉得内疚了。因为我觉得在外面的时候不需要对她好，因为至少在这种年纪，在这个阶段，我不需要对她好，为什么？因为我的后半辈子绝对会和她在一起，不需要那个时候对她好。对她最好的回报就是我发达了，这就是对她的回报。一旦出了事就无法弥补了，我就欠她了。我觉得，我把对她好的时间花在我自己身上，我好了就是对她好。在外面，去办一点事情，我大哥叫我去办，我不得不去，必须要离开我女朋友好几天。她不理解我，我也随她去。她一定要我在她和我大哥之间选择，我肯定选择我大哥，一个真正的男人，我怎么可以和一个女人在一起而不出去做事？这个男人还有什么用？我也知道她其实蛮难的，她原来在美容店工作，现在都在家里，每天怎么待得牢？是需要一定的勇气和魄力的。判刑的时候，在车上我总以为她会说我几句，骂我几句，结果没有。只是塞了一张纸条过来，叫我开心一点，我一下子就更……唉……

问：女朋友在外面对你很好，而你对她不怎么样，进来后觉得欠了她很多，所以才会内疚、难过对吗？

张：在外面我想过，可能是我欠了她很多，但我觉得，不管我喜不喜欢她，我偿还她的时间是足够的，因为我觉得我肯定会和她结婚，这是肯定的。我觉得我对她好，后半生，来得及。但现在这样，9 年，无期，还来得及吗？来不及了吗！前半生欠她的现在全部都没办法还了。

问：原来在外面的时候，你觉得还有机会可以还吗？

张：是的，所以，那个时候我不需要她理解我，不需要对她好。等我事业有成，飞黄腾达，是对她最好的回报，和她结婚是最好的回报，我好起来就是对她最好的回报。前面欠她的，加上现在她的 9 年刑期，又给她带去了很多痛苦，还不了了，所以我很痛苦、难过。到这个地步，她还没有怪我，还来安慰我。

问：我们再回到案子上，你应该知道这样做有风险，为什么还去做呢？

张：后面我日子慢慢好起来，包工地，一步步上来了。人总是有欲望的，以为 25 万块钱能够拿到，而且 H 不会报案，所以做了。

我有十足的理由向 H 拿钱，他要和我女朋友一起，还发生了性关系。他强迫我女朋友，他一个五十多岁的老头子怎么面对我这个年轻人？要我女朋友和我分手，给她多少钱多少钱，他什么意思？我打电话给他家里，叫他老婆来，到这里来，跟他老婆说说清楚。拿他三五十万块钱，我觉得这些钱和他的面子比起来太小了。这个事情如果闹起来，就凭他的面子哦，按照现在的情况分析起来，他情愿不报案，他还是很本分的老板，本分的一个人，我一看就看得出来。裸照发过去了，为什么会发？因为第一次成功了。为什么还会继续做呢？因为欲望。而且发过去以后，他要是没有和我联系的话就有问题了。而且发生那个事情的前几天，我女朋友说我印堂发黑，真的印堂发黑，还真的巧。

问：25 万块钱给了你，你担心他报案吗？

张：没有，一点都没有，担心报案没有。担心坐牢有，而且女朋友也跑不了。谁都一样，做了亏心事都担心要坐牢。从理性的角度分析，他不会报案，是0.1%的可能性。但担心还是担心的，因为总是违法的。发了短信以后，我就确信了，他80%要报案了。短信是我小兄弟发的，发了以后才和我说的，还是开玩笑和我说的。当时，我马上就从床上跳起来，说H肯定要报案了，马上退房。逃也没有用，盯牢你了，你跑得掉？

问：我有一个感觉，你犯罪是不是在报复呢？不是报复社会，而是你父亲？

张：是的，对我父亲，不用说，是百分之百，绝对是报复。他跟我说往东走，我绝对要往西走，很明确的，他说要往前面走，我肯定要往后面走。他指向的，永远是我相反的方向。他叫我去打工，钱他拿去，叫我待家里做他乖儿子，我宁可在这里坐牢，他要是来拉我，我不会让他拉去，还是在牢里好。坐在牢里，我会想想以前，多半是家里的事，小时候的事。我老是想我妈的事情，从某种角度说，女朋友……我会用我妈的个性去评价她。我喜欢这个女人，大概因为她跟我妈的个性有点像。我也不知道正常不正常，变态一样。她理解人啊，甚至生病的时候照顾我啊……连我躺在她怀里，都感觉到蛮温馨，很有依靠的感觉。

问：就像妈妈一样的感觉吗？

张：对对对，我不知怎么会这么想。这个想法哪里来我也不知道。我跟一个人也说过，她说这就是缘。本来，我是一个喜欢孤独的人，喜欢一个人待在出租房里，我女朋友也受不了。我不喜欢出去玩，我喜欢待房间里，灯光黑掉，孤零零的，我就喜欢一个人的感觉。虽然这样没味道，但我觉得出去玩更没有味道。玩了以后，回来又怎么样呢？还是跟原来一样，还不如不出去玩。夏天怕热，冬天怕冷。我蛮会享受，我一个人，超市里买点东西吃吃，冰箱里一天到晚塞得满满的。家里的可乐有3瓶，雪碧有2瓶，我会跑下去买1瓶雪碧，凑凑齐。就是说冰箱里，雪碧有5瓶，可乐只有4瓶的话，我会去多买1瓶可乐，数量上一样。

家里一尘不染，拖地抹地是劳改队里的生活习惯，房东说我的房间保管得很好。我和熟悉的朋友聊天，会放开来多谈一点。我平常想的太多，心里放的太多，一说出来说都说不完。更多的时候，我不会主动找人家诉说，也不会觉得我内心有什么事。女朋友和我一起，她不喜欢一天到晚待家里，她说受不了，我说我就是这样的人。我女朋友蛮阳光的，会从好的方面看问题。一次她说到如果在沙漠里只有半瓶矿泉水，问我怎么想。我说半瓶喝光了就死了。她说还有半瓶水呢。后来想想有道理，乐观的人和悲观的人是不一样的。她安慰我比较多，还来逗我乐，害怕我痛苦。

我一次被判了1年，一次被判了4年，这次被判了无期。如果下次还有机会进来，进来之前，我绝对要报复H，我绝对要报复。如果我还会进来，我也会很高兴，我会无牵无挂，杀掉H算了，我真有这种想法……

三、理论分析

(一) 威廉·希利情绪障碍理论

威廉·希利认为犯罪行为往往是由多种因素引起的，而不是由某一种因素引起的；很难确定哪一方面的（社会的，医学的或心理学的）因素是对所有的犯罪人都起到最重要作用的因素。他很重视家庭条件与少年犯罪的关系，并提出了情绪障碍的概念。希利和布朗在他们合著的《少年犯罪及其治疗的新见解》得出了这样的结论：不少于91%的少年犯罪人现在或者一直感到不幸福，对他们的生活环境不满意，或者由于情绪激惹情境（emotion-provoking situation）或经历而产生了极端的情绪障碍（emotion disturbance）。与此截然不同的是，我们只是在13%的没有犯罪的少年群体中发现了并不严重的内心应激（inner stress）。这说明，情绪障碍是导致少年犯罪的主要原因之一。

少年犯罪行为是儿童和少年在寻求解决心理冲突的方法的过程中所做的尝试；是儿童和少年寻求满足一些内心需求，减轻自己内心紧张的过程的组成部分；是儿童和少年进行适应性尝试的一个部分。在希利和布朗看来，基本的人类需求（primary human desire）就是追求自我满足和接受别人的情感影响。这些需求具体表现为：在家庭和其他社会环境中感到安全的需求；被一些人或群体所接受的需求；获得承认和地位的需求；追求个人适当（adequate）的需求。同时，还表现为一些更次要的需求：自己获得成就的需求；追求新的经验的需求；输出身体和心理能量的需求；拥有财产的需求。随着儿童逐渐长大，他们产生了获得自我肯定（self-assertion）和摆脱家庭限制的机会的需求。如果儿童和少年的上述需求总是得不到适当满足，他们自己进行的满足上述需求的活动不断受到家庭成员和其他方面的干扰，他们就会产生挫折感，就会出现长期的、深刻的情绪障碍和情绪问题。情绪障碍和情绪问题主要有：第一，在爱的需要满足方面遭到拒绝、受到抑制、不稳定、得不到理解、得不到爱，以致使他们产生寂寞感。第二，在追求爱的需求之外的其他需求的满足时（自我表现、自我满足的需求；幼儿时没有得到满足的愿望；青春期产生的冲动和愿望），受到阻碍而产生深刻的情绪体验。第三，在家庭、学校、交往、体育活动等方面表现出的强烈不适应和自卑感。第四，对家庭中的不和，父母的不良品行、不良生活条件、管教错误等表现出的强烈不满。第五，对兄弟姐妹的嫉妒感，对自己被当作继子看待而产生的情感。第六，由于根深蒂固的内心冲突和压抑产生的不幸感。第七，对幼年时期违法行为的有意或无意识的罪恶感。

这些长期、深刻的情绪障碍，会转变成强烈的追求满足的行为冲动，不断促使儿童、少年进行各种尝试性行为，以便直接满足其需求，或者使其需求得到替代性的满足。当儿童和少年体验到的情绪障碍过于深刻并且长期积累，或者解决情绪障碍的方式是任性的，社会不允许的方式时，他们的尝试性行为就会构成少年犯罪。这些尝试性的行为分为：第一，回避性尝试行为。即用逃跑或回避行为摆脱紧张和不愉快处境。例如逃学行为和离家出走。这种尝试是一种权宜之计。第二，获得替代性、补偿性满足的尝试性行为。第三，增强或努力支持被不适当感或自卑感伤害的自我的尝试行为。如果少年犯罪人善于交往，并且是在少年犯罪群体中进行这样的尝试性行为，那么，通过这样的尝试性行为，就可以使少年犯罪人在犯罪群体中得到承认和地位，从而使不适当感或自卑感被减弱。第四，向父母或他人表示复仇愿望的尝试性行为。这样的少年犯罪人在早年生活困难或曾经蒙受了耻辱。因此，他们通过直接地、有意识地，甚至是无意识地表现其复仇态度，来获得一定的自我满足。这种尝试性行为，往往包含通过使父母或其他人感到难受的行为，惩罚父母或其他人的隐蔽愿望。第五，获得最大限度的自我满足的尝试性行为。在这种情况下，少年犯罪人往往通过表现其攻击性的、反社会的态度，通过表现明确的敌意和对权威的反抗，来夸大自我，获得满足。第六，使受阻的本能性需求获得满足的尝试性行为。这是少年犯罪人对本能性需求受到阻挠，不能得到满足时产生的行为反应。第七，克服罪恶感的尝试性行为。一些少年犯罪人的犯罪行为，是出于追求惩罚，以便克服罪恶感的需求而有意无意地进行的。[1]

（二）威廉·希利情绪障碍理论的应用

一方面，张某对父亲的态度是咬牙切齿（情绪）的：

张：我劳改出来以后，已经是一个成年人了，从一个少年犯转变为一个成年人。他呢，还把我停留在十六七岁的时候，对我是耳光来耳光去，巴掌来巴掌去……我爸爸是当地有名的赌鬼和烂鬼，东西烂掉的烂。什么是烂的意思呢？就是不是人，对我没有抚养……我很恨他，从小到大。以前他也坐过牢，我在我妈肚子里的时候他就坐牢了，我4岁的时候他回来了。他犯的罪很可耻，是强奸……他有这么多钱都不会给我一点，根本没有一点点父亲对儿子的那种关心（咬牙切齿地说）。

另一方面，却又希望得到父亲的认可（看得起）：

张：但是我一定要虚伪，我只能让他看见我好的表面，怎么样好怎么样好。如果让他看到我的不好，困难，他看我的那种眼光……不是说那种父子之间的同情、理解，而是会看不起我。除非我混得好，他才会看得起我……我成功了他才高兴。

张某是缺乏母爱（依恋）的：

张：从某种角度说，女朋友……我会用我妈的个性去评价她。我喜欢这个女人，大概因为她跟我妈的个性有点像。我也不知道正常不正常，变态一样。她理解人啊，甚至生病的时候照顾我啊……连我躺在她怀里，都感觉到蛮温馨，很有依靠的感觉。

但对女友却又是疏忽，又是打骂，以至于女友被判9年时，张某异常痛苦。

张某始终处于冲突。对父亲，一方面是恨、咬牙切齿，另一方面却又希望获得父亲认可，看得起他。对女友，一方面感觉温暖，有依靠，依恋，另一方面却忽视、打骂。张某无法调和这些现实问题，使得情绪的积累越来越多。

问：我有一个感觉，你犯罪是不是在报复呢？不是报复社会，而是你父亲？

张：是的，对我父亲，不用说，是百分之百，绝对是报复。他跟我说往东走，我绝对

---

〔1〕 吴宗宪：《西方犯罪学史》，警官教育出版社1997年版，第498~504页。

要往西走，很明确的，他说要往前面走，我肯定要往后面走。他指向的，永远是我相反的方向。

按威廉·希利的理论，张某的尝试性行为——向父母或他人表示复仇愿望的尝试性行为，使得他用犯罪来报复父亲。原本父亲是他厌恶和咬牙切齿的对象，现在他也成了一个类似他父亲的人。所以，张某是痛苦的，甚至他觉得还是疯掉比较好。这些痛苦，怎么办？需要转移，需要替罪羊，而 H 就是很好的替代！

四、角色扮演与自我反思

_____

_____

_____

五、问题与思考

1. 按威廉·希利的理论，张某的犯罪动机与原生家庭有什么关系？

2. 被敲诈 25 万元，H 为什么没有选择报警？而第二次被敲诈 5 万元，他为什么选择了报警？犯罪心理与行为分析中，犯罪的要素有重要、不重要之分，张某的小兄弟给 H 发了裸照继续敲诈这件事看上去并不重要（与家庭成长等要素相比），却直接导致案发。若没有这个要素，张某可能暂时无事。这给我们什么启示？

3. 与女朋友的关系，张某采用了什么防御机制？

4. 张某的尝试性行为有哪些？效果如何？请详述。

5. 如何用俄狄浦斯情结来分析张某的犯罪行为？如何用俄狄浦斯情结来解释张某对女友矛盾的态度？

六、摘要与关键词

摘要：_____

_____

_____

关键词：_____

学习情境四　李某的抢劫案

一、学习目标

1. 复习弗洛伊德死的本能理论、操作条件反射理论、人格与犯罪。

2. 掌握关键词：绝望、瘾、认可、"发现"、"刀"。

二、案例导入

（一）基本信息

李某，男，25岁，汉族，初中文化。抢劫6家休闲店，均只劫得几十元至七八百元的现金和1000元的手机。最后一家，李某采用持刀威胁等方法，劫得现金800元和价值人民币2500元的手机1只。被害人H及其朋友追赶，将李某围住，在对抗中，李某用刀捅刺众人，一人送医院后不治身亡，多人受伤。一审二审被判处死刑，最终被判死缓。

（二）访谈整理

问：在监狱感觉怎么样？

李：平静是平静一点，还是很混乱，天天晚上做梦。可能是一审二审被判死刑，压力大，死刑给我留的阴影重，思想和情绪受到的打击太大。到现在，思想无法全部解放，经常思想集中不了，怀念以前，经常想到以前的一些事情，想到那些开心的事。

晚上经常做梦，恐怖的，乱七八糟的。我梦到我老爸，他说他没有把我教育好，有责任，对不起我。我有点怨他，我说他为什么小时候没有把我教育好？因为我父母小时候对我的学习没什么关心，一旦我有点淘气，就是骂，打。我就怪他，怨他，我说他小时候为什么没有把我教育好，就哭醒了。

我走到今天，感觉是各方面的原因。我意志力比较薄弱，控制不住自己。家庭也是一个很重要的原因。父母小时候有偏见，我哥哥智力比较好，聪明，我只处于中等水平。生活上，倾向于他，衣服，鞋子都是倾向于他。我小时候也向父母要，他们就说，他比你大，又读书，在高中，要穿得好点，学校里讲究一点。你在家里，读小学，不用讲究，父母就这样敷衍我。

我比我哥哥皮，淘气，邻居经常找到我家里，找我父母。我和我哥小时候的关系就特别僵，经常打架，又打又骂。我哥哥去亲戚朋友家玩，不让我跟着，他好像有意要跟我保持距离。我又特别喜欢跟着他，被他骂，打回来。我潜意识里啊，感觉和父母有一种距离。我哥哥呢，在学校里有好玩的事，所见所闻，或者受到委屈，都喜欢和我爸妈说。我受到委屈，有高兴的事，我一般不喜欢和父母沟通分享。别人打我或我和别人打架，或者别人骂我，我一般不会跟爸妈说，我也不知道怎么回事。感觉跟他们说了没意思，说了也没用。情愿和朋友说，发泄一下。一般不跟家里说，感觉有点隔膜。对他们，不是说有仇，可能从小和父母亲有隔膜，长大以后虽然想沟通，但就是不去沟通，也不好意思沟通。

问：所以你离家早，就出来打工了吗？

李：对！待家里没意思就想离开。还有，农村都是这样。我学习不好，失去信心，就越来越差，就不想读书，初中毕业我就不读了。农村都是这样，初中毕业，出去打工，学一门手艺。和父母的关系不是说有仇，感觉潜意识里要和他们保持一点距离。我私下和我爸很少交流。

问：你和妈妈的交流多吗？

李：更少了，小时候根本就不交流。小孩子，好像好吃好喝好玩，就行了，对吧？长大以后，感觉父母对我的关心比小时候多了一点。小时候是关注我哥哥多，长大以后是慢慢疼我一点了，不过也不是倾向我，好像他们害怕对我不好我会记在心里一样。我爸妈也没文化，不会交流，不会用语言进行教育。我父亲就是打骂，不会有思想交流，不会教育，不会聊天，也聊不来，没什么交流。我和哥哥的交流也不多。

问：父母对孩子的态度，我觉得和文化程度没有多大关系。如果喜欢自己的孩子，总是会在语言和行动中体现出来，是这样吗？

李：也许是他们劳动忙，累了，没有精力了。反正我后来也不想和他们交流，有时候他们偶尔想跟我交流，我就很烦了，就说问这么多干什么？烦不烦的。他们就说，这么一点大了就敢犟嘴。那时候，也就十来岁。看连续剧，我妈妈有落下的没有看，就问我，怎么样怎么样。我说你烦不烦，我妈妈就骂我。我哥哥就不会，很耐心跟她讲解。我就根本不想说，我说你要知道干吗？小时候我比我哥哥淘气，让我父母头痛。谁家里有果树，我就会去偷，被抓住，到家里来告状。

问：一审二审被判死刑时，你想得最多的是什么？

李：想以前的事，女朋友啊家人啊。刚被抓进来的时候，特别特别后悔，后来时间长了，感觉后悔没用，就麻木了，就不愿意去想当初为什么这样做。我经常写信给家人，意思是对不起家里人，没有埋怨他们。因为我快要死了，还要家里人自责干吗？让他们沉重干吗？都怪自己，没有怪父母。后来，越来越接近最后的时候，快要死的时候，他们来信说他们要负责，没有把我教育好。我妈也说，小时候没把我教育好。本来他们不提，我想是我自己的原因，他们这么一说，我感觉是不是真的也有他们的原因？是他们没把我教育好？我一想，是有点。现在我也没怎么埋怨他们，虽然我在做梦的时候，一边哭一边对他们说，干吗没有把我教育好？

问：你对父母的态度是矛盾的，为什么现在你对父母的埋怨少了呢？一是你对父母的伤害，二是家里为你付出了很多。是这样吗？

李：他们为我付出了一切，我以后出去还也还不了，而且情感上给他们带去了很多伤害。

问：一审二审的死刑对你的打击非常大，能不能具体说说？

李：从判决结果下来到现在，我基本上每天都做噩梦，反正就是乱七八糟的。现在做梦好像成了一个习惯。做梦多肯定不好，第二天没精力。梦里有恐怖，焦虑，也有平淡无奇，有的是打打杀杀。没有改判之前，经常梦到被拉出去执行死刑，感觉很恐惧。改判以后就没有做过拉出去枪毙的梦了，就做另外的梦，经常梦见跟别人打架，别人追杀我，经常有人在梦里追杀我，围追堵截，追着我打，我就拼命跑、拼命跑。

问：当时你持刀抢劫，被发现了，他们叫你把刀放下，为什么不放下呢？

李：我害怕被抓，害怕我的行为被家人发现，会瞧不起我，鄙视我，因为我做的是这种事，我很害怕他们对我的看法。我很不想被抓，要跑，他们叫我把刀放下，我就是不放下。我就求他们放了我，我当时要是把刀放下，也就坐个几年牢。

问：你抢劫被发现逃跑时，为什么还害怕父母朋友知道？害怕他们看不起你吗？

李：我一直跑、一直跑，我主要是害怕他们知道我的行为，以后无法再在他们面前立足，无法在他们面前抬头啊。我在乎他们的想法，非常在乎他们对我的看法，很看重、很在乎他们对我的看法。我一旦坐牢，有种永远欠着家人的感觉。

问：你抢劫被发现的时候就有这样的想法吗？

李：是啊，不能被朋友啊，同事啊，我的亲戚家人知道啊。我就一直想跑，他们追上我，我就求饶。不是想杀人，很多判死刑的人不是想把人置于死地。我去抢，感觉我很卑劣，很低贱，做出这种行为。有时候给女朋友打电话，我还问我自己，配不配给女朋友打电话。

问：时间长了就……

李：时间长就麻痹了。犯罪，还有一个原因就是文化程度不高，初中文化，书读得多一点会好一点。步入社会，我一直在建筑工地打工，在这个封闭的环境，看问题很片面。感觉我一无是处，一直感觉不如我哥。

问：平时在工地上和工友交流多吗？

李：还可以，人际关系还可以，打打闹闹，上网看电影，关系处的还可以。

问：为什么抢劫？

李：直接原因是缺钱。还有就是上网看暴力电影，有点冲动，想效仿一下，结果会怎么样？心里想尝试一下子，也有一点变态心理，真的！对于一些引起关注的社会事件，我了解不到，我都会上网搜索。比较奇怪的事情，热点的事情，我都会上网查，了解比较好奇的东西。有一次看到，如果用一把刀子吓别人，对方像绵羊一样任你控制，不敢动，我想试试看是不是这样。主要原因还不是这个，还是没有钱花。

做过一次以后，第一次顺利的话，第二次还会上瘾。有了第一次就有第二次，如果说第一次不怎么样，也打击信心了，以后就没有兴趣了。凡事做第一次，一定要先树立信心，第一次没有信心后面就进行不下去。我第一次不算顺利，只抢到 60 块钱，我根本就没什么信心了，就淡忘了。第二次和第一次一样。不是怪我的女朋友，她在上海，我们很少触及钱的事情，因为害怕影响情感。一次她打电话给我，意思是问我这里有没有钱。说是上海的房东催她交房租。我就想，几百块钱我拿不出算什么男的？借也没地方借。我一个月也没有多少钱，一个月 2000 块钱的工资，前几天刚预支了一些。朋友这里估计也借不到，很多朋友都和我一样，都是月光。我就铤而走险一次，那天抢了 2 次，第一次没抢到，按照一般的情况，第一次没抢到我就回去了，已经没有信心了。那天感觉到有无形的压力，一心想弄点钱给女朋友寄去，那天也就抢了 400 块钱，给女朋友寄了 300 块钱。

问：除了钱，还有什么因素会影响抢劫的感觉呢？

李：其他方面也比较重要，第一次抢劫，跑出去时，对方根本没有反应，也没有反抗，一点反抗都没有。如果只有 60 块钱，她也喊了，第二次可能就不敢了。

问：你刚才说上瘾，为什么会上瘾呢？

李：是的，心一直在跳……就算一个正常人去做这样一件事情，也会有快感，有如释重负一样的感觉，刺激。但我认为，主要是第一次，很重要。以后的每一次……好像有点上瘾一样。后来我要是没钱了，抢的念头就会出来。如果有钱，这个想法不会出来，有钱了就不会去抢。抢之前，成功之前，我感觉很压抑、很压抑。抢劫以后，逃脱以后，感觉我安全了，这个时候才会有快感。刚开始抢的时候是很压抑、很压抑，心跳估计在每分钟 130 下以上，跳得很厉害，我摸自己的心跳是很快的，心跳加速。又害怕又紧张，但是我吧，还要去做。

问：停下来是很难的对吗？

李：我已经有这个想法了，已经打算今天晚上去抢了，我就停不下来了。每次去抢，在休闲店门口去抢，都在门口徘徊很长时间，一直在犹豫，最后我还是……就是走不掉，好像一个磁场，走不出去。犹豫不定，想进去，害怕进去，自己又逼自己进去。

问：在你内心里其实抢劫的决定早就已经做出了对吗？

李：是的。我最后一起案件，我之前已经踩好点了，去过好几次，转了好几天，转了三四次了。我一直在找机会，看有没有什么车子，什么人，只有一个女的时候我才进去。

问：你当时感觉时间过得快吗？

李：感觉时间过得慢，我一直在等，我每次都在等，晚上 12 点后，没人的时候。有时候会早点，就玩手机，等的时候，感觉时间长，巴不得时间快点，比如现在还没有到 12 点，1 点，我希望时间过得快点，快点，我好开始抢了，抢好了好回去。

问：在抢的过程中，你觉得时间过得快吗？

李：我巴不得这个抢的时间……感觉这个时间过得慢一点好，因为我进去是先敲背按摩一下，希望时间过得越慢越好，为什么？因为要拿刀威胁对方，我想拖一会儿，时间越长越好，因为我有点惧怕这种行为，对最后这个关键时刻的来临没有把握，心里好像还没有承受能力，还没有做好准备，好像这种感觉。

问：你真的进去了，要做的时候又希望时间慢一点吗？

李：是的，好像不想面对这个现实。马上要抢了，我不想面对这个行为。明明是同一件事情，心里却很矛盾。一般人问你为什么要去抢，不去偷啊？我觉得抢安全系数高一点，抓住了能判轻点，我这些年一直在想这个，我感觉抢安全一点。偷吧，没有机会去偷，又偷不到。我感觉抢的安全系数高一点，因为半夜拿刀抢一个女孩子，她又不敢吭声，前面有几个例子了，我已经做了几个案子了。

问：犯罪以后，你和周围的人是否有隔阂呢？

李：我就感觉我很低贱，绝对不能让他们知道，如果他们知道我干这种事，怎么反应？对我什么态度？我都能预料到，就害怕他们知道，让他们瞧不起。关系越好的人越不能让他们知道，我还要在他们面前保持很正常很友好，我很在乎他们对我的看法。

问：你有没有孤独的感觉呢？

李：就是感觉自己成了异类，有种异样的感觉。有时候感觉很自卑，自闭。时间长了以后，我又感觉和普通人也没有什么区别。只是抢之前，抢了以后那一两天，想起来感觉我很那个……很卑鄙。时间长了，我也淡忘了，没有去想。

抢完以后我也没有感觉害怕，也没有担心她们以后会发现我，我觉得她们不会发现，很难发现，只要我不再去做。抢劫期间，抢劫以后，从来没有想过害怕，做什么噩梦啊，都没有。就抢的时候害怕，抢了以后没有很害怕。被警察抓住，以后会遭到什么报应啊，没想过。很多人做了案子，害怕警察警车，做噩梦，我没有。我抢，从来没有什么拦路抢劫，我抢的都是休闲店，她们赚的就不是干净的钱，抢了她们，她们也不敢报案，我有点心安理得。拦路抢劫，我好像过意不去。她们（抢劫的对象）和我一样，也是打工的，和我一样是做苦力的，一个月赚一两千块钱，感觉于心不忍。休闲店，她们的钱，不干净，我感觉心安一点，所以我一般抢休闲店。

问：休闲店的人，也辛苦的。不是吗？

李：有时候看她们也可怜，但想到她们自己都不可怜自己，我可怜她们干吗？我是在说服自己。

问：对被抢的人有没有感觉对不起呢？

李：好像……应该……偶尔一闪之间，一次两次，会有这样的想法。但是时间长了以后也是……她们也是人，她们其实也是正常的人。如果说我是她们的父母，她们被抢了，我会为她们难过。但她们毕竟不是我朋友，不是我认识、熟悉的人。就像有些盗窃成性的人，不会偷熟悉的人，都是偷陌生人。因为偷了以后也不知道他们会有什么伤心的表现，看不到，眼不见为净。这个偶然一闪之间的事情，我更不会花一两次，几分钟的时间去想。偶尔一闪之间，一两分钟会有这个想法，但很快就过去了。

问：自然就会过去吗？

李：嗯！

问：你做了几次这样的事，有没有感觉需要认错呢？

李：没有，偶尔无聊的时候，乱想的时候，感觉我做这个事比较可耻。做过一次以后我就认为这是一个途径，可以给我带来钱财。我没钱的时候，穷困潦倒的时候就会想到……可以用这个方法弄钱，后面纯粹就为了钱。在半年的时间里，抢了四五次，成功了三四次，也没有抢到多少东西，最多就是手机。第一次想抢多一点，有点紧张，我都忘了抢手机。我看见她有手机，都忘了抢。第一次比较紧张，害怕被抓。要是两个人作案就会轻松多了，一个人做压力最大。一个人和两个人不一样，两个人，就有人可以给你分担一些压力。压力小一点，负的责任小一点。

问：你刚做了以后感觉可耻。三四个月以后，如果没做了，又感觉没有什么了，就和普通人一样了吗？

李：是的，我又很轻松了，像没做过一样。

问：怎么样能恢复到从前呢？

李：平时的工作，和工友聊天，自然分散我的注意力，自然而然就投入到原来的生活中。平时的兴趣爱好，也会分散我的注意力，我心里就不会想所做的那些事。就把精力全部投入到生活、和朋友的交流中，我自然可以把以前做的事情忘掉，自然而然地忘掉。偶尔看见类似的案例，会有反应，比如看报纸的时候，但也就马上过去了，没什么了，也没有什么过多的想法，也就几分钟的事情，心思不会在这件事上停留得很久。有了稳定的工作，好的收入以后，就肯定不会做也不想做了，最直接的原因就是钱。

问：你这个抢劫的念头，最早是什么时候开始呢？

李：2006 年的时候，我没有工作，穷困潦倒。开始是想和朋友借……找工作也没有找到。我想我估计要走歪路，不过我没有想好，是去抢还是偷，只是估计可能要走歪路，要犯罪了。那年后来找到了工作，就没有这个想法了，生计的问题解决了。穷则思变嘛，生活来源保证了就没有这个念头了。

问：为什么当你遇到经济问题，就想到了抢而不是其他的方法呢？

李：因为我想不到比抢的办法更直接的办法。偷，我还找不到一个好地方下手。抢可以找休闲店，方便，直接，我感觉抢比偷要安全一点。

问：你第一次做，犹豫了很久吗？

李：犹豫了很长时间，当天晚上想去抢的时候，下午我就不上班，转了一大圈，脚都转酸了，看哪里好下手。路上看见一个休闲店，就一个女的，我就想在这里试试看。看看有没有人，有没有车子，有没有机会。我就在对面的马路边，犹豫了半个小时。在等待机会，等人少的时候开始，感觉这个过程很漫长。我很害怕去做，但还是逼着自己做。想着……先怎么样，进去再怎么样。那天我是又没有钱花了，感觉我被迫一样，我就决定去做。走过去看见那个目标，就停不住脚步了。开始的时候是不确定，看见目标的时候，就慢慢明确了。

问：每个人解决没钱这个问题的方法不一样，你选择了去抢，是否和性格有关呢？

李：我觉得我的性格不是那么暴，比较温顺。我不会主动去混社会，但是我为什么会选择这种暴力行为呢？有时候想不明白。

问：你是不是不好意思向朋友借钱呢？

李：我觉得如果被人拒绝，就觉得自己很没用。遇到一个陌生、新来的朋友，我一般不会主动交往。我只喜欢和熟的人主动交流。我感觉我的性格比较懦弱，又自卑，没有男人的那种阳刚之气。正是因为我感觉到懦弱，自卑，我就想到用暴力。感觉我是在用暴力充实我的内心。缺钱时，有很多种顾忌，借很有可能借不到，而且很有可能被人家拒绝，被人家拒绝感觉很没面子，很没用的感觉，感觉很自卑。

问：你觉得向别人借钱，可能借不到，被拒绝，没面子。从情感的角度来说，还不如抢，是这样吗？

李：应该就是这种想法，求别人，还不如去抢更方便更直接。其实我问我爸妈，问他们拿几百块钱，绝对好拿的，拿来还可以不用还。但我有另外一种想法，我20多岁了，出来打工这么多年，工资比他们高，问他们要钱感觉我很混蛋一样，但是我犯这样的罪更混蛋。

问：人有时候很奇怪，宁可抢也不愿意向别人借。一般来说，借，简单容易，从情感上却不愿意借。抢，要犯罪，却去做了，是这样吗？

李：很矛盾！我为了300块钱去抢时，我的内心啊，很不愿意。但又好像有一个包袱，你不得不去卸下来，你不得不去做。向别人借，感觉下不了面子。你向别人借钱，每借一次就欠别人一份人情。我不向别人借，就少欠别人几个人情（害怕被人控制）。

问：犯罪反映了人际关系，遇到了困难，人际关系差，解决问题的方法就越少……

李：更容易走极端……

问：是的，而且不同圈子的朋友能够提供的方法差别也很大对吧？

李：是的，不同的朋友，帮助你的方法都不一样。犯罪还有遗传的因素吧，我家里是我妈妈做主，大小事情我妈说了算。我感觉我性格有点像我爸，有点懦弱。我妈妈比较霸道，我妈妈经常在我面前说我爸爸懦弱老实。我小的时候喜欢养小动物，别人家里下了一窝狗仔或者猫仔啊，我很喜欢玩，搂搂抱抱，我很喜欢小动物。

问：也许说明了你在家里缺乏温暖是吗？

李：我会在小动物身上寻找安慰，我经常把猫放在床上，跟我一个被窝睡，它趴在我身上睡觉感觉很好。我家里，我哥哥和我爸妈都很讨厌它们，感觉它们很脏。我不在乎，我喜欢搂着他们睡。

问：也许你是弱小的，喜欢和你类似的东西，有同病相怜的感觉。可以分析一下你的朋友圈，和你关系好的人是不是和你差不多的人？你交往的朋友可以侧面反映你是怎么样的一个人。

问：打工很难找到真的朋友，坦诚相待的朋友。

问：走上犯罪的道路和你的家庭非常有关系对吗？

李：我感觉，我家庭从小的教育方式，形成了我这样的性格。进入社会以后，我所处的环境，比较片面，形成了比较偏激的想法。

问：你妈妈是强势，有点霸道对吗？

李：在农村，说得难听点就是泼妇。

问：你妈强，爸爸弱，导致了你和哥哥的性格都不强。父亲只有在家里做主，占主要地位，父亲才是一个榜样对吗？

李：小时候，我很羡慕我爸爸，感觉我爸爸很伟大，感觉他能做很多事情，我做不到。后来，我也能做到这些事情了，感觉他也就这么回事，就感觉他很普通，他所做的一切我也能做到。但从小，很多行为，语言，我主要是效仿我爸。我长大以后不和别人说我老爸无能，我无法接受。我觉得我老爸确实很无能，没什么实力，感觉很讨厌他，对他感觉很无奈，有些失望。

问：你觉得爸爸不应该这样对吗？

李：嗯，我想埋怨我老爸，如果他强一点，我家里的条件也不会这样，感觉他做得不够好。我哥哥智力不错，一些游戏我搞不出来但他很快就可以，我什么事情也都效仿他，感觉他做得比我好。他什么好我就去模仿他什么，现在也是，本能的，就是毅力不够。

问：毅力不够，可能你做的事情没有让你体会到好处。很多事情开始的时候需要毅力，需要坚持，有了好的体验后就不需要很多的坚持了。你觉得是这样吗？

李：是的，初中时，我唱《包青天》的主题歌，我老妈在厨房里烧饭，我就跟在她屁股后面，跑来跑去，唱唱唱。有一次我老妈，夸了我几句，说我唱得蛮好听，我就感觉很有信心。就经常唱，哼哼哼，到现在我还很喜欢唱歌。外界的评价很重要，外界的评价和精神的支持对我的信心影响很大。

问：别人的认可，尤其是重要人物的赞美，是很重要……你在看守所的时候，死刑被改判死缓的时候，是什么感觉呢？

李：当时是开心和激动，没有表现在脸上。同室的一个人改判时是蹦蹦跳跳的，戴着脚镣，像一个孩子，又是跪又是拜，求神拜佛，谢天谢地。后来我的脚镣就被拿掉了，因为不是死囚了。我就坐不住了，我就原地走来走去了2个小时，好像散步一样。我坐不住了，关于我生命的问题可以彻底放下了，很高兴了，就安静不了，高兴激动。改判之前，我从来没有梦到改判，经常梦见被执行死刑，以为99%死定了。

问：虽然一审二审被判死刑，你感觉死刑的概率是99%，但还是会留1%的一丝希望，就是侥幸心理。别小看这1%的希望，它会给你开一扇门，给你幻想，通过幻想而放大对生活的希望，支撑着你活下去。没有走到高院的最后裁决，一切皆有可能，你不会死心。从这个角度说，侥幸，又是生活的希望，有它现实的功能，对吗？

李：是的，犯罪也是这样，大家都知道，做的次数多了肯定要被抓，但就是控制不住自己。都懂，就是控制不住自己。每次犯罪都有侥幸心理，想着就再做一次，不会被抓的。就像你说的，侥幸是犯罪的希望，也是犯罪的理由。我们去做一件事情，哪怕去犯罪，也是需要理由的。

问：一审二审被判死刑的阴影，让你常做噩梦，这个阴影消除不尽，对你的影响是一辈子的。时间久了，只会淡化，不可能完全消除。改判后被判死缓，生的可能性是99%，死的可能性是1%，很小，但还是存在的。比如死缓期间犯罪，生病，等等，不可能到零。也别小看这1%，也在影响着你，让你做噩梦，这是另外一种"侥幸"，带引号的侥幸。生的可能和死的可能，虽然都只有1%，但心理和情感的作用却是巨大的。它的存在，因为小，就有点侥幸的味道。它为幻想，为希望和绝望等，提供了缝隙和链接。在情感和需求的作用下，在生和死面前，它就有了放大的可能，成为我们活下去或者各种犯罪的理由。你觉得是这样吗？

李：是的，能转移注意力。我就喜欢沉浸在往事中，因为我现在坐牢，总还是以前好，肯定外面好。死刑和改判，让我的心灵受到了很大的创伤。在以后的处事中，我的心理，会不会比以前，较犯罪之前的承受力要强一点？毕竟接受过锻炼，经受过创伤。

问：很难说。有的人经历了大的创伤，就毁了，有的人却更顽强了。火，能把鸡蛋烧熟，变硬，却把黄油变软。要看生活是否有希望。

李：嗯，有道理。我犯罪之前，在外面的时候我就感觉对未来很迷茫，我的文化是初中，对未来真的没有信心。像我这样，没文化也没有别的，但我惰性又重，有点懒，叫我学习我懒得动脑子，对未来……后来就终于犯罪了。

问：没有希望很容易犯错，很容易破罐子破摔，对吗？

李：我现在的心理活动也很危险，感觉对未来没什么希望，我现在不知道做什么有意义。2年前，我跟朋友聊天的时候，他说，你这样很危险了，你以后要犯罪了都说不定。我没有说我要去犯罪，我就说对以后好像没有什么希望，很迷茫，又不知道我要干什么，又不知道为了谁活。他说你很危险了，说不定要犯罪了。

问：说明你有些犯罪念头出来了，而且比较明确，朋友都感觉到了对吗？

李：我感觉我会去犯罪，但具体犯什么罪，什么时候去犯罪我没有想到。犯罪会被判死刑我没有想到，绝对没有想到。2006年，我没有工作，没有钱，又要吃又要住。我做事情又优柔寡断，想做保安，感觉工资不高，下不了这个决心，前怕狼后怕虎，最后没去。就想到了犯罪。所幸20天后找到了工作，解决了。找到工作以后，犯罪的心思就忘了，被压制了。当时又找了女朋友，想法就更少了。很多时候，人的念头是当时的环境、处境影响的。没有钱，没有工作，念头就冒出来了，凭空就冒出来了。甚至他自己变了，都感觉不到。当然，如果有急事，急需用钱的时候，就难解，哪怕有工作也解决不了，就容易犯罪。

犯罪也会上瘾，第一次遇到急事，借不到钱就犯罪了。第二次遇到急事可能自然就想到犯罪，连借钱的想法都没有了，来渡过难关。第三次稍微遇到一点事，可能就会想到用犯罪的方法解决问题，就好像上瘾一样。

问：你说的上瘾是指什么？

李：我可以短时间搞到这么多钱，但通过正常劳动，是不可能在这么短的时间拿到这么多钱的。我已经发现了，已经做过一次了，这方面我已经有点经验了。一旦缺钱，我通过这种方法搞点钱，比我的正常工作来得快。还有就是不劳而获的心理吧。还有就是安全解脱了，我的犯罪手段得逞后，换来了较大的经济价值，有很刺激的享受。比如抢了一万块钱，抢的时候很紧张，看到那个钱，感觉很刺激，想到那个钱很快就要归我了。我脱险以后，把那个钱拿出来，这就是我这次行动创造的价值。拿了这个钱去挥霍，感觉很刺激。而且又不是我自己的钱，用了也不会心痛，想买什么就买什么。如果是我自己赚来的，花的时候感觉好像……一分钱当两分钱用，很节省，有点心痛。钱不是自己的，用了就用了，用别人的钱比用自己的钱享受质量要高一些，质量更高，有这种感觉。比如我一个月有 2000 块钱工资，我花了 200 块钱，就感觉这个是我 3 天的劳动所得了。我花 200 块钱了我就想，这个需要我 3 天的劳动才能赚来，有点心痛。

问：瘾，很复杂！做坏事、犯罪也有快乐，犯罪的约束就少了一环对吗？

李：不去犯罪，有时候是内心的责任限制了你，比如对妻子、父母的责任。

问：你认为责任是建立在什么基础上的呢？

李：感情上。如果说一个人从小，了无牵挂，没有兄弟姐妹，也不用对什么人负责任，一个人吃饱全家不饿，这样的人很容易出事。从小没有亲情的人很容易犯罪，不需要为谁负责。没有家人会见的人就很迷茫了，不知道以后做什么的人出去就很危险。我发现家人对坐牢的人的态度很重要，如果说爸妈已经不关心了，兄弟姐妹已经不管了，改造就会受到影响。遇到问题时，爸妈兄弟姐妹都已经不管我了。就感觉控制不住情绪，甚至不愿意去控制。有家人的呢？就容易想到爸爸妈妈，会见的时候，他们叫我在里面安安淡淡，通过他们的嘱咐，对他们的责任感，就会控制情绪。如果家人对我都不管了，我出去以后干什么呢？没有依靠和精神支柱，出去了以后还会重新犯罪。

三、理论分析

（一）弗洛伊德死的本能理论及其应用

1. 弗洛伊德死的本能理论：见专题一学习情境二。

2. 弗洛伊德死的本能理论的应用。李某犯罪的起点、原点和核心是对生活的绝望：

李：不去犯罪，有时候是内心的责任限制了你，比如对妻子、父母的责任……（责任建立在）感情上（的）。如果说一个人从小，了无牵挂，没有兄弟姐妹，也不用对什么人负责任，一个人吃饱全家不饿，这样的人很容易出事。从小没有亲情的人很容易犯罪，不需要为谁负责……遇到问题时，爸妈兄弟姐妹都已经不管我了。就感觉控制不住情绪，甚至不愿意去控制……如果家人对我都不管了，我出去以后干什么呢？没有依靠和精神支柱，出去了以后还会重新犯罪。

从小，李某与父母、哥哥的交流少，被忽视，甚至打骂。2006 年李某没有工作，穷困潦倒，李某居然估计到：

李：开始是想和朋友借……找工作也没有找到。我想我估计要走歪路，不过我没有想好，是去抢还是偷，只是估计可能要走歪路，要犯罪了……

甚至李某的朋友都感受到李某犯罪的可能性：

李：2年前，我跟朋友聊天的时候，他说，你这样很危险了，你以后要犯罪了都说不定。我没有说我要去犯罪，我就说对以后好像没有什么希望，很迷茫，又不知道我要干什么，又不知道为了谁活。他说你很危险了，说不定要犯罪了。

了无牵挂、不用对什么人负责、控制不住情绪、不愿去控制、无意义、没有希望和迷茫，这些词汇，将李某的绝望清晰地勾勒了出来。

（二）人格与犯罪

李某的性格有懦弱、自卑的成分：

李：犯罪还有遗传的因素吧，我家里是我妈妈做主，大小事情我妈说了算。我感觉我性格有点像我爸，有点懦弱。我妈妈比较霸道，我妈妈经常在我面前说我爸爸懦弱老实……

李：我感觉我的性格比较懦弱，又自卑，没有男人的那种阳刚之气。正是因为我感觉到懦弱，自卑，我就想到用暴力。感觉我是在用暴力充实我的内心。

所以，遇到经济上的困难：

李：我觉得如果被人拒绝，就觉得自己很没用……缺钱时，有很多种顾忌，借很有可能借不到，而且很有可能被人家拒绝，被人家拒绝感觉很没面子，很没用的感觉，感觉很自卑……我为了300块钱去抢时，我的内心啊，很不愿意。但又好像有一个包袱，你不得不去卸下来，你不得不去做。向别人借，感觉下不了面子。你向别人借钱，每借一次就欠别人一份人情。我不向别人借，就少欠别人几个人情（害怕被人控制）。

所以，对于李某来说：

李：求别人，还不如去抢更方便更直接。

以至于李某在逃跑、被人围堵那一刻，李某想到的居然是家人朋友：

问：当时你持刀抢劫，被发现了，他们叫你把刀放下，为什么不放下呢？

李：我害怕被抓，害怕我的行为被家人发现，会瞧不起我，鄙视我，因为我做的是这种事，我很害怕他们对我的看法。我很不想被抓，要跑，他们叫我把刀放下，我就是不放下。我就求他们放了我，我当时要是把刀放下，也就坐个几年牢。

问：你抢劫被发现逃跑时，为什么还害怕父母朋友知道？害怕他们看不起你吗？

李：我一直跑、一直跑，我主要是害怕他们知道我的行为，以后无法再在他们面前立足，无法在他们面前抬头啊。我在乎他们的想法，非常在乎他们对我的看法，很看重、很在乎他们对我的看法。我一旦坐牢，有种永远欠着家人的感觉。

不知道李某的父母，知道这些会有什么感触。在这一刻，我感受到了李某内心深深的卑微与恐惧。

（三）操作条件反射理论与犯罪

1. 操作条件反射理论：见专题二学习情境一。

2. 操作条件反射理论的应用。抢劫，对李某来说有哪些好处？李某"发现"短时间内可以搞到很多钱，不是正常的劳动可以比拟的，而且还积累了一定的经验。不劳而获的钱，创造了价值，用了不心疼，享受的质量更高。抢劫是紧张的，自然一定是刺激的。李某上瘾了：

李：犯罪也会上瘾，第一次遇到急事，借不到钱就犯罪了。第二次遇到急事可能自然就想到犯罪，连借钱的想法都没有了，来渡过难关。第三次稍微遇到一点事，可能就会想到用犯罪的方法解决问题，就好像上瘾一样。

四、角色扮演与自我反思

_____

_____

_____

五、问题与思考

1. 李某犯罪的起点、原点和核心是什么？请具体论述之。

2. 父母的养育方式对李某犯罪的开始、发展起着怎么样的作用？

3. 李某在抢劫逃跑、被围堵时，为什么想到的是家人、朋友？支撑这些念想的情绪是什么？支撑这些情绪的背后又是什么？（认知、情感和现实行为）

4. 所有的犯罪行为，对罪犯来说都是刺激的，为什么？

5. 李某为什么这么快就对抢劫成瘾了？除了抢劫带给李某的好处，还有什么其他的原因？

6. 李某随身随带的刀，在本案例中起着怎么样的作用？这把"刀"，对于犯罪的心理与行为分析有怎么样的启示？

7. 侥幸心理是怎么样产生的？对我们的生活有什么价值和意义？

8. 如何用精神分析的防御机制（如反向形成）来解释李某的犯罪行为？

9. 许多罪犯，遇到类似李某的经济困难时，为什么选择偷抢等犯罪行为而不选择其他如借等方式？

六、摘要与关键词

摘要：_____

_____

_____

关键词：_____

专题五 | 诈 骗

学习情境一　刘某的诈骗案

一、学习目标

1. 复习鲍姆林德教养方式理论。

2. 掌握关键词：养育方式、"洁癖"、恐惧、谎言。

二、案例导入

（一）基本信息

刘某，男，53 岁，汉族，小学文化，有两次盗窃前科。刘某创办了一个建筑材料有限公司，虚构其承接了装潢业务需要木地板的事实，以两家公司的名义和某木地板公司签订木地板的购销合同，以交质量保证金为由，先后骗取 18 万元。因诈骗被判有期徒刑 8 年。

（二）访谈整理

问：入监最对不起的人是谁？

刘：父母。我的家庭是一个很好的家庭，我父亲是 A 厂的领导。在家里，家规比较重，因为都是北方人。我们家就我一个独生子，母亲很宠我，父亲对我严厉。为我操心的应该说是我母亲……把我养这么大，我呢，又这么淘气。

问：这么淘气？为什么用淘气这个字眼？

刘：（笑了起来）我是独生子，我母亲对我百依百顺，哪怕我做生意亏完了，我回去的话，他们赚来的钱……说句难听的，他们赚来的钱也是放着，哪怕放在银行里，也是为我准备的。百依百顺，养成了我亏就亏，无所谓的心理，哪怕亏了四五十万块钱，五六十万块钱也无所谓。我父亲离休以后帮别人做顾问，毕竟那个时候是 B 厂的领导（刚才还说是 A 厂的领导），手下这么多人，不看僧面看佛面，收入也比较丰厚。不是说光凭这点就导致我犯罪。

我爸呢，叫我做人要诚实，要老老实实做人。二十世纪九十年代的时候，我父亲在职，有人开了辆桑塔纳轿车来，说你签个字，这个车就是你的。结果第二天我父亲把这些交给保卫科。他说做人一定要正直，不是你的东西不要碰，不要拿。我想这又没什么关系，没什么大碍，侥幸的心理做事情。对他们2个老人家，我是应付的。

我现在还没敢把我坐牢的事告诉家里，只有我妻子知道。不知应该怎么写信，怎么告诉，因为不是第一次了，怕他们不能接受这个打击。我父亲身体不太好，年纪大了，个子也大，一米八几的人，年纪轻的时候将近2米，一米九几。行动不方便，我担心他。

问：对谁的内疚更多呢？

刘：对父亲多。其实父爱对我是一种动力。我父亲正直，交朋友多，对我的影响比较大。母亲比较疼爱比较照顾我。我独立早，我25岁就结婚了，结婚后就和父母分开。父亲对我的关心是策略上的关心，平时有空找我，聊聊坐坐，有困难不用你说他就知道，不是说给我多少钱。我纯粹就是对父亲崇拜，表达不出来。他更能理解我，心里有苦的时候，父亲知道我心情不好，就喝喝酒，借着酒劲我会跟他说点什么。我这个人不喜欢跟父亲多谈什么，会和要好的朋友说。

我妈妈就是……不管我有天大的事情，我永远是她儿子。要她拿钱就拿钱，要她干吗就干吗，我妈就这个性格。小时候对她很依赖，她一个礼拜不来看我，我就发脾气。她很疼爱、很疼爱我，就像人家说的，放在嘴里怕化掉……时间一长，我长大以后渐渐不适应这个环境。母亲的方式，是我不适应，不是说母爱不好。

问：母亲对待你的方式，形成了你的习惯。但到了社会上你发现原有的习惯没用了。母亲对你很好，为什么更对不起父亲呢？

刘：母亲是很好。父亲回到家里，和我是用眼神在交谈。我父亲很聪明很厉害，他知道我想什么，说的东西也不一样。有一次我回去，父亲泡茶给我，我说我走了。他觉得我有事，下午就赶到公司问我什么事情。父亲了解我，知道我需要什么。

我很好强，接触的人、遇到的事多。我想得到的东西，我必须要得到，一定要得到。圈子里，朋友知道我插手办这件事，一般人就不会插手，所以我比较自信。我比较好强，有好有坏。说句心里话，对你我可以说，坐牢不可怕，我回去最多60岁，外面有很多朋友，还可以继续干事业，这是动力，我没有放弃，我总的来说比较好强。第二个我也没有放弃希望，在监狱，给自己充电。我要么不学，学了就很精。以前学电焊，氩弧焊，我去上海江南造船厂培训，2年回来，像我这样的水平只有叉车厂的一个可以和我比，外快我随便赚。我可以继续原来的工作，因为我懂，我是行家。我是第一批取得特种电焊资格的，可以到水下作业，就发了这么一批（后来民警反馈，刘某会电焊，初级水平）。

问：以前，觉得母亲好，对你百依百顺，对母亲的接纳度高。但母亲的百依百顺，到了社会上你不习惯了，因为别人不会像母亲这样对你。母亲养育你的方式，可能就是你进来的原因，因此对母亲有不满。入狱后，你可能才明白父亲的用心，觉得对不起父亲。是这样吗？

刘：是啊，小时候我很皮，不管我闯什么祸，不管我做什么，母亲不会动手打我，或者重言重语地说我。就很简单地相信自己的儿子就是对的。我现在想起来，如果那个时候母亲骂我一下打我一下，可能我会醒悟。母亲对我的溺爱，在社会上是行不通的。

问：你什么时候意识到母亲的教育方式不对呢？

刘：在我第二次出去（狱）以后。那时候，别人是半个月会见一次，我妈是一个星期一次，放弃工作，请假或者顶班，说是要看儿子，风雨无阻。我妈这样做，好像很……像是洁癖一样，我接受不了。别人说你有会见，我说怎么又会见？我妈来看我，给我送菜，这么远的路。我都受不了，都烦了，怎么会这样？有一次实在是太烦了，我和管教说，我现在劳动很忙，现在没有时间，叫她回家，送来的东西替我收下就可以了。

我出去找工作，她到这个同事这里，到那个同事那里，求他们带带我。我感觉到很厌烦。我知道她出发点是为了我好，心是好的，希望我好，但就是不能够接受。父亲是不会不管我的，我需要什么的时候他就出现了。我母亲不考虑我的需要。那个时候，补发工资，好像一下子发了几十万块钱，她打了一个电话给我，她说我今天发了一些钱你拿去用就可以了。她什么都是儿子第一位，老公排第二位。

我在28岁之前，第二次入狱前，对我父亲意见很大，我爸对我意见也很大，我们两个人永远是对立的，我从来不和他讲话，出来也不跟他多说什么。第二次出狱以后，慢慢和父亲建立了关系，相处好了，感觉我是错的，以前的想法、做法都不对。

我妈，她用心是好的，但方法有问题。有一次我儿子也说，老爸，奶奶对你，比老妈对我还好。你都这么大的人了，冬天奶奶害怕你冻到，担心你衣服没有弄好。你都有老婆管了，奶奶还是这样。我儿子也觉得不对。我说你知道就可以了，奶奶就是这么一个人，怎么办呢？都这么多年了。后来，我才意识到我妈的方式、方法不对，第二次回来感觉到的。

他们的年龄大了，我都不敢写信回去，我妈这个人固执，怕我妈……怕给她造成反差，她对我这么好，我还是坐牢，她可能会想不通，这是我最担心的。

问：母亲的行为模式有2个特点。一个特点是你想要什么就给什么，而且尽可能马上满足你。等你大了，到了社会上，你也是这样，习惯了想要什么就马上想得到。你的争强好胜和这有关系，因为你什么都想要，而且是马上就想要，一定要得到满足。另外一个特点就是自我。你妈不考虑你的需要和感受，溺爱，实际上也是一种控制，体现了你妈强烈的意志。看上去对你很好，实际上让你没有了自我，永远像一个孩子。母亲的教育，不讲规则，长大了以后你也不讲规则。你也不太会考虑别人的需要和情感，因为从小你就不需要去考虑别人的感受和体会，因为别人都会满足你，你觉得别人的付出都是应该的，理所当然。看上去是满足，里面却又夹杂着很多限制！

刘：确实是这样，在这里是不可能了。在社会上，在公司里，我说了算。我老婆说，这么多年了，你是我们家最大的，你说什么就是什么，没人能够改变。

问：你找的对象也要选择服从你的吗？

刘：是的，我老婆也看我的眼色。我回家吃饭从来不说的，还是以自我为中心，我最大，就是这么一回事情。这个性格，我母亲对我的影响非常大，非常大，现在是根深蒂固，我是习惯了。包括我周围的朋友，人家知道我在接手的事情，接手的工程，洽谈的事情，没有人敢插手，都放弃和我竞争。

问：是啊，从小到大，都是你最大对吗？

刘：就像刚才说的，我和父亲之间的位置排错了，我家里我是第一位。我这个人啊，说得难听点，报复心理很重、很强，因为我好胜。就是说……我要的东西，我今天要拿到这个东西，我必须要拿到，我会花一切代价。我花了代价拿不到，就会有逆反心理，也就是平常所说的报复心理。还有，你想拿到我偏不让你拿。小时候，我是小皇帝，只要我开口什么都可以被满足。生活上我没有什么爱好，最多钓钓鱼，不喜欢群居，我喜欢安静，坐在一个地方来杯酒或喝杯茶。我今天和你谈的还是很放松的，否则和警官谈话不会手舞足蹈（他说话是手舞足蹈）。这样的聊天没有心理戒备，说的什么不会在脑子里过一下。

我在社会上好面子，我很要面子。面子对我来说，说得毫不夸张，跟我生命差不多。有一年，雪很大，有个客户，他是我很好的朋友，问我老婆有没有现金，借50万块钱。我老婆说没有，其实这个时候我有200万块钱，当时我不在。这个朋友后来打了一个电话给我，我说在办公室，他就到我的办公室，就把话和我说了。我当时就火冒三丈，把钱借给他了，因为我们相互知根知底。我回家后，第一次打了我老婆，揍她。我说你今天做了什么？她说没有做什么啊，我就一个巴掌打过去了，打得也比较厉害，就这么一次。老婆后来就说我，你太狠了，为一个朋友，为了你的面子打我。我对我的面子很看重，在大众场合，要是我没了面子会想挖个洞钻进去，一定要成功和胜利。这个朋友不是很好的话，我不会怪我老婆，还会说她好。但我和他不是第一次打交道，他也知道你现在有钱，我有的东西为什么说没有？又是朋友。第一个你不给他面子，我过意不去。第二个是我没有面子，哪怕我没有50万块钱，我会给他20万块钱，30万块钱，或者从别的朋友那里掉个头给他。

问：你的面子，更多是源于物质，你的3次入狱都和物质有关。有了情感，物质性的诱惑就少起来了对吗？

刘：我这次入狱也是为了物质，想多挣钱。人际关系也出现问题，吃亏在权钱交易。原来认识一个领导，通过他的关系，就不需要动脑子，很简单很轻松。人都是堕落和贪婪的，希望钱来得快。坐牢不可怕，关键看怎么坐，现在的牢不是十几年前的，但是有个规律不会改变，人情不会变！朋友我不会对不起。虽然我被判了8年，我会凭自己的能力出去，朋友来帮我是另外一回事。我要靠自己。

问：靠自己，其实你是缺乏安全感，觉得靠自己最安全对吗？

刘：对，你的这句话讲到我心里去了（他笑着说）。有些事，我不可能和朋友说。有的时候我很怕，我认为我没有安全感，还是和家里人一起踏实。在我的心目中就一个愿望，儿子平平安安，老婆平平安安，父母平平安安。有时候我在想，我出去以后，父母可能不在了，钱多了又怎么样？买不回来，我拿得出钱但买不回来。

问：监狱的生活让你意识到情感比物质更重要吗？

刘：对对对，是的，我喜欢车子，宝马开着不舒服换奔驰，一百万块钱，两三百万块钱，不当回事，倒来倒去。现在想想身份不一样了，我失去了很多。我在这里 8 年，父母能不能有这个命再活 8 年？如果他们的生命可以用金钱来延续的话，我会毫无保留把这个钱拿出去，全部用光。老爸生日的时候我给他买了墓地，快 3 万块钱。他说你今天给我买这个东西是想了一个心愿。是这样的，但我没敢承认，那个时候我在想，如果我不在了，万一我出事了，万一我坐牢服刑了，我父母走了的话最起码有一个归属。买墓地就是抱着这种想法，就是忽然之间想到的，好像是潜意识里的。

问：还有一个犯人，没被抓时他梦到他去了监狱。老婆问他钱赚了这么多，什么时候去哪里休息一下？他和他老婆开玩笑，说哪里都不想去，就想去监狱休息度假一下。结果过了 3 个月，说中了，被抓了，他问我是不是命运的安排，上天的安排。我说，其实每个人做什么，心里是清楚的，对后果早就有担心和预料。你觉得是这样吗？

刘：其实就是这么一回事，实际开始操作（诈骗）以后，我根本就没有时间去对付任何事情。我所想的就是怎么做比较稳，不会露出马脚，不会给朋友造成任何麻烦，就想这些问题。

以前我都是自己开车的，我喜欢开车，从来不叫驾驶员。接了这个标（诈骗）3 个月以后，我开车都不敢开，差点出车祸。就叫了一个驾驶员，我可以坐在车子后面考虑问题。这么多年从来没有雇过驾驶员，太累了，到了家才算松一口气，稍微放松一点，原来是一直戒备着，回家能稍微放松一点，洗个澡，休息一下，躺到床上就睡着了。第二天早上一醒过来，就像看小说一样，昨天自己在什么地方，根本想不起来。

问：这样的生活非常累，生活在隐瞒中，说白了就是一个说谎的过程，对吗？

刘：对对对，又要瞒家人、朋友，又要对付你的朋友，包括下面的人，以后该怎么走账？该给别人的就要给别人，说白了我们就是奴隶，说得不好听就是奴隶。这个奴隶就是物质、金钱的奴隶！很多事情他们操作不方便，他们只是雇用了你。所以我还需平衡各方面的利益，要平衡，不平衡不行。上面的人，下面的人，都要平衡。我们在做这个事情，不知道什么时候出事情。我是对做生意厌烦了，确实……真的！钱是好，但太累了，我也不想折腾，我也不想我老婆去折腾。

问：所以你想靠自己吗？

刘：我提早一两年出去又能怎样？出去以后可能又是权钱交易，出去以后我怕。我经过这些，以前的怕和现在的怕不一样。以前怕的只是别人把我怎么样？现在怕的是全部。我没有结婚的话，要好一点，没有牵挂。就像老年人说的报应，如果我继续做，我的报应可能就落在我儿子身上。中国人古老的一种观念，会有牵连，会落到我儿子身上或者落到我家人身上。就像人家说做人要积德，我要是缺德的事情做得太多了，真的是不安。

我们组里有一个抢劫犯，说他的女朋友和表姐被人抢劫杀死，他说真的是报应啊。我一想，真的，可能是一种报应，很吻合！我们做这种事情，在外面，虽然说吃的香，有面子，男人都要面子，跑社会的男人都要面子，谁不要面子？面子后面你付出了代价！你的真心话不敢和家里人讲，哪里敢跟老婆讲！不敢的。其实，我后面十几年的生活等于是在写小说，也就是说在说谎，在编小说给她听，我过得很开心，怎么样怎么样。老婆叫我带她出去玩，其实，我真的不想带她出去玩。我想找一个偏僻的地方，或者在家里，休息休息，安静安静，但做不到。我也会满足她的要求，去旅游放松一下。在路上，一空下来也没有别的东西好想，也就是想这些东西（案子相关）。这种累是心累，根本就不吃饭，就抽烟喝酒。判了以后，会见的时候老婆问我想做什么。我说现在想睡觉。等到法官榔头敲下来的时候，8年，我把所有的东西都放下了，什么东西都放下了。我对老婆说，你不要认为8年很长，我真的不骗你，不是为了安慰你。说句心里话，我真的想到监狱里去，什么人都不认识，谁都不认识，不用去伪装自己，跟这个人跟那个人……不用……我就是我，很真实，晚上睡觉很踏实，就这样，我说真的很快。

问：前面说到，一个罪犯的妻子问他去哪里度假旅游。这个罪犯回答是去监狱。也许监狱是一个让人安心踏实的地方，到了监狱什么都可以放下了，在这里才可以暂时平息自己内心的欲求，才会有反思的机会和时间。你觉得是这样吗？

刘：前段时间有这个想法，该赚的钱赚了，该对父母说对不起也说了。哪怕不减刑我8年就在这里，对我身体还好一点呢。我从阴暗中走出来，人感觉很累，再也不想去涉及那方面的事情了。

问：以前的生活不是人的生活吗？

刘：是的，不是人的生活。就像我说的，可能我们在外面很风光，进出高档场所。其实很累，真的很累，不是说一般的累，这个累只有我自己能够体会。这是一种疲惫的累，这是一种心累，是一种负担，一种无名的说不出的感觉。晚上手机开着，一般到了晚上10点以后业务单位不会打电话过来，这个规矩一直这样。如果晚上12点打来，肯定有什么急事，我就惊坐起来，3分钟不敢去接这个电话，要等三四分钟。

问：你的内心是恐惧的，对未知的恐惧，你知道自己在做什么吗？

刘：是的，一种恐惧，现在想想是一种恐惧。在外面没想那么多，到里面，安定了，考虑一辈子走过的路。想一想，其实从细节、从各方面去想是很可怕的，真的很可怕，真的像一张无形的网，不管你跑到哪里。我以前想在珠海买房子，直接迁到珠海去，不想从事这个……换一个环境，什么人都不知道我在哪里，电话也不要了。后来一想不行，父母这么大的年纪了……也就放弃了。

问：没有安全感，有恐惧感，所以就想用权力、物质和金钱保护自己对吗？

刘：你看他开着宝马，奔驰，其实他很累。我和某集团的老总吃饭，问他最想要的东西是什么。他嬉皮笑脸地说是睡觉。我们就根本没有办法理解。包括我和另外一个老总吃饭，我说你在美国投资了那么多的厂，钱对你来说已经无所谓了。他说我这个地位不是用钱衡量的，钱对我来说是一文不值，我现在就想做农民。那个老总说，我们算什么呢？很多事情身不由己！生存的这个空间……我好像神经质一样，开车看到后面有一辆车经常在跟着我……就想这到底怎么回事。有时候我就特意靠在路边，停车让对方先开走，有这种心理。唉，就是这么回事，最干净清净的地方就是监狱！

问：还有一个疑问，你以前是通过盗窃来获取钱财，为什么这次是诈骗？

刘：还是做生意亏钱了。以前小偷小摸，一下子搞不到我要的这么多钱，还丢面子。现在有儿子了，也想好好过日子。这个保证金，不是说要骗他，而是后来还不上了……

三、理论分析

（一）鲍姆林德教养方式理论

鲍姆林德教养方式理论：见专题四的学习情境一。

（二）鲍姆林德教养方式理论的应用

和刘某的访谈，给我印象最深的是两个关键词，一个是说谎，一个是洁癖。刘某在第一次服刑时，母亲风雨无阻地定期来看他：

刘：那时候，别人是半个月会见一次，我妈是一个星期一次，放弃工作，请假或者顶班，说是要看儿子，风雨无阻。我妈这样做，好像很……像是洁癖一样，我接受不了。

作为放纵型教养模式的体验者，刘某对放纵型（溺爱）做了最精辟的解读和总结：洁癖。虽然对刘某所说存有质疑，然而对溺爱从未有过的解读，却是让我一惊，再也难以忘记！洁癖也就有了新的意义。溺爱养成了刘某的自我中心、狂妄、目中无人，不受父母约束：

刘：就像刚才说的，我和父亲之间的位置排错了，我家里我是第一位……小时候，我是小皇帝，只要我开口什么都可以被满足……在社会上，在公司里，我说了算。我老婆说，这么多年了，你是我们家最大的，你说什么就是什么，没人能够改变……我回家吃饭从来不说的，还是以自我为中心，我最大，就是这么一回事情。这个性格，我母亲对我的影响非常大，非常大，现在是根深蒂固，我是习惯了。包括我周围的朋友，人家知道是我在接手的事情，接手的工程，洽谈的事情，没有人敢插手，都放弃和我竞争。

也就使得刘某容易情绪化、报复性强，延时满足差：

刘：我这个人啊，说得难听点，报复心理很重、很强，因为我好胜。就是说……我要的东西，我今天要拿到这个东西，我必须要拿到，我会花一切代价。我花了代价拿不到，就会有逆反心理，也就是平常所说的报复心理。还有，你想拿到我偏不让你拿。

这些为刘某的犯罪埋下了伏笔。由于小偷小摸来钱少、丢面子，加上又有了儿子，使得非常爱面子的刘某放弃了用盗窃来应对生意的失利，"有意无意"地选择了诈骗，带有偶然性。为什么选择了诈骗而不是其他，是本案例的不足。在谈到内疚感时，刘某对宠溺他的母亲反而少，这是值得我们警醒的。

四、角色扮演与自我反思

_____

_____

五、问题与思考

1. 母亲与孩子有天然身体与情感的连接，母亲放纵型教养模式的后果有哪些？为什么？此时，父亲的作用体现在哪里？

2. 刘某说父亲是 A 厂的领导，过了一会儿说是 B 厂的领导；刘某学电焊的地方，判决书上是南京自行车总厂，自传里是南京船厂，在访谈时是上海江南造船厂。刘某说自己还会特种电焊，且水平极高，经民警实际测试，就是初级水平；刘某实际小学毕业，他填了高中；访谈时，问他账上还有多少钱，他说还有 2000 元，实际只有几十元；访谈时他提到父母来监狱会见，实际没有会见。为什么会有这么多不一致的地方？我们如何判别？谈到父亲的身高时，他说父亲个子大，一米八几的人，年纪轻的时候将近 2 米，一米九几。这样的说法体现了什么？以上这些文字，与他的诈骗罪有什么关联？

3. 刘某犯罪心理中的恐惧源于哪些方面？

4. 如何从过于强烈的心理防御机制和人格（如表演型人格）层面去理解诈骗心理与行为？

六、摘要与关键词

摘要：＿＿＿＿＿＿＿＿＿＿＿＿＿＿＿＿＿＿＿＿＿＿＿＿＿＿＿＿＿＿

＿＿＿＿＿＿＿＿＿＿＿＿＿＿＿＿＿＿＿＿＿＿＿＿＿＿＿＿＿＿＿＿＿

＿＿＿＿＿＿＿＿＿＿＿＿＿＿＿＿＿＿＿＿＿＿＿＿＿＿＿＿＿＿＿＿＿

关键词：＿＿＿＿＿＿＿＿＿＿＿＿＿＿＿＿＿＿＿＿＿＿＿＿＿＿＿＿＿

专题六 ｜ 吸　毒

学习情境一　刘某的吸毒案

一、学习目标

1. 掌握经典条件反射理论与耐药性、人格与吸毒。

2. 掌论关键词：耐药性、敢为性、抑郁。

二、案例导入

（一）基本信息

刘某，男，28 岁，汉族，初中文化，未婚，被判有期徒刑 3 年。

（二）访谈整理

问：你为什么初中就不读了？

刘：家里四兄妹，我的哥哥姐姐都在读书，成绩都蛮好，成绩一直都在全校前几，学费都欠着。我的学费都是先交一半，等到家里收稻谷了，秋天了，才还，很多都欠着。当时家里田地多，没人干活，我知道不可能每个人都读书。我当时一个人在家就慢慢练干活，在家里放鸭，又买鹅放，牛、兔子我也养过。我也想读书。跟同龄人相比，觉得自己家里……心里总有点自卑，家里太落后，跟人家相差太远了。怎么讲呢？我那时候也有点怪他们，不要生那么多嘛，起码的基本教育我们都没有。

直到我去广东打工，才觉得文化知识确实是宝，多读两三年，读到初中毕业，文化高点，赚钱起码也多点。知识懂得多点，起码大家也认可我点。和别人也会平等一点，心里也好受一点，没那么难受。

问：你在打工的时候才意识到文化的重要吗？

刘：嗯，是的。我种田，放牛，都用不到太多的知识，算一亩地种了多少斤，也只是简单算下就好，用不到太多。出门在外，知识很重要，教育很重要。去招工，我们年龄没到，又没有身份证。找熟人混进去，有人介绍进去，还要多给几十块钱、一百块钱的介绍费。老板看我们未成年，就降一点工资。我们什么都不懂，这一点肯定又差了很多。里面的老员工，就说我们什么都不懂，文盲一样，他们这样说，我们心里也就不舒服。那时候也想学，但那些东西是用文字来说的，我们也看不懂，没人专门教我们。

问：你是怎么样出去打工的？父母知道吗？

刘：父母都不知道！我们三四个人一起去广东，当时他们都在读初中，没读完，他们很调皮，都不好学。我呢，是学不起。他们有两个是初三第二学期了，他们拿着学费去的。也没有搞到身份证，就去了。

问：学习不好，你爸妈会骂你吗？

刘：我爸爸骂的少点，不要学坏就可以。我妈妈比较啰唆，经常在家骂，每天稍迟点起来，迟了半个小时，就骂得很难听。我太累了，晚上没怎么休息好，搞家务搞到十点多，早上五点多，六点多就起床。那时候我还小，睡的时间长一点。稍微睡迟一点点，妈妈就不高兴了，就骂。她的脾气也不好，她也是文盲嘛。我妈妈就骂，白生你了，养你干什么？她这样说，我反叛心理一样，也就恨她了。

问：十二三岁，人的叛逆性就强起来了对吗？

刘：是的，我和他们一起去打工，开始头两三年也不接受的，打工的时候老板骂我们，反正就是骂我们，我们就会旷一两天工，任由着自己的想法。

问：你也跟在家里一样，忍受不了的时候就叛逆吗？

刘：对对对，偶尔旷一天这样子，旷一天扣两天工资嘛。

问：你初中离开家，为什么不跟家里说一下呢？

刘：想报复家里，这样想的。让他们找不到我，反正我在外面打工自己赚自己的钱，自己用，自己养活自己，也不求他们，这样的想法。一起去，也有伴。他们几个在学校里也是很跳的，我们几个就很讲义气，出去了好久，差不多半年才写信回去。

问：那家里有没有找你们？

刘：我们走的时候，他们有一两个和家里说拿学费跑去广东。去打工就是去赚钱，就是去那边混。我们去了快一个月都没有找到工作，头几天我们是住在桥下，很辛苦。后面上班也辛苦。上班时间长，早上七点半开始上班，中午半个小时吃饭时间。晚上五点半下班，吃饭到六点，六点十分就开始加班，加班到十一点、十二点左右，时间太长了。

问：那个时候一个月拿多少钱？

刘：加班多一点，350块钱，不高，他们有些都拿六七百块钱。我们比有技术有文化的低好多工资，150块钱到200块钱。你不做也有别人做，去其他地方又找不到工作。

我也蛮想学，觉得学的越多越好，多学点技术，多一样技术，到哪里都有活干，有饭吃。买了一些书看，但没人教。他们打工的文化程度也不高，看着是初中，实际是小学。这样又没学到东西，浪费时间，就这样逛来逛去。

问：到了广东，你感觉文化重要，你怨过父母吗？

刘：开始也怨恨的。如果爸妈不养那么多孩子，不要生那么多孩子，生一个两个就好了。自己都养不活，还养那么多，生那么多干吗？负担太重了，又负担不起来，生下来把我们害了一样，那时候是这样想的。

问：你走上吸毒的路，肯定有某些另外的因素改变了你，就是有个转折点，对吗？

刘：是的，在我干活的厂里，有几个员工在宿舍里赌钱。开始几天我都没看，但后来听他们回来说，今天赢了一百多块钱，两百多块钱。哇，我就想，那么容易！我打工一个月才两三百块钱，他们一下子就两三百块钱，一两百块钱。一天晚上，我也跟他们去赌了几十块钱，差不多也赢了一百块钱。

问：你当时什么感觉？

刘：很兴奋！工作很辛苦，好多天才赚个七八十块钱，现在个把小时就七八十块钱。能赢多一点更好，赢个七八百块钱，一千多块钱。后来我哥也知道我在赌钱，慢慢说我，说了我好几个月。那时候我开始输钱了，每个月都输了点钱，每个月都输一两百块钱，确实可惜。我哥就说我，白辛苦了，老是说我，好几个月，我也烦了！后来我哥就说，要是再赌就什么都不要干了，有什么用！钱输了又没攒到钱。后来想想就算了，就不在我哥干的那个厂里做了。

问：当时你输得也不多对吗？

刘：每个月一两百块钱，好几个月，加起来也有不少了。想想这些钱本来可以寄回家，在我们农村，可以买这样那样的东西。可以买电风扇啊，才七八十块钱，家里老爸老妈都是拿扇子扇的。

问：那为什么这些想法没有阻止你赌博？

刘：想是想了，但这很难戒。因为我刚输了200块钱，第二天又赢了100块钱，第三天给你赢了三四十块钱，还是差一点，第四天你又输了一两百块钱了，就是这样。输一点又赢一点，差距越来越小了，又输回去了，就很难戒了。

问：赌博持续了多久呢？

刘：差不多半年时间。

问：你离开哥哥那里之后还赌吗？

刘：赌是赌，但很少，也没怎么赌了。以前在家务农时，我哥哥他们都蛮喜欢我，经常表扬我，说我干活努力。因为赌博搞得我哥骂我，我也不高兴、难过，这都影响到我们兄弟感情了嘛。钱又没攒到，也没心思找工作，工作了也没有心思。以前跟哥哥都是好好地谈，谈一整天都没事。谈家里的事，爸妈身体怎么样，钱赚的多不多。后来哥哥一见面就问，还有没有赌？还有没有钱了？后来我想想，我再怎么赌，我哥还是关心我的，我就……后来就跟哥哥说我很少赌，一年就赌个一次、两次，这样好一点。

问：赌博影响了兄弟之间的感情，你赌得少了。你离开厂里后，又去干吗了？

刘：我有很多老乡都在广东打工，整个村起码有一半的年轻人都出来打工了。有几个做小偷，刚开始不知道，后来才知道他们在公交车上扒钱包，混得可以。我们当时也不懂这些，我就和一个老乡去他们那里住。

我们不知道他们吸毒，住在他们那里差不多一个月，我经常说很烦，找不到工作。后来他们说去他们"公司"也行，那时我不懂，他们的"公司"就是扒窃集团，我们不敢去。他们晚上半夜起来吸毒，我们也不知道。有一间房是我们住，他们住另外一个房间，是两房一厅。

两个老乡都吸毒。一个老乡当时说要给我们一根烟，说吸了会很头晕，睡觉。我们刚开始吸的时候，第一次吐得很厉害，头很晕、很重、很痛。过了差不多半小时左右，才慢慢静下来，有点晕。那天是半夜，快1点吸的，直接吐了，过了两三分钟就吐了，把吃的东西吐得干干净净。一直睡到第二天下午四五点才醒，一直睡。

问：下午四五点？这么长时间！

刘：嗯，毒品比较好，纯度比较高。他自己吸的时候，卷一根烟，先插烟丝，然后再把毒品装进去。只有去外面的时候才会用烟吸，这样方便，瘾上来时就不用赶回来。因为出去时，还没有偷到钱，毒瘾会犯。在家里就用锡纸吸。

问：当时你跟他们住在一起，有没有感觉他们跟别人不一样？

刘：我们也觉得怪怪的，他们进门都关门，很多事情都不要我们知道，不要我们看见。后来我们知道是毒品了，也觉得没什么。第一次吸，是因为心情烦躁，又找不到工作，想的事情太多，寄的钱又断了，寄不回去，再加上我哥又批评我，就感觉很烦。

本来我们第一次吸半支烟就够了，但吸了一支烟，很难受。过了十来分钟，二十来分钟，静下来就昏沉沉的，就这样睡了。

问：静下来是什么意思？

刘：静下来就是不吐了，但是很晕！拼命想睡觉，头很胀。吸得太多了，吸过头了。醒来动都没动，就觉得挺累。醒来就觉得很饿，想找饭吃，第一次吸了还没怎么。

问：你下午醒来，知不知道他给你吸了不一样的烟？

刘：那时候还不知道，觉得是不一样，但不知道是毒。以为是安眠药，当时对安眠药都还不怎么懂。他当时就说，反正让你睡得好就行了，也不会死人，他就这样说。过一两天，我们看到他在那里，门也不关了。他在那弄，我们看到也怀疑了，我们那里管毒品叫货，我们就问他了，是不是货？他说是的。他还说这个东西，你以为很便宜，其实这东西很贵，是海洛因。他叫我们吸烟就吸完嘛，不要浪费，当时我们以为是什么很好的烟，就大口大口地吸嘛。

问：当你知道这个是海洛因，有没有害怕？

刘：当时确实有点怕，紧张。但是看了……唉……也没有什么，也没有上瘾。我们第一次吸没有上瘾，停了好几天。后面烦了以后，从外面逛回来，他让我们吸，我也觉得无所谓，后面我就拿了吸。我那时候吸得也不多，都是抽半支烟，掐掉放在那里，第二次接着吸半支。吸了就睡，白天能睡七八个小时，一直昏睡，什么都不用想，就是昏睡一样，什么都不知道。

问：你第二次吸是什么感觉？

刘：头不胀了，但有点昏昏的，就是想睡觉，就像平时头晕，头痛，想睡觉那样，当时是困的感觉。后面又吸了有五次。我不像他，他早上七八点钟吸完，十一二点还要吸。我早上七八点吸过后，要到下午两三点，才会想吸。

问：他早上起来就要吸吗？

刘：唉。他不刷牙，也不吃东西，就直接吸，先吸毒。吸毒对他来说，就像吃早饭。过三四个小时左右，到中午，吃午饭一样，要吸，就是定时要吸。

问：你吸了几次感觉有瘾了？

刘：五次以后就有瘾了。老是觉得很累，老是打哈欠，眼里有点眼泪但又出不来，腰这里感觉有点酸累。人无精打采，走路也没精神。到严重的时候，身体发冷，又流鼻涕。那时候我老是打哈欠，打哈欠的话眼睛有泪，但出不来。就是感觉有点凉，但是没有发冷，鼻涕还没有流。我有点预感，可能有点上瘾了。身体没什么力气，开始有点上瘾的话，时间到了，就会自己醒来。

问：上瘾的时候有没有感觉害怕？

刘：怕的，也听说这个东西戒不掉，一辈子都戒不掉。我老乡说毒品很贵，但我又没钱买。再加上我哥、老爸和老妈知道我吸毒的话……这样学坏的话怎么办？老爸老妈肯定操心死了。

问：怕的话，后面有没有再继续吸呢？

刘：我没像我老乡那样连续吸，但我总是想一个星期吸一两次，就是想解除烦恼的那种感觉。那时候我们又没有文化，没有心思去找工作，也找不到什么工作，更不要说好的工作。想到这些，我就又烦了，想到老爸老妈操心的事，还不如去吸点，解除烦恼。吸点的话就会睡，吸多一点的话，就会昏睡一整天。但醒来还是烦恼，烦恼还是在的。那时候已经开始慢慢脱离不了这个心瘾了，也不知道怎么控制心瘾。

问：心瘾？

刘：嗯。有时候把自己关在家里，锁着。毒可以戒，但心里老是想着到那个地方去，想那个毒品。想吸的时候，什么都不想，就想到那些方面，心里一直想那些。这个事情也不敢跟谁说，也不知道跟谁说。肯定不能跟父母说，特别跟哥哥说，你说是不是啊？老乡他们吸毒，他们说，想那么多干吗？我最顾忌就是我哥哥知道，天天这样不干活，他肯定会发火，叫我去戒毒，等戒好了再工作。但我想到我哥会发火，我就不敢见他。想想我错得那么大了，大事情已经发生了……只要有一个人吸毒，一个家庭基本全完了。我们那有一个人就是这样。但我们那时不知道，都是听说的。等到自己开始经历了，才真正懂了。

问：你很早就听说过吸毒的后果，老乡也告诉你了这是毒品，为什么没有停下来呢？

刘：第二次已经知道是毒品了，但想想吸一点也没什么事。我是隔一两天、两三天才吸第二次，也没觉得有什么。哪知道见效没有那么快，连续多吸几次以后才有作用。第一次吸了一点，隔了几天，你要是经常喝开水，或喝酒，就会化解快点。所以在老乡那里，都叫我喝白酒，化海洛因在体内的毒，这样化解快。以前我戒毒都喝高度白酒，高度酒化解得快。

问：第二次还去抽这个烟的具体原因是什么？

刘：隔一两天了，还是烦，整天这样没事干，就无聊的要死，想找事做又找不到。那时快过年了，想着要赚钱，找一份工作可以学技术，整天这样想，但没有用。白天出去找工作，又找不到，回来又烦了嘛。又不敢写信回家。想到就烦，太多……太烦恼了，又绕到毒品上去了，就想把这些烦的事情去掉。

还有一个原因，比较争强吧，我也想经历……去试一下。第一次以后也知道有很多害处，后来还用酒化解掉。第二天也觉得没有那么可怕，觉得就这样。所以，第二次烦了还去找。找了以后，第二次吸了还没觉得有什么。第三次的时候，醒来就觉得身体有点发软，没有力气，没以前那种力气，很多东西都懒得动了。

问：有没有更怕的感觉？

刘：那时候已经不去想这些了，那时候就想……老是依赖酒，喝点酒，然后再昏睡，睡一个晚上，睡一段时间起来以后，就没事了，老是依赖这种想法。

问：继续吸毒，可能和你的性格有关。你敢去做，有些人不敢。当时和你一起抽的那个老乡，有没有继续呢？

刘：和我一起去的那个老乡就没有继续吸了。

问：那个老乡和你都抽了一支，第二天知道是毒品，他放弃了，为什么？

刘：我当时没想，我们大家在一起，就说你怕什么，只是说他怕死，我们只是这样说。我想可能是我争强好胜，什么都想去尝试，可能追求刺激的想法比一般人强。我（小学）三年级不上学的时候，在家务农就是这样。开始我爸爸只叫我放牛，我就什么都要。看到别人养鹅啊、鸭啊，我就买四五十只鹅啊、鸭啊回来。我们种两季稻谷，收割了以后，鹅啊鸭啊就可以赶到田里去，这些都是我建议我爸买回来给我养，这样可以增加家里的收入。我什么都想试一下。后面鹅鸭不养了，我又养兔子，每天都在田里面割草给它们。

问：对，所以你会去尝试。换个角度说，你有主动的创新、改变意识，有自己的想法和建议，会打破原有的东西。你敢和四个同学，初中毕业就能从家里到一千多公里外的广东，而且也不跟家里说。你为什么敢继续吸？就是性格里的敢为性，敢做！说白了就是胆子比一般人大。另外那个老乡，胆量就没你大，他一看是毒品，就不敢再吸了。

刘：唉，可能是吧。我以前有想过，我们那里有水库，用我在家务农赚来的钱，包水库。水库旁还有山头，来种果树，在水库旁还可以养猪养鸭。但贷款没贷下来。

问：你有创新意识，追求刺激，喜欢冒险。你刚才说的养鸭、鹅和兔子，承包山、水库，都是追求新的东西，有刺激性，赌博也刺激。

刘：他（另一老乡）就说他不玩了。这个可能是和我的性格有关，我一直以来……反正做什么事胆子都比较大，好奇心重。

问：你胆子大，和父母亲有什么关系吗？

刘：我爸胆子比较小，我妈呢，跟隔壁吵架的话，比较厉害，肯定赢。我妈，很凶，和别人吵架能骂到人家门口。小时候，我爸妈做点小生意，贩点东西到其他地方去卖。我爸跟我妈吵架，我爸说太远不做了，我妈妈就发火，她说就不信了，赚得少一点也是一点，走路也要把这个事干成。

问：你的胆子大，母亲的影响更大。有些东西是危险的，但你敢跨过去，再走走看，尝尝是什么味道。其实再多走一点，走几步，后面你就控制不住了，因为不是你说了算了，是这样吗？

刘：对对对，不是自己说了算了，就是心瘾。早上起来了就想吸一下，五六个小时，时间到了，就感觉很累，很困。时间一到，半夜也会醒，身体提示你，要吸了，像个闹钟。

问：你吸了五次，有了上瘾的感觉，你当时怎么办呢？

刘：后面就不在我老乡那住了。但是偶尔，一个月有一两次，我还是跑到他那里去吸一次。有一次他回家过年，不在那边，半年多的时间，我没办法找到毒品，也停了很久嘛。

问：在这个半年当中，你是什么感觉呢？

刘：头两天确实很烦躁，后面拖到四五个月的时候，就不去想那么多了。但半年后我老乡又出来，找到我们，一见到他就又会想到那方面去，就这样。当时已经很久没吸那东西了，一见到他就想吸那个东西，马上就问他有没有那东西？

问：还是很难摆脱！也说明这个半年中，你的生活状况还是不好，对吗？

刘：是的，不好。

问：如果生活状况好的话，你有可能就不吸了，是不是这样？

刘：嗯，是的。当时跟一个老乡，学煮菜，学做广东菜。收入也不高，我刚去学，当时包吃包住。但感觉还是不如意，工作也不如意，再加上家庭条件不好，和我哥关系不怎么好，各方面都很烦，太烦了。

问：是不是也一直在等待？期待他回来。

刘：嗯，对！

问：那半年，你找不到他的时候，有没有心情比较好的时候？

刘：有是有，但很少。刚开始，第一个月去学烧菜，什么都不懂，油盐酱醋都不懂，师傅也骂，也很烦，就想去找老乡，想吸那东西，就不用想那么多，那么烦。学了一些时间，我觉得很多东西比以前懂了一点，就感觉心情好一点。懂了很多菜名，调料都懂了，也会觉得蛮欣慰。

问：你被骂，心情不好时，想去找那个老乡。后来当你懂了很多，比较欣慰时，找老乡的想法就没有了对吗？

刘：对！这个半年里，心情好的时候，也不想了，真的不想了，就是想专心学一点东西。

问：很可惜老乡一回来，你又找到他了，是吗？

刘：是的。我工资也不高，赚一千多块钱拿个三四百块钱去吸，一个星期吸一次，过个心瘾。后面吸，已经找不到一开始，头两三次、三四次吸的那种感觉。后面连续想吸，心里老是想找刚开始吸毒时的那种心理感觉，那种头晕的感觉，但已经找不到了，真的找不到了。

问：那种感觉其实是一种回忆的东西，一种想象的东西，对吗？

刘：嗯嗯嗯，老是想找那种心里的东西。

问：但是现实的话，你会发现已经……

刘：（打断了我）已经找不到了。后面是心里想着那个东西，老是想去找那种感觉，就一直不停地再吸。但是找不到，还想去找，相信还有那种感觉在。找不到，但还是拼命找。那种感觉还是在的，就是找不到。

后面吸的感觉都没有以前好，只有一点，只能找到十分之三，顶多这样。后面，心理和生理都上瘾了，就是应付了，必须得吸。不吸的话，身体受不了，全身都会发冷，没力气，鼻涕水都流下来了，打哈欠，眼泪也流不出来。反正就觉得冷，起鸡皮疙瘩。饭也不想吃，水也不想喝。别人跟你说话，也不想搭理。开着灯、电视睡觉，但又睡不着，晚上都睡不着，整晚开着电视机。白天就睡两三个小时，黑眼圈就这样起来的。

问：好像身体在呼唤，就是身体需要吸毒了，就像小便一样把你憋醒。

刘：对对对。

问：那你是怎么吸的？

刘：我是在锡纸上用火烧，毒品先变液体，像油一样，还在冒烟，就开始吸烟气。也可以卷在香烟里，但那个很浪费，外面点烟的时候，有些跟着风飘走了嘛，蛮心疼的，因为毒品蛮贵的嘛，那时候吃顿饭一个人才十多块钱，吸一次要一百块钱，差很远。

问：你交了女朋友，她为什么没有让你不吸呢？

刘：她根本不知道这事，我不想让她知道，她知道了肯定扛不住。所以我尽量避免她知道，我都是偷偷、偶尔吸一下。以前一个月四次五次，就减到一个月三次左右。瘾上来的话，没有钱吸就买药。三唑仑，小小瓶的，吃完也会像安眠药一样会昏睡，吃个两三天。还有一种三块钱一瓶，叫复方地芬（复方地芬诺酯片），也是连续吃三天。前三天都不拉，第四天上一天大厕就没事了，一天拉四五次大便就没事了，拉肚子一样，等于去排毒。生理毒排了以后，心瘾就没那么大了。后面，你隔两天，或者三天，没有吸，真的太想了，身上都起鸡皮疙瘩的话，你就吃一点那个药，这样就控制了，所以十天八天这样吸一次。还有一种药，后面我才知道是叫曲马多。

头三天，我们东西也吃不了，心瘾犯的话。三餐只吃一餐饭，一餐只吃半碗，吃不下。三天也不会上大厕，大便就会变硬。但是三天后一不吃药，大便又会稀，拉了，就像排毒一样。挨过那三天，你就挨过了，心瘾就没那么大。过了那三天，或者你拉肚子以后，第四、五天再去吃些饭，喝一下酒，人就精神多了。十天八天再吸一次，满足下心瘾。

问：满足心理的需要，就是过下瘾。

刘：唉，对。但不能食用太多，不能让她知道。我还是想组建个家庭，这才是重要的。吸毒的生活也很累，没办法。经常想也想不通！又没钱，又没找到工作，什么事业都没有。又在拍拖，什么都要钱。父母年纪也不小了，要照顾父母，孝敬一点。什么都没有，我们那里说，十样没有一样，就什么都没有。就越想越烦……毒品对身体的伤害还是蛮大的！

三、理论分析

（一）经典条件反射理论与耐药性

巴普洛夫和贝可夫指出，当个体预期到鸦片的药理学作用时，他对鸦片的耐药性就会提高。当代研究者谢泼德·西格尔精炼了这些观点。西格尔认为，毒品的使用情景作为条件刺激物存在，个体通过阻止药物的常规效应而学会了保护自己。当人们吸毒时，毒品会带来某些无条件刺激（UCS，unconditioned stimulus），会造成某些生理反应，这些反应就是机体试图重建体内动态平衡而采用的药物对抗反应。机体对药物的对抗反应就是无条件反应（UCR，unconditioned response）。随时间的推移，这种补偿反应就变成了有条件反应（CR，conditioned response）。换言之，在与使用药物通常相联系的情境，即有条件刺激（CS，conditioned stimulus）中，机体会对药物的预期效应做出生理准备。由于在那种情境下，机体必须消耗一定量的药物克服补偿反应，才会开始出现"正"效应，因而抗药力便提高了。渐渐地，随着条件性补偿反应本身的增长，所需的药量也越来越大。[1]

（二）人格与吸毒

有研究表明，戒毒人员的乐群性、敢为性、忧虑性三个因素得分明显高于常模，这说明戒毒人员与一般人相比，更加外向，乐于与人交往，也更愿意冒险，同时也会有更多的烦恼。[2] 与刘某一起第一次吸毒的老乡在第二天知道是毒品后就放弃了吸毒，一个很重要的原因就是人格特点：

刘：他就说他不玩了。这个可能是和我的性格有关，我一直以来……反正做什么事胆子都比较大，好奇心重……我想可能是我争强好胜，什么都想去尝试，可能追求刺激的想法比一般人强。

当然，也与刘某的境遇有关，因为赌博，与哥哥的关系不好，离开了与哥哥一同打工的工厂，因缺乏文化，就业困难。在烦躁中，就有了更多接触毒品的机会！

四、角色扮演与自我反思

_____

_____

_____

五、问题与思考

1. 如何用经典条件反射理论解释耐药性？为什么吸毒者在一种情境中形成抗药力的

---

〔1〕 ［美］格里格、津巴多：《心理学与生活》，王垒、王甦等译，人民邮电出版社 2003 年版，第 171 页。

〔2〕 毕嘉珩：《戒毒人员人格特征、生活事件与成瘾的关系研究》，哈尔滨工程大学 2015 年硕士学位论文。

剂量是另一种不熟悉情境中的过量剂量？

2. 刘某的赌博在其吸毒犯罪中起着怎么样的作用？

3. 赌博、吸毒能提供刘某哪些人格特点？有哪些一致的地方？

4. 刘某和另外一个老乡在第一次吸毒后，刘某选择了继续而另外一个老乡选择了放弃，除了人格特点，还有什么原因？

5. 吸毒后，一个人的人格特征会发生变化吗？为什么会有吸毒者人格特质和戒毒者人格特质的说法？

6. 戒毒者的忧虑性高，从广义角度说，成瘾者往往可能伴随抑郁状态，为什么？

7. 刘某的毒瘾为什么在一定程度上得到了控制？

六、摘要与关键词

摘要：＿＿＿＿＿＿＿＿＿＿＿＿＿＿＿＿＿＿＿＿＿＿＿

＿＿＿＿＿＿＿＿＿＿＿＿＿＿＿＿＿＿＿＿＿＿＿＿＿＿＿＿

＿＿＿＿＿＿＿＿＿＿＿＿＿＿＿＿＿＿＿＿＿＿＿＿＿＿＿＿

关键词：＿＿＿＿＿＿＿＿＿＿＿＿＿＿＿＿＿＿＿＿＿＿＿

七、延伸阅读

卢步辉：《在我吸毒的日子里》，花城出版社 2005 年版。

学习情境二　陈某的吸毒案

一、学习目标

1. 复习鲍姆林德教养方式理论。

2. 掌论关键词：依恋、逆反、游戏。

二、案例导入

（一）基本信息

陈某，男，28岁，汉族，初中文化，未婚，被强制戒毒2年。

（二）访谈整理

问：你的文化程度是初中，当时为什么不读了？

陈：就是想玩嘛，不想读书。家里人也管不住我。我在学校里打架，被开除了，然后家里人就骂我。那时候不懂事，家里人烦我，我嫌他们烦。其实他们都是为了我好，到现在才知道。在监狱，一件一件，从小到大，家人对我做的事，我对家人做的事，都想了。然后我就想到，对不起家人。他们都是为了我好，我还那个……

以前在外面玩，也没想过这种事。到了看守所，环境不一样了，在里面感觉很苦，和外面不一样，就慢慢想啊想，想到了爸妈。坐牢了，只有爸妈才会给我拿钱，买东西吃，没有其他人想着我。唯一……只有家人对你是最好的，另外的都是……

问：这种反差让你想到了其实父母对你还是蛮好的吗？

陈：嗯，是的。

问：以前做了什么？觉得对不起父母吗？

陈：跟家人吵架。初中毕业以后，不读书了，晚饭吃了以后，要出去，但是爸妈不让我出去，就跟他们吵，我还动手打了父母，觉得对不起他们。

问：打的是爸爸还是妈妈？

陈：是爸爸，发泄一样。反正就是这样，我想出去，每次要出去都要拦我、骂我，然后脑子里就那个了……

问：有没有打过母亲呢？

陈：母亲也有过，都有。我就是经常跟家人吵架。以前家人打我，我会还手，一般是打身上，上身这里。打的时候我也分轻重，毕竟是家人。初中的时候跟家里打过，初三放寒假的时候，我在家玩电脑，我爸叫我早点睡，后来我很晚睡觉，他当时叫我好几遍，我没有听，后来他冲进来就把网线弄断了，后来就打起来，我就推他嘛。

问：以前你学习成绩怎样？

陈：我小学学习就很差了，倒数。那时候回家做作业，我不做，怕家里人打嘛，所以就没用功读书，就骗家里人说没有作业。作业不写，去玩。晚上不回家，偷偷去上网。唉，上课也没有心思，不听，老师也骂。回家作业写不好，父母也骂。那时候他越打我，我越害怕做作业，就不想做了，反正都要被骂。

问：从你有印象开始，主要是你爸打你，你是什么感觉？

陈：我爸妈都打，我爸打得多点。当时感觉很委屈。那时候家里经常打我，我就不想回家。他越打我，我越不想回家，就这样。

问：你妈怎么打你？

陈：打我巴掌。小学一年级，拼音写不好，然后就被打，说我太笨了，就被打了。反正觉得跟家里沟通不来，最主要的还是沟通少，缺乏温暖。

问：有没有父母对你比较好的时候呢？

陈：这也就是近几年的事，但也很少，也是亲戚来的时候才会这样。亲戚来了，大家一起吃饭，会跟你开开玩笑，我也不怎么会讲话。感觉我和别人很不会说话，不知道说什么，不怎么会说话。

问：小时候和家人交流少，言语少，表达能力就会下降。你觉得是这样吗？

陈：那时候玩游戏，家里人跟我说话就嫌烦，我就玩游戏。所以，玩游戏也是一方面，和他们的交流少了。小学四五年级，我就玩游戏了，跟他们就不怎么说话了。他们说话，就嫌他们烦。在家里，老是打我，我还问过我妈，为什么老打我，我是不是她亲生的？

问：那你在读小学、初中时，朋友多不多？

陈：多的，跟他们交流的时候就是玩，就是玩游戏，一起交流。

问：你觉得游戏对你有什么影响？

陈：很大的影响，跟家人的关系啊，还有学习成绩，还有走到今天……如果我不玩游戏，就可以跟家里人说话，跟他们交流会多一点。跟家里人交流，家人再鼓励我，我应该就有上进心了，做事也有信心。但是我玩游戏，不跟家人交流，天天只跟几个朋友交流，才走上了犯罪的道路。

问：学习成绩不好，和家人交流就多了一个障碍。有没有这样的情况，考试考得比较好，你老爸老妈比较开心？

陈：有的，那时候考试时抄、偷看别人的，或分数改一下。拿回去，家里人就很开心，没有骂我了。不好的时候，就只会说我，没有鼓励。

问：你最怕的是什么？

陈：就是作业，还有开家长会，反正是跟学习有关的。如果我学习成绩好一点，跟父母亲的关系也会好一点，应该一切都会好一点，不会到这一步。

问：学习影响了你跟父母亲的关系吗？

陈：我觉得主要还是游戏，有了游戏就学不进。然后就喜欢玩游戏，想尽办法出去玩游戏。跟大家去玩游戏嘛，就感觉跟大家在一起玩很开心。还有就是游戏瘾，游戏很好玩，很爽，和别人 PK 啊，比装备啊。游戏里面开个外挂，出刀就能快一点，杀伤力会大一点。最主要还是 PK 的时候爽，觉得自己很厉害。

问：父母要打你、烦你、说你，在游戏中会不会得到宣泄呢？

陈：这个没有。

问：游戏中还有没有其他东西吸引你呢？

陈：就是跟游戏里的人聊天。游戏玩得好，也可以忘记掉家里的事儿，等于说减轻自己……忘掉那些不开心的。玩游戏开心，对游戏有兴趣，对别的事都没有兴趣了。

问：对游戏的依赖性越强，越专注，生活中其他东西对你的吸引力越来越小，无所谓了。有了游戏以后增加了你跟家里的冲突和矛盾对吗？

陈：对！我爸妈打我，我就逃出去，反正我出去就玩游戏嘛，去同学家里。

问：能不能这样说，在玩游戏之前，你爸妈打你更多的是为了学习？

陈：不对，其实还是因为我不听话，就是经常玩嘛。

问：如果学习处理得好的话，父母对你其实也还可以？

陈：如果学习好的话，我妈妈肯定对我好。

问：当时为什么不努力？毕竟考不好的话，要被打。

陈：没努力过，那时候……打嘛就忘记掉了，就好像没发生过一样。第二天去上课，就跟同学玩，也没想过回去作业没做好会被家里人骂。但是一到家里就感觉到要被家里人骂，就害怕了。

问：你当时喜欢学校吗？

陈：学校？不喜欢！主要还是喜欢去玩游戏。对学校一开始有点新鲜，后来嘛就有点厌倦了。反正经常被家人打骂，那时候就有点厌倦了。还有就是早上起得太早，因为玩游戏睡得迟，要睡懒觉。然后家里人又打你，你越打我越不想读。把我拉起来，我也逃课。还有一个原因就是老师也骂我。

问：考试没考好，作业没做好，你妈打你，就忘了，好像没发生过？

陈：我也不知道，反正就是没当回事。平时和几个朋友玩在一起，就想今天玩什么……

问：一是没把学习当回事，二是对父母的打骂已经习惯了，是这样吗？

陈：嗯，习惯了，父母的这种方法对我已经无效了。反正肯定要打骂，我就……后面打多了，也就这样，他们也拿不出其他办法。后来就是……他们今天打我，我就逃，逃个几天不回来。然后家里人会来找你，回去之后家里人会对我好。过几天又对我差了，我就又逃，再回去的时候又对我好了。逃出去几天，家人找到我，最多骂几句，其他就没事情了。我逃出去了，他们也急的嘛，后来就是用这个方法对付父母。

其实，五六年级以前，没有玩游戏，我爸妈打我的次数不是很多。主要是他们俩，我爸和我妈经常吵架，他们也没怎么管我。然后问我有没有作业？我说没作业，我就去玩游戏了。游戏玩多了，矛盾就多了。不仅仅是学习问题，我父母的关系也不好。

问：玩游戏，是不是跟父母管你比较少，陪你比较少有关系？

陈：有一点（沉默了十几秒）……

问：你刚才说母亲打过你巴掌，当时发生了什么？

陈：小时候他们两个经常去搓麻将，一回来看我作业写不好，就打我，就好像把心里的气撒到……反正他们拿我出气。

问：你到网吧玩游戏，认识了哪些朋友？

陈：一起玩的就是一些小混混。那时候家里还不知道，因为那时候我很少跟他们沟通，我就只顾自己玩游戏。

问：老师有没有打过你？

陈：嗯，也是打巴掌，初一的数学老师。我的数学最差，看到数学就怕。

问：学习不好，你爸妈采取过其他的方法吗？

陈：小学五六年级的时候请过家教，也没用，那时候心思都在游戏上，读书根本没有用心了。而且我做事情也容易放弃。

问：有没有什么事例，能说明你容易放弃的呢？

陈：学理发，卷棒子的时候，一开始还喜欢卷，但是卷着卷着卷烦了，然后就……也就一两天我就放弃了，不学了。学理发学了很长时间，一点技术也没学到。天天让我洗头，洗头很烦，他们一点技术也不教我。洗头洗得手也裂了，还叫我洗头。可能也和我吃不了苦有关系吧。

问：理发，如果不是你喜欢的，容易放弃也正常。

陈：对，放弃了，不做了，就去找社会上的朋友玩了。

问：那你当时为什么要去吸毒？

陈：那时候是朋友带去的，然后他们叫我玩，说不会上瘾，就是麻古和冰（冰毒）。我也没有感觉害怕，就想，玩了以后到底会变怎么样？

问：你知不知道它的危害性？

陈：不是很清楚。

问：第一次吸了以后是什么感觉？

陈：睡觉睡不着，就是不用睡觉了。第一次是晚上十二点多吸的，反正好几天没睡。一直在玩，就玩这个毒品。最多睡一会，睡一会也睡不着，反正这个人很精神，兴奋。比如说你要玩一样东西，就一直这样玩下去，我记得是玩连连看，有空的时候就连吧。有时候跟别人讲话，讲到天亮。毫不夸张地说，一天一夜不睡觉都没感觉累。因为宾馆没有人干扰，就去宾馆吸，那天是大年三十。

问：年三十都没有回家？

陈：是的，年三十。初四，我回了趟家，然后马上又出来了，继续玩。也没怎么睡觉，也没感觉累。就玩连连看，还有就是和别人聊天，有时候就玩指甲，没有事情做。

问：你刚开始吸，睡得少？

陈：嗯，吃的也少，所以人看上去会比较憔悴。所以，回家后，父母一看我这样，就跟他们吵。玩过这个，脾气也很爆。感觉到困，但睡不着，就床上靠一下，也靠不了多久。主要是把汗弄出来，把汗弄出来就好了。就是睡在棉被里，汗捂出来就可以了，然后再洗热水澡，捂出来排毒嘛。当然，小便、大便都可以排毒。所以，水很要喝，要烫的水，因为口很干。

问：这样的身体反应，你有没有害怕？毕竟跟你原来的生活不一样。

陈：没有，吸的人很多，五六个人。费用也多，吸一次大概要七八百块钱，也就能维持一天的感觉。

问：这个开销蛮大的，钱从哪里来呢？

陈：有时候跟家里要钱，有时候吸朋友的，他们买来的。

问：这东西会不会有瘾呢？

陈：心瘾，大家说去玩，就马上去玩了。就是在一个圈子里，像坐牢一样。大家都不抽烟就不抽烟，但是有一个人抽烟了，大家都想抽烟。脱离了圈子，就可以更好地戒毒。那个玩的味道，玩的过程，玩到后来，都感觉蛮好。就好像几个朋友在一起玩了，然后互相谈天，也蛮谈得来。其实，吸的过程……舒服并不是很多。主要还是玩的时候……感觉跟几个朋友在一起玩了……反正就整天很兴奋。

问：为什么要吸毒呢？可以跟朋友有交流，慢慢会形成一个条件反射。吸毒不仅仅是毒品本身，还有交流。

陈：对，还有很多后面的这些东西。海洛因，我听他们说，你吸过之后，你想到什么就好像你在做什么一样。

问：如果不吸的话会怎么样？

陈：不吸？就感觉没什么好玩的东西了，除非是游戏。但是，它摆在面前的话就……先毒品再说，游戏靠后了。

问：麻古和冰毒，成瘾性没有海洛因那么强烈对吗？

陈：嗯。海洛因的话，就很强烈，上瘾了就浑身没力气，流鼻涕流眼泪，躺在那里。玩好以后就一个人躲在那里睡觉，喜欢安静，玩好后就喜欢一个人在边上睡觉。脑子里想到什么就是什么，就有什么，反正就睡在那里。玩得多的话就会死掉，这个人好像飘出去，飘死掉了。

问：你为什么没有吸海洛因？

陈：怕海洛因嘛！听说玩多了会死掉。一开始，朋友说这个（冰毒）不会上瘾，然后我就玩冰毒了嘛。玩海洛因就不敢，会上瘾。

问：你对冰毒、麻古有没有上瘾？

陈：有点依赖它，没事就想出去玩（冰毒）。有事情做，一个人的话也不会去想。人多的话，大家就会去想办法，去……有时候心情有点不愉快，就想找朋友聊天，就会去买。这样就会很开心，就像庆祝一样，很多人在一起很开心，然后大家会一起去玩这个。

三、理论分析

（一）鲍姆林德教养方式理论

鲍姆林德教养方式理论：见专题四学习情境一。

（二）鲍姆林德教养方式理论的应用

陈某父母的教养方式兼有专制与忽视。对陈某的错误进行惩罚（打骂），也忽视了陈某的情感需要，双方没有建立起安全的依恋关系。暴力惩罚在陈某小时候还有一定效果，而到了青春期，陈某变得强壮，对暴力惩罚变得习惯甚至与父母有肢体的冲突时，暴力惩罚逐渐无效，父母已经管不住陈某：

陈：初中毕业以后，不读书了，晚饭吃了以后，要出去，但是爸妈不让我出去，就跟他们吵，我还动手打了父母，觉得对不起他们。

陈某父母的教养方式有问题，再加上夫妻的关系不好、都喜欢搓麻将、陈某学习成绩差和游戏成瘾这四个因素，使得陈某与父母的关系雪上加霜，恶性循环！当陈某敢于与父母有肢体的冲突时，就是向父母释放了一个信号，也是威胁，不要再用这样的方式管他，他已经不是小孩了。与父母没有情感的纽带，凭什么管教呢？而学校也是陈某不喜欢的地方，一个让他品尝失败的地方。于是，陈某过早地进入了社会，父母的作用让位于同辈群体，而这有太多不可控的因素，甚至具有随机性。不善交流的陈某有意无意地选择了毒品——刺激，很多人一起交流，还有性。使他大年三十都不想回家了。

四、角色扮演与自我反思

_____

_____

_____

五、问题与思考

1. 陈某父母的教养方式为他的犯罪做了哪些铺垫？具体在哪些方面体现出来？

2. 陈某父母的教养方式出现了哪些问题？给我们什么警示？究竟哪些因素真正能起到持久稳定的约束与管教作用？

3. 学习是一个信号，说明陈某的哪些关系出现问题？为什么？

4. 游戏是一个加速器，又是一个新的信号，加速了陈某哪些关系的恶化？为什么？

5. 吸食毒品，还有哪些继发性获益？

六、摘要与关键词

摘要：_____

_____

_____

关键词：_____

专题七 ｜ 纵 火

学习情境一　刘某的纵火案

一、学习目标

1. 复习弗洛伊德死的本能理论、掌握偏执型人格与犯罪。

2. 掌握关键词：自我毁灭、自卑、面子、幻想、懦弱。

二、案例导入

（一）基本信息

刘某，男，45岁，高中文化。刘某与H（女，被害人）同居两年，因性格不合产生矛盾，在一次争吵之后，决定分手，刘某对H怀恨在心，又因工作不顺心而辞职，想和H同归于尽。

某年7月底下午一时许，刘某到H的住处，欲与H全家同归于尽。刘某到H家后，控制住H及其女儿，将煤气罐搬至卧室，打开阀门。母女劝刘某不要做傻事，求他不要这样做。刘某说已经没法做人，不想活了，要一起死。双方僵持了近两小时，刘某听到屋外有人叫门，并用钢钎撬门时，刘某用打火机点燃了煤气，造成H和女儿严重烧伤。被判死缓。

（二）访谈整理

问：你犯了这样的罪，肯定有一个漫长的演化过程吧。

刘："过程"是……你的意思是……我有预谋？是不是这个意思？

问：不是，你去放火烧人，肯定会有很多情绪积累，这就需要时间，需要一个比较长的过程，是这个意思。

刘：（没有直接应对）我这个人虽然表面上身体很好，但其实我有病。看了心理学方面的书之后才知道，我心理有病，有抑郁症，而且有人格障碍。好像怕吃亏，要面子，一下子有些东西想不开，心胸太狭窄。我的罪不是一般的严重。我始终没有想害死她们，那天不知道怎么回事？一念之差！煤气在那里放着，手上拿着打火机。我朋友在敲门（还有民警），她来抢我的打火机时点着了，是我点着的，不是推卸责任啊。我就是一念之差，这个事情也怪的。

问：有人格障碍，能否说得具体点，你做的什么事体现了这一点呢？

刘：就是要面子，太要面子。出事那天，我和一个领导吵架。我这个人就是这样，太认真、太认真。好多人说我，你这个人要么白，要么黑，就是极端。吵起来了后，我想我大不了不做了。我很爱面子，这和我的个性有关。就是我父母对我太宠了！溺爱。也不能怪他们，说是他们的过错。

问：为什么溺爱会产生要面子的状况呢？

刘：我父亲以前是村干部，我到哪里，他们都愿意替我铺路。所以我没有受过委屈，就养成了坏习惯，以自我为中心。一般人我不跟他说话，懒得跟他们说，这个习惯很不好。一般人，我看不上他们，就懒得聊，养成了这个坏习惯，的确不好。比如换工作，是不是啊？不舒服就换一个工作，我做过超过十样工种，老是变动，都是我父亲给我换的。

问：你感觉做的不舒服就换吗？

刘：对对对……

问：这和要面子有关吗？

刘：我不能吃亏啊，不能吃亏！一般情况下我不会吃亏，没吃过亏！（刘某笑了）所以太极端。心理方面的书看了三四本，我觉得对上号了。

问：什么叫对上号了？

刘：感觉我就是项羽，我和他很像，有人格障碍，多疑，不相信别人，做事犹犹豫豫。还有就是不能吃亏。对，偏执型人格障碍。自我感觉比较成功，比较顺利，一旦受到挫折，委屈，心里就承受不住，马上爆发，我对得上号了。当时不知道怎么了，想不开。煤气中毒死不了，烧也烧不死，好像做人也没意思，走到头了这个感觉，不知道怎么回事。

问：你和 H 有很多的情感纠葛，加上工作不顺利，加上她提出分手……

刘：分手是我提出来的。

问：虽然你提出分手，但实际占主动、主导的可能还是她。你的情绪导致你在一个很短的时间内失去理性，冷静下来就不会再做了。是这样吗？

刘：绝对不会做了，哪有这样傻！

问：那天，你先把她女儿绑起来，放在衣柜里，用胶带纸封了嘴巴。她妈妈回来后又把她绑起来，后面继续交流了快 3 个小时，你是不是在犹豫？如果在这三个小时内，H 能和你交流得好，你的某些想法会放弃对吗？门口有人来了，你就急了……

刘：对，最后死在那些撬门的人身上，不是怪他们啊，他们不撬门没事的，我的怒气就平掉了，我已经心平气和了，我那个时候已经把她们两个都解开了。

问：发生了这样的事，错的不可能只是你一个人，肯定是双方的交流出现问题，因而不断地升级，对吗？

刘：是的，她这个人喜欢搞娱乐，打牌，麻将。平时不工作，我好不容易给她找了一个工作她不去。正常人要有工作，填表时，工作这栏，总不能写打麻将。她是一天到晚跟我说不想做了。我们两个人的性格不一样，看电视看的东西不一样，说话说不到 1 块钱。我主动提出分手，十多次！每次我离开她家，我还没有到家，她就过来追我。我把自己的东西带回去，她又把它运回来。每次都写分手协议，都是我写的，她不会写字。有时是我写好了她抄一遍，抄一遍也好。

问：你提出分手，她不肯，就来找你，你为什么要回去呢？

刘：不回去，她就到我房间敲门，踢门，好多地方都踢破了，只能把东西又拿回去。两年多了，没有感情都变有感情了。凭良心说，我对她或多或少有好感。我们年纪差不多，她一个人，我也一个人，组成一个家庭算了。有一个家也好，最起码我不用洗衣服，大事情我来处理，小事情她来处理，就洗衣服，买菜烧饭。

问：你离不开她，是否还有其他原因，比如在她身上，有能满足你的地方对吗？

刘：我和她闹矛盾后，我办公室的几个人，撮合了好几次，请我和 H 一起吃饭。我和她闹矛盾，他们都知道了，这是一个。还有老板的妈妈，和我关系还不错，也请我们吃饭。我和 H，每次闹矛盾他们都知道。下班了，就我一个人在办公室玩电脑，他们就问，怎么不回家？他们一看就知道了，次数多了就懒得说了。

问：出事那天，发生了什么，让你去 H 家里放火？

刘：出事那天早上，我在公司里和人吵架，面子上过不去。和我吵架的是以前的搭档，一年前，他把单子给别人做了，有二十来万块钱，我就骂了他，当着五六个人的面，他就记在心里。后来我换了一个岗位，比原来的差。我在想……我想是肯定的，是他和老板说我坏话，老板才给我换了一个岗位。（案发）那天上午和他吵了，这辈子没有碰到这种事情（换岗），一下子被人家……没碰到过，心里生气……

那天（中午）11 点多，H 发短信叫我在房间里等她，叫我不要出去，她说马上过来。我在那里睡了 2 个小时，她还没回来，打电话过去，她就掐掉了，我猜她肯定在打麻将，她每天……我和她性格合不来，多小的事情都要吵。我想来想去我是有这个病（偏执型人格障碍），我对得上号的（刘某去拿摘抄的本子）。

问：你的字写得还不错。

刘：我早点看书就不会进来，绝对不会进来，真的！好多东西书上都有，做事追求完美，有自卑倾向，甚至苛刻。一旦遭到挫折和失败，很难摆脱。难以相处！那本书不在这里，好像是《听心理大师讲故事》。

问：就像你刚才说的，一旦遭到挫折和失败就很难摆脱。你是这样的吗？

刘：对！我以前在机关待过（转移话题），还有水产、乡政府和派出所。派出所待过两年，衣服（警服）没有穿过。

问：为什么换来换去？

刘：唉，十来个，还是比较好的地方，差的地方也有。见异思迁，心思太活了。糊涂，想得不多，和年龄有关，还和性格有关，我就是……要么和别人是很好、很好的朋友，要么近似敌人那一类，简单，极端，我的朋友没有中间的。我是方的，很极端，有些人是圆（圆滑）的，我父亲是椭圆的，我也是有意无意地看在心里。

问：这样分类，要么是朋友，要么敌人，是从什么时候开始的呢？

刘：二十几岁。

问：这个很重要！极端，就会影响人际关系，你在监狱还有很长的时间。

刘：是的，所以我在反省。我的脾气要改，不改的话要吃亏，出去不改还得进来。我现在是想把心理方面的病治好！以前，说话投缘、投机的人，接触就比较多。还有一个，我爱干净。你这个人爱干净，我就跟你做朋友，你不爱干净，最好不做朋友。

问：你说的标准很有意思，爱干净竟然被你当作一个人际交流的标准。

刘：在社会上，确实是……一类是很好的朋友，一类是敌人。要么关系很好，不分你我，要么就不交往。对做官的，有权势的……我也比较好说话。

问：你的标准，一个是爱干净，一个是有权力权势对吗？

刘：是的，我想了一下也是这样。现在想通了，要饭的和做官的都一样。

问：还有没有其他标准？比如说钱呢？

刘：我对权势很感兴趣，对钱不感兴趣。我不贪，这是我父亲教的，不能贪，贪了迟早有一天被抓。

问：当时火着起来时，你什么感觉？

刘：没什么，想死嘛好像。我是不想活了，就是这个意思。电话早都打过了，通知过了，我是和我女儿说的（遗言）。外面有人敲门时，H来抢我的打火机，肯定是我打着的打火机，应该是本能，不是刻意点火。其实我不是故意地杀人。H是我推开的，她女儿也是我推开的。后来我骗外面的人，我这里有好几个煤气瓶，要爆炸了，他们就出去了，我就从阳台上跳下去了，当时只有一个念头，死了算了，人总要死的。怎么说呢？反正……就是面子是保住了，就这个意思！

问：面子保住了？什么意思？

刘：是啊，面子嘛，我想自己这样以后怎么做人？我以为我会被烧得一塌糊涂，实际上不多，脸上只有一个疤，头发、眉毛都没有烧掉。法官说这样大的火怎么就烧了这么一点？跳楼也不死？结果这样烧过后，我还是要坐牢。

这么大的事情，我想肯定要坐牢了。既然要坐牢，我就轰轰烈烈地去做事情了，如果不轰轰烈烈，我以后怎么做人？这轰轰烈烈地做，是……也是个面子。

问：哦，有点懂了。为什么当时要放煤气呢？

刘：想死嘛。H打麻将回来，说活着没意思，那我说一起死好了。我们已经麻木了，分分合合很多次，都麻木了。还有，她总以为这是开玩笑。我们的吵架啊，好像是开玩笑的感觉，好像在演戏，又好像小孩子玩过家家的味道，不认真，不认真（说了两次）。每次走，我把我的衣服、被子、电脑，从她那里拿回我租的房子。过了一天，H又拉回到她家里。她说你要是不回家，我到你公司里来闹。想到影响不好，再一个，老板娘和同事给我们撮合，就……如果和那个同事，我说话分场合，顾及他的面子，也不会这样。我换岗位和这个事情有关系，我心里不舒服。

问：那天为什么去做了呢？

刘：我想，我把工作辞了，工作怎么办？我到哪里去？找那个帮我找过工作的领导，怎么开口？再去找他，以后要是又不做了呢？那天我住哪里？原来呢，我工作的地方有一个房间，不做了呢，房间也没有了。这里呢，H的家里我也搬出来了。没有地方了，漂到哪里去？怪来怪去就怪H了。好像是……感觉脑子一片空白，感觉脑子进水了，这种感觉说不清楚。

问：你寻死的想法是什么时候有的？

刘：那天她发短信叫我先去回去，还叫我不要走。我就先到H家里，我不是有钥匙吗。我进去，她女儿在，和她女儿聊天，这时还没有死的想法，她女儿也看出我表情不太好。结果等了个把多小时还没有回来，我生气到极点。一边吵架，电话那边她一边在打麻将。说难听点，我以后的路怎么走？没路可走，想想……后来H回来了，她自己也说，过得太累了。我说要么两个人一起死好了，她说可以的。把她捆起来后，给我女儿打电话（遗言），女儿哭了我也哭了。

问：煤气瓶是什么时候搬过去的呢？

刘：两个人说要一起死，我就把煤气瓶打开了。

问：刚开始为什么绑她女儿？

刘：怕她叫，一叫，一打电话我怎么办？我跟她妈妈正在闹矛盾的时候，要是她打电话给她妈妈，她妈妈今天就不回来了。

问：你担心她跟她妈妈说什么呢？

刘：没考虑这么多，这没考虑。

问：也许你当时已经有这个想法了，就是大家一起死。

刘：小孩子是绝对……肯定没有这个想法。跟大人恐怕……应该有这个想法，同归于尽。这个小孩又无冤无仇，不可能的……

问：但事实上你还是把她绑起来，放在大衣柜里。

刘：那个时候煤气还没有开啊。煤气开的时候，她（H的女儿）已经可以走动了。我是好长时间适应不过来，我怎么会变成这个样子？我也想不到我怎么会变成这个样子，变得这么狠心。还有，怎么会变得这么狠心，让我下得去……这个阳台是我自己跳下去的，奇怪了……好像换了一个人，不是我自己了，不是我本人了。我以前胆子很小很小，没有这个胆量，一下子换了一个人。

问：你为什么会这么狠呢？因为有情绪吗？

刘：怒到极点！

问：是的。一旦愤怒，愤怒会掩盖恐惧。愤怒的时候，你能注意的东西很少，会专注。你和我谈话，注意力集中，你就会感觉好像不是在监狱。

刘：是的，就集中在一点。

问：集中在一点，所以你会狠，别人的痛苦你根本顾不上，你就满足自己的需要了。

刘：是的，我不怪她们，怪我自己。

问：就像你说的，愤怒到极点，所以你想和 H 同归于尽对吗？

刘：应该有这个想法。起先肯定有，肯定有，后来就没有了。到后来，出事是下午 5 点，4 点多，我把她解开了，叫她们 2 个出去，但她们没有走。

问：你跟 H 说了 3 个多小时，说明你也在犹豫对吗？

刘：高院的人说我是有预谋地杀人（他笑着说）……

问：想法是有，只是没那么彻底，否则就直奔主题了对吗？

刘：对对对！一个临时冒出来的荒谬想法，想法是有，在摇摆！

问：而且按照你的性格脾气，你还不一定敢做对吗？

刘：我在医院住了一个多月，醒来时，我跟朋友说，你们不来敲门的话，我不一定会到这个程度。不是在怪……骂你们，如果不是你们，我也下不了这个决心。

问：还有 H 上来抢打火机的动作对吗？

刘：是的，抢的动作，还有敲门的声音。好像我不做，就没有面子，有这个想法。

问：不点火就没有面子？

刘：唉……对！就是刚才给你举的例子，不是白就是黑，要么白要么黑。

问：感觉有点强迫性吗？

刘：没人强迫我，是我强迫我自己。

问：在案发那段时间，你的情绪是否稳定？

刘：没什么事情，也都习惯了，和她也吵习惯了，也就是那天的事情。

问：吵习惯了，当事人，身处其中，也许都没有意识到，由于其他人的介入，事情一下子朝着另外的方向发展了。

刘：是的，习惯了，就不重视，轻视。我们都以为还会像以前一样，吵架，开玩笑一样，过家家一样就过去了。

问：发生这样的事，和你的观念有关，你把人际关系简单化了，就是极端，不是好人就是坏人，非黑即白。这样，你的生存环境就极端了，会对你产生很大的压力对吗？

刘：是的，我感觉自己被压缩了！

问：对。你也被压缩了，你自然会产生情绪。

刘：就是拿别人的过错来惩罚自己，就是别人哪个地方不到位，没有做好，人家都没事，我自己在生闷气。不是拿人家的错惩罚自己吗？

问：就是别人做错了，你看不惯，自己在生闷气，别人又不知道。是这样吗？

刘：是的。

问：极端的话，往往是好的人少，坏的人多，是不是这样？坏的人想把他们变好难，好的变坏又比较容易，这样，朋友越来越少了。是这样吗？

刘：我发现认识的朋友啊，同事啊，100 来个人。我划分了一下，基本上一九开，好的一，坏的九。这个坏是说不上话，很少说话、很少说话的那种，是打引号的。一是好的，比较投缘，我自己搞了一个测试。

问：人都有好的一面和坏的一面，每个人的身上都有恶的东西。一个人的好坏，往往看和谁交往，关系怎么样。关系不一样，表现出来的好坏就不一样。

刘：我分得简单，我是方的，你是圆的，是不是这个道理？我想把九分这里的人啊，慢慢地化解为……争取过来，拿过来就多一个……多一个朋友少一个敌人。这样做人，路走着走着走宽了，我这样想的。

问：是的，你的人际关系就会不一样，选择也就不一样。就像你刚才说的，单位里辞职不做了，单位就没有地方住了，H 这里也不能住了，你发现没有地方住了，为什么？因为你的人际关系有问题。如果人际关系好，你可以去朋友那里睡。

刘：我没想到这一点。其实单位的房间还可以保留一些时间。就是没想到，想不开了。

问：你的感觉是，遇到问题，没有地方去了，在想象中，那个心里的地方没有了。

刘：对对对……

问：你平时的幻想多吗？

刘：多的，就是刚才说的人格障碍。

问：有些帽子不要轻易给自己戴上。套上以后，就很难拿下来。觉得自己是人格障碍，就进入角色了。

刘：就出不来了。

问：和 H 的事情让你有挫折感，你解决问题的方法简单幼稚，因为你以前比较顺和受宠的……

刘：（插了一句）极端了……

问：极端是一个意思。另一个呢，解决问题的方法简单、幼稚，像一个孩子。因为你以前顺，在家里受宠，遇到的问题少。一旦遇到问题，父母都会帮你解决。一旦自己遇到问题，没人帮你时，你解决的方法就有可能简单幼稚，因为以前没有解决过。你为什么选择了放火的方法和 H 同归于尽，而没有选择杀了她然后自杀呢？

刘：我没有想过。

问：你放火的动机是想和 H 同归于尽，是吧。

刘：应该是的。

问：你对她是怨恨的，想跟她同归于尽，但你选择放火的方法。说明你还没有那么恨，或者说你的内心是懦弱的，所以你选择了放火。如果是一个性情脾气暴烈的，可能会杀了 H，然后自杀，或者纯粹杀了 H。

刘：唉，是的。我当时没有想，没有考虑后果。比如烧了之后，怎么样收场？根本没有想过。我这样做脑子会不会有问题？

问：是情绪问题，愤怒。

刘：我打架都没有跟人家打过。

问：你不敢打，跟你的性格有关。

刘：我现在变成了杀人犯了，变成……

问：火点燃的时候你是什么感受？

刘：火点起来的时候我已经不怒了。

问：火点燃的时候，我感觉你是怕了，和你的性格有关。你选择了放火就说明你不敢去面对一些事情，你不会和别人发生直接的冲突。是这样吗？

刘：对对对，你说的有些对的。回避的比较多，回避的比较多（说了两遍）。

问：回避多了以后，你就不能用行动或言语直接表达。你会用心理的，甚至用幻想，表达你的情绪。体现在哪里？你把别人归于不好、坏，来满足你的情绪表达。当你有情绪时，不敢表达时，不敢发生冲突时，你就会幻想，在内心恨他，把他归为不好、坏，就像阿Q一样。通过心理的防御，说他很不好。为什么没有中间地带？就是因为你的内心积累了很多情绪，极端往往是情绪的反应。人际交往中越是严格、极端的标准，越说明内心存有强烈的情绪积累。是这样吗？

刘：没有意识到社会是五彩缤纷的，学校也没有这方面的教育。

问：是的，也缺乏家庭的教育。家庭的溺爱，你觉得家里人这样对你，别人也应该像家人一样对你。是这样吗？

刘：是的，绝对是这样。

问：以自我为中心。对别人的情绪你不敢表达，把别人划入坏人，来发泄你的情绪，你的心里会舒服一些。而这样的方法不能解决现实问题，反而情绪越来越多。本来是要说出来，需要通过行动表达，甚至吵一架就可以释放的。但你没有表达，没有说也没有做！这些情绪就转移到自己的内心，通过把别人划入不好、坏，来解决，这些情绪慢慢就凝聚到你的极端的标准上。标准，凝结了我们的心血，凝结了我们内心的情绪和情感。标准是情绪和情感的凝聚物。说出来了，行动了，心里会感觉舒服很多，我们的标准就会融化。你觉得是这样吗？

刘：唉……在外面早点看书就不会走上这条路了。

三、理论分析

（一）弗洛伊德死的本能理论

1. 弗洛伊德死的本能理论：专题一的学习情境二。

2. 弗洛伊德死的本能理论的应用。刘某的纵火，核心因素就是求死的需求，与被害人H同归于尽：

刘：没什么，想死嘛好像。我是不想活了，就是这个意思。电话早都打过了，通知过了，我是和我女儿说的（遗言）……我就从阳台上跳下去了，当时只有一个念头，死了算了，人总是要死的……后来H回来了，她自己也说，过得太累了。我说要么两个人一起死好了……两个人说要一起死，我就把煤气瓶打开了……对小孩子是绝对……肯定没有这个想法。跟大人恐怕……应该有这个想法，同归于尽。

当民警和刘某的朋友在门外撬门、H 上前抢夺刘某的打火机时，刘某点燃了打火机。

刘：是的，抢的动作，还有敲门的声音。好像我不做，就没有面子，有这个想法。

问：不点火就没有面子？

刘：唉……对！就是刚才给你举的例子，不是白就是黑，要么白要么黑……没人强迫我，是我强迫我自己。

刘某说："好像我不做（点火），就没有面子。"如何解释？就需要考虑刘某的人格特点。亦可参考延伸阅读——纵火犯陈某的心理与行为分析。

（二）人格与犯罪

在纵火犯的人格障碍中，其分布与其他犯罪不同，纵火案例中以施耐德分类的无力型（衰弱型）者居多，这种类型的人内向、胆小、神经质、有不满的情绪不随意发泄而在内心积累，以后发展为强烈的情绪、偏执，最后酿成纵火行为。[1] 偏执型人格障碍的基本特征是对他人不信任和猜疑的普遍模式，以至于把他人的动机解释为恶意的。[2]

刘某说自己心理有病，有偏执型人格障碍，做这样的诊断还需更多的证据支持。但刘某有偏执型人格的特点。第一，对他人缺乏信任：

刘：感觉我就是项羽，我和他很像，有人格障碍，多疑，不相信别人，做事犹犹豫豫。

做事犹犹豫豫，一个可能的原因就是对他人信任缺乏而犹豫。另一个可能的原因是没有足够的现实证据就猜疑他人在伤害他，刘某换岗一事：

刘：我在想……我想是肯定的，是他和老板说我坏话，老板才给我换了一个岗位。

包括联系受害人 H，没有联系上：

刘：打电话过去，她就掐掉了，我猜她肯定在打麻将，她每天……

第二，爱幻想，当没有足够的现实证据就猜疑时，就需要有丰富的幻想为基础。刘某是爱幻想的：

问：你平时的幻想多吗？

刘：多的，就是刚才说的人格障碍。

光有丰富的幻想还不够，还需要有强烈的敌意。所以，就有了偏执型人格的第三个特点：当感觉人格或荣誉受到打击，即使在他人看来不明显，还是会迅速做出愤怒反应或者反击，对威胁敏感。

刘：我不能吃亏啊，不能吃亏！一般情况下我不会吃亏，没吃过亏！（刘某笑了）所以太极端……一旦受到挫折，委屈，心里就承受不住，马上爆发，我对得上号了。

不能吃亏，也就是刘某所说的心胸狭隘。刘某的解释是父母的宠爱，导致自我中心，

---

〔1〕　郑瞻培：《心理障碍与纵火行为》，载《国外医学．精神病学分册》1990 年第 3 期。

〔2〕　美国精神医学学会编著：《精神障碍诊断与统计手册》，［美］张道龙等译，北京大学出版社 2016 年版，第 639 页。

这是一个不错的解释。当然，还有内心的自卑（要面子）。这个"亏"，也是对他人真实敌意和更多虚假敌意（来自刘某解释的"敌意"或投射）的反应。

由于缺乏对他人的信任，就有着格外强烈的自足的需求以及强烈的自主感……他们可能会表现出浅显的、不现实的夸大幻想，这些幻想常常与权力和地位有关。[1] 刘某在与 H 的关系中，强调都是他主动提出分手，H 极力挽回。对做官、有权力权势的人认同。刘某发现门外有人撬门，H 上前抢夺打火机时：

刘：是的，抢的动作，还有敲门的声音。好像我不做，就没有面子，有这个想法……我就从阳台上跳下去了，当时只有一个念头，死了算了，人总是要死的。怎么说呢？反正……就是面子是保住了，就这个意思……这轰轰烈烈地做，是……也是个面子。

缺乏信任、自卑乃至不成熟，刘某用自己的方式轰轰烈烈地点火、从阳台跳下，似乎显示了他的勇气，找回了主动权、自主感或尊严——面子。这更像一个孩子的任性。

偏执的刘某是极端的，体现在他的人际关系和社会功能上（不断换工作）：

刘：我这个人就是这样，太认真、太认真。好多人说我，你这个人要么白，要么黑，就是极端……要么和别人是很好、很好的朋友，要么近似敌人那一类，简单，极端，我的朋友没有中间的。我是方的，很极端，有些人是圆（圆滑）的……我发现认识的朋友啊，同事啊，100 来个人。我划分了一下，基本上一九开，好的一，坏的九。这个坏是说不上话，很少说话、很少说话的那种，是打引号的。

就像刘某说自己难以相处，自然，一旦遭到挫折和失败，很难摆脱出来。因为人际关系被破坏，导致遇到事情，难以解决而演变为问题和困难。

四、角色扮演与自我反思

_____

_____

_____

五、问题与思考

1. 结合故意杀人专题中的案例，求死（自我毁灭）在犯罪心理与行为中起着怎么样的作用？

2. 刘某为什么选择了纵火的方式与 H 同归于尽，而没有选择其他的方法？这说明了他的什么人格特点？

3. 结合刘某的人格特点，在监狱中处理这样的服刑人员时需要注意什么？

4. 偏执型人格障碍有哪些诊断标准？

5. 偏执型人格障碍与犯罪的关系较为密切，为什么？

6. 刘某家庭的溺爱，对他的影响是什么？

---

〔1〕 美国精神医学学会编著：《精神障碍诊断与统计手册》，[美] 张道龙等译，北京大学出版社 2016 年版，第 640 页。

7. 如何用精神分析的防御机制（如移置作用）解释刘某的纵火行为？

8. 刘某的"面子"是什么意思？产生的根源是什么？

9. 刘某二十几岁时对朋友有了极端的分类，对理解他的人格形成有什么帮助？

10. 如何从"犯罪过剩"的视角看待刘某的纵火行为？

六、摘要与关键词

摘要：_____

_____

_____

关键词：_____

七、延伸阅读

（一）基本信息

陈某，男，32 岁，初中文化，未婚，无业，家中最小，有两个哥哥和两个姐姐。因琐事与同村村民发生纠纷，怀恨在心，纵火报复。晚上第一次纵火被人发现，被扑灭了。又再次纵火，由于当晚风大，烧毁 16 间房屋，造成了 21 万元的经济损失，被判无期徒刑。陈某经司法精神病鉴定正常，无前科。

服刑时，严管回来的陈某欲与一名服刑人员打架，想拿地上的钢管作为工具，被护监拉开。两名护监将其送到民警处。民警让其站在厂区门口冷静一下（许多服刑人员都可以看见陈某站在那里）。分监区长听说此事后，马上找陈某到一楼办公室谈话。陈某以为民警要处罚他，在该分监区长开门时陈某跑上 2 楼（该办公楼共二层），分监区长以为陈某要找指导员（二楼办公）谈话，就没有跟随。陈某到二楼后说："你们要惩罚我，还是我自己惩罚自己吧"。就从大约 2.9 米左右高的楼上跳下，被楼下的分监区长抱住，没有受伤。

（二）访谈整理

陈某：这次严管回来，我被扣了 6 分。我在前面走的时候，很多同犯在背后说我、刺激我、笑我，有几个人这样说：你这个白痴，严管了还回来，白痴啊！本身就有压力，加上同犯说我，压力就更大了。感觉严管一回来，这么多同犯看我的眼神都不对。也可能是我想多了，但我还是有这样的感觉。原先有些服刑人员和我的关系还不错，但经过这个事情以后就差了，也不和我接触，没有人理我，有的还说我白痴！

所以在这里的压力大，想换一个环境（分监区），好好改造。在这里压力大的另外一个原因：如果不调换一个环境，后面会出更大的事情，要报复其他服刑人员，肯定要报复。我的报复性太强，我坐牢也就是因为报复性太强的原因，越想越害怕，万一真的报复怎么办？本来想好今天在护监点名的时候用一根铁棒打一个服刑人员，打他的脑袋，打死他。结果没有打。一是对分监区长还有感情，毕竟三四年下来了（不想给他添麻烦）。二是万一没有打到，或者万一"碰"到了，没有制服他，反过来他把我制服了，把我拿翻了，我又没有面子了，只能做傻事了，我只好拿自己……只能杀掉或……死掉算了（断断续续听不清楚)。

越想越怕,越怕越想,我还是要求去严管吧,禁闭严管了就不会做这个事情了。面子没有就又要做傻事了,越想越怕,矛盾越多,所以想换环境。换一个新的环境,这个想法(报复)就没有了,什么想法都没有了。我不是乱弄乱搞,我不是无赖,上次出现这么大的事情(二楼跳下),万一脑子又乱想的话……(去报复别人,再做从楼上跳下类似的傻事),可能会闯出比上次更大的祸,我心里害怕,我心里也没有主意。下次脑子万一乱想,万一……就是没有办法,现在就是这个情绪稳定不了。

还是很感激分监区长把我抱住。那天,两个护监一个抓了我的手一个抓了我的下巴押到民警这里,让我没有面子。还有就是民警让我站在大门口这里没有面子。那个时候我的脑子是一片空白,分监区长要谈话了解为什么打架,我以为要挨打,理解错了,又要丢面子。我说,我自己动手吧,那个时候没有想自杀,脚肯定是要跳断的。至于挨打,我是没有面子的,我跳下来,就算是脚跳断了,我自己有面子,我自己的面子拿回来了,就在面子上。要是那天分监区长没有抱住的话我下场也难看的。

(三)心理与行为特点分析

第一,聪慧性低。整个访谈,陈某思维较为混乱,语言逻辑性差,语意表达困难,经常沉浸在自己的思维当中,导致交流困难。纵火,只要通过点燃一根火柴就能实现,这种简易、原始的方法为聪慧性低者提供了良好的报复手段。由于思维贫乏,判断力低下,对行为后果的严重性缺乏认识。陈某为了泄己之愤,烧毁了16间房屋(风大),造成了21万元的重大经济损失,多数受害人并不在陈某的报复之列。还没弄清分监区长找他谈话的原因就从二楼跳下,也说明陈某思维简单,主观性强,有冲动性,对后果的严重性缺乏认识。事后陈某对分监区长很感激的态度说明了这点。

第二,自卑。陈某身材矮小,学历低,无业,在农村32岁还未婚等,使他有较强的自卑感。纵火犯在心理层面,大多呈现挫折感高、低自尊、忧郁、愤世嫉俗、自我控制能力低、钻牛角尖、冲动性强、过分活跃等。[1] 内心自卑,但在行为、社会交往上表现出来的是极度的自尊,爱面子。我们要记住,一个真正自卑的人是不会使用暴力的,一个真的高度自尊、一个对自己具有坚定不可动摇的高评价的人也是不会受外界的影响的。内心真实的自卑和幻想中的虚假高自尊结合时,产生了高而不稳定的自尊感。这样的自尊感具有很高的侵犯性、暴力性。也就是说,当一个人的自卑和极度的自尊、自信或自负这些虚假自我结合在一起的时,才具有暴力性和侵犯性。这种高而不稳定的自尊感,导致了他不敢面对现实,一旦面对现实,现实就会告诉他,自己并不是想的那么好。所以,无论是谁告诉他真相,他都会对那个人做出强烈的反应。

陈某想象袭击其他服刑人员却遭其反制;陈某被护监压送到民警这里;众目睽睽下被民警在厂区门口罚站反思;想象中被民警惩罚,陈某觉得丢面子——被动。怎么办?陈某

---

[1] 杨士隆:《犯罪心理学》,教育科学出版社2002年版,第239页。

当众从二楼跳了下去。当众显示了他的主动性和自主性，他掌握了自己的命运；显示了他的勇敢；显示了他的反抗与抗争。面子，以陈某的方式和口味，以一种不成熟、幼稚的方式被"找回来了"!

第三，懦弱。与他的身体缺陷、内心的自卑相对应，纵火者是懦夫。像爆炸犯一样，纵火，也是一种懦夫的行为，因为在纵火案中，纵火者无需直接面对那些生动、逼真、活生生的人。陈某准备报复别人的时候，在想象中就已经害怕了，在想象中就为自己设置好了障碍：

陈：万一没有打到，或者万一"碰"到了，没有制服他，反过来他把我制服了，把我拿翻了，我又没有面子了。

在想象中就放弃了行动，更不用说现实的行动。甚至在想象的报复中也不敢真正发生肢体冲突，为什么这么说呢？因为在想象报复中，他使用了"碰"这个字眼，就是一个不敢真正发生肢体冲突的表现。在交谈中多次出现的"万一"都说明了其胆小怕事，懦弱的性格。

懦弱的人，面临问题时经常采用的办法就是回避和逃避。陈某在解决与同村村民的纠纷中，采用了纵火的极端的间接的方法；狱内与其他服刑人员的关系出现问题时，不是寻找积极可行的办法而是选择了调换分监区——逃避；调换分监区的要求被拒，又主动要求"逃去"禁闭严管，因为禁闭严管了就不会面对那些自己想要报复却不敢报复的令他纠结矛盾的事。这些都生动地说明了其懦弱逃避的性格。

外向的人会直接去做，去面对他的受害人。而内向的人，如纵火犯，爆炸犯，则会压抑和封闭自己。所以他不仅是内向的，也是孤独的，以至于在自己的思想、情感中就把自己和别人隔离开来。他也是自私的，自我中心的人，缺乏同情心，所以就更无法和别人相互理解，民警在说到陈某时，又气又好笑，气的是做了半天的思想工作，他什么都听不进，沉浸在他自己的想法中。

第四，爱幻想。现实的不足，他就通过幻想、想象进行补偿，创造出可以接受的"我"和"现实"。在跳楼的事情中，民警找他谈话了解情况，他就以为要惩罚他。乃至做出从二楼跳下的荒唐事来，足以见其想象的真实性。民警使用电警棍需要上报狱政科审批，同意后方可使用。在准备报复另外一个服刑人员时，本已经想好要用铁棒打他，却在想象中设置了障碍，两个万一（言谈中多次出现"万一"）说明了其丰富的想象力，并把这种想象当成了现实，乃至放弃了自己的行动。

以上这些，导致陈某的社交能力差，影响了人际关系。从分管民警处了解到陈某平时与其他服刑人员的人际关系不好，没有人愿意理他，都觉得这个人"钟点"不太准，甚至看不起。陈某觉得其他服刑人员都在背后说他、刺激他、笑他，没人理他，也是一个真实的反映，而非简单的敌意或幻想。

爱想象和幻想，和自卑、懦弱有关。在想象和幻想中才能使自己逃避那些现实中无法面对的问题和困难。但现实的问题是无法通过逃避解决的，所以平时受到的各种挫折慢慢积累起来，导致情绪越来越难以控制，怎么办？纵火就是一个选择。纵火的对象具有广泛性，并不像暴力那样针对性强，在有人居住的地方纵火显示了对他人、社会的广泛性的敌意和愤怒。火烧的越旺，越是一种情绪宣泄。火象征着压抑、情绪乃至破坏性，一些词语就充分表明了这点：火冒三丈、怒火、水火无情、水深火热、心急火燎、十万火急，等等。对于一个爱幻想、聪慧性低的懦弱的人来说，纵火是一种很好的情绪宣泄手段。